KB069781

양희승 작가님 축하드립니다!!!
대본을 보며 웃고, 울고, 설레이고, 행복했었던 시간들....
이제는 배우들 뿐이아닌 대본감을 보게될
누군가의 행성 그리고 치널... 행복한 시간이
되어지길 바라며
이제는 저의 행성이를 여러분께 보냅니다.
일타스캔들을 사랑해주셔서, 응원해주셔서
감사했습니다.
모두모두 건강하시길 ... 몸도 .. 마음도 ... ♡

전도연 그리고 남행선.

누구보다 '치열' 하고 싶었던...

대본집을 보시는 여러분... 꿈을 위해 '치열' 하지마시고...

이 책을 읽으실 동안만 자신을 위해 '치열' 해 지는 순간이 있길...

기도합니다... 저도 그랬거든요... ㅎㅎ. 사랑하고 감사합니다.

이번시즌은 여기 까지 하겠습니다...

　　　　지금까지 '최체열강'이었습니다. ♬

일타 스캔들

용어 정리

• **N** : night
• **D** : day

[c.u] 클로즈업(close-up). 등장하는 배경이나 인물의 일부를 화면에 크게 나타내는 기법.

[diss] 디졸브(dissolve). 한 화면이 사라짐과 동시에 다른 화면이 점차로 나타나는 장면 전환 기법.

[E] Effect(효과). 대사와 음악을 제외한 효과음을 뜻하며, 보통 등장인물은 보이지 않고 소리만 나는 경우에 사용한다.

[F] 필터(Filter). 전화기 너머의 목소리나 마음속으로 하는 이야기들을 표현할 때 사용된다.

[f.i] 페이드인(fade-in). 화면이 처음에 어둡다가 점차 밝아지는 기법.

[f.o] 페이드아웃(fade-out). 화면이 처음에 밝았다가 점차 어두워지는 기법.

[Na] 내레이션(Narration). 장면에 나타나지 않으면서 장면의 진행에 따라 그 내용이나 줄거리를 장외(場外)에서 해설하는 일, 또는 그런 해설을 말한다.

[o.l] 오버랩(over-lap). 앞 장면에 겹쳐서 다음 장면이 나오는 기법. 대사에서 앞사람의 말을 끊고 말할 때 쓰인다.

[몽타주] 따로따로 편집된 장면들을 짧게 끊어서 붙인 화면.

[인서트] 화면의 특정 동작이나 상황을 강조하기 위해 삽입한 화면, 또는 삽입하는 것.

[플래시백] 과거의 회상을 나타내는 장면 또는 그 기법.

[화이트 아웃] 그림이 사라지면서 흰색 화면으로 전환하는 장면 전환 방법.

일타 스캔들

2

양희승·여은호 대본집

위즈덤하우스

차례

chapter
9

우리 만남의

나비효과

S#1. 국가대표 반찬가게 건물 입구 (N)

행선 (치열 눈 똑바로 보며) 그럼 오늘이요… 진짜 해이 때문에 오신 거예요?

치열 …….

행선 진짜 해이 때문에 오신 거냐구요, 다른 이유 없이.

치열 ……. (행선을 본다. 맞다… 해이 때문이 아니다… 은인의 딸이라서? 그것만으론 자신의 행동이 설명되지 않는다. 그렇다면 왜…? 말문 막히며 멍해지는데)

행선 아니면… 아니면 혹시…. (하는데)

이때 팟~!! 하고 동시에 헤드라이트가 켜지며 두 사람 비추고.
보면, 수아모를 위시한 올케어 엄마들의 차가 타원형으로 두 사람 감싸고 있고.
놀란 치열과 행선, 손으로 빛 가리고!
치열 눈 부셔 눈 감고, 행선 손으로 가리는데.
이내 차에서 하나둘 내리는 수아모와 선재모를 뺀 올케어반 엄마들.

치열/행선 ! (놀라 재활용 박스 내려놓는) / (눈 동그래지고)

수아모 (앞쪽으로 나서며 팔짱 끼고) 안녕하세요 최치열 선생님. 이렇게 뵙네요. 저 올케어반 방수아 엄마이자, 스카이맘점넷 수아임당이… (하는데)

행선 (당황해 치열 팔 잡고 다짜고짜 다시 끌고 들어가는)

수아모/엄마들 하…. (뭐야 저 여자…?) / (어이없는 시선 주고받고)

S#2. 행선집 현관 앞 (N)

치열 손목 잡고 뛰어 올라오는 행선.

치열 (힘에 부친) 자, 잠깐만. 잠깐만요.

행선 (당황해 다다다) 저 엄마들이 어떻게… 여기까지 온 거면 다 알고 온

걸까요? 아니 어떻게 알았지? 난 진짜 입 꾹 다물었는데… 영주 말고
는 아무한테도… (하는데)

치열   (o.l) 일단 좀 놓죠 이거. 너무 아픈데.

행선   (화들짝 놓고) 어머 죄송해요. 제가 힘 조절이 좀. (하곤) 어떡해요
쌤…?

치열   (잠시 생각하다) 남행선씬 여기 있어요. 내가 해결할게요. (혼자 내려
가는)

행선   아니 저기. (하며 어쩔 줄 모르는데)

해이   (시끄러운 소리에 현관문 열고 보며) 왜 엄마, 무슨 일이야?

S#3.   **국가대표 반찬가게 건물 앞 (N)**
수아모와 올케어 엄마들 우르르 모여 기다리고 있는데
당당한 기세로 치열이 나온다.

수아모   (보며) 어 나오시네. 밤새 기다려야 되나 고민했는데….

치열   (시계 보곤 인위적인 미소로) 일 분도 안 됐는데. 참을성이 없으신가 우
리 어머님.

수아모   그럴 만하니까 그러죠. (보며) 지금 해이, 과외해주고 나오시는 거,
맞죠?

치열   (역시 알고 왔구나… 이렇게 된 이상, 주도권을 가지고 가야 한다)

수아모   다 알고 왔으니까 발뺌할 생각하지 마시…

치열   (o.l/당당하게) 네 맞습니다. 그게 문제가 될까요?

엄마들   (당당한 치열 태도에 당황해 수아모 보면)

수아모   (역시 당황. 흥분해 말까지 더듬으며) 문… 문제가 되죠. 엄청 되죠 큰 문
제죠 아주. 한두 개가 아닌데요 문제가. (쏘아보는)

치열   (보다가) 오케이. 가서 얘기하시죠. (제 차로 가려는)

수아모   잠깐만요. 어딜 가요?

치열	제 사무실로 가서 얘기하시죠. 하실 말씀이 많은 거 같은데. 날 쌀쌀
	한데 밖에서 얘기하다 감기 걸림 안 되잖아요?
수아모	참 나, 우리는 괜찮…
치열	(o.l) 저 목감기 걸리면 큰일 납니다. 책임지실 거 아니죠? (하곤 제 차
	로 가는)
수아모	(얼빠져 보다가) 차… 본인 몸 되게 아끼네. (엄마들한테) 가자구, 가.

S#4. 행선집 현관 앞 (N)

바깥쪽 살피며 안절부절 어쩔 줄 모르는 행선.
도저히 안 되겠다, 나가보는.

S#5. 국가대표 반찬가게 건물 앞 (N)

행선, 급히 나오는데 막 출발하는 치열 차.
그 뒤를 수아모 차와 올케어 엄마들 차가 줄줄이 따르며 출발하는.

행선	(?) 뭐, 뭐야… 어딜 가는 거야. (서둘러 치열에게 전화해보는데 안 받는
	다) 아 안 받아 왜 또… 뭐가 어떻게 돼가는 상황인데 이게~ (걱정되
	는 표정으로 보다가 안 되겠다, 주머니 뒤져 스쿠터 키 꺼내곤 세워둔 스쿠
	터로 가 헬멧 쓰는)

S#6. 대로 (N)

연구소를 향해 달리는 치열의 차.
그 뒤로 수아모 차와 올케어 엄마들 차가, 그 차들 뒤론 행선의 스쿠
터가… 마치 대통령 이동 행렬이라도 하는 듯 줄줄이 뒤따라가다 좌
회전 하는데.
이때, 신호 걸리며 행선 스쿠터만 좌회전을 못한 상황.

행선   (초조하다. 시선 좌회전하는 치열 차와 차량들에 머물며 표정에)

치열(E)   맞습니다. 제가 따로 봐주고 있어요 남해이 학생.

S#7. 치열 연구소 사무실 (N)

치열과 회의 테이블에 둘러앉아 있는 수아모 외 올케어 엄마들.

수아모   이게 그렇게 당당하실 일인가요? 선생님은 더프라이드 학원과 독점
          계약이시잖아요.

엄마1   그리구 그거, 불법 아닌가? 교육청에 신곤 하셨어요?

치열   아뇨, 신고할 이유가 없죠. 대가를 전혀 안 받고 하는 거니까.

수아모/엄마들   ?! (당황) / (치열의 말에 또 웅성웅성하는)

치열   (부드러운 어투지만 단호한) 어머님들, 지금 살짝 선 넘으신 거 같은데.
          저 뭐, 체포라도 하실려구요? 자격 있는 학생이 부당하게 배척당한
          게 안타까워서, 제가 먼저 해주겠다고 했습니다. 아시잖아요, 저 입
          시 토크쇼도 하고 공익활동에 관심 많은 거. 게다가 모든 수업 마치
          고 개인시간에 봐주는 건데 당당하지 않을 이유가 있나요 제가?

수아모   (지지 않고) 그럼 자료는요? 자료도 무료나눔 하시는 건가요? 우리가
          얼마를 내고 올케어반을 듣는데. 이건 엄연히 우리 권리를 무시한…

치열   (o.l/단호) 올케어반 자료가 아니라 제, 자료죠. 모든 권리는 저한테
          있구요.

수아모/엄마들   (말문 막힌다)

엄마1   (얼른 나서보는) 좋아요. 자룐 그렇다 치고 그럼, 선생님은 안타까운
          학생이면 누구든 개인과외 해주시나요? 자청하셨다면서요, 과외 해
          주겠다고.

치열   아 그건…. (둘러댈 말이 없다. 살짝 당황하는데)

문 쾅! 열리며 헬멧 벗을 여유도 없어 쓴 채로 등장하는 행선.

행선	제가 먼저 부탁드렸어요!
치열/엄마들	!! (놀라 행선 보는)
행선	(다가서며) 제가 졸랐어요, 해이 따로 봐달라고. 막 진상 부리고 매달렸어요 쌤한테.
치열	(당황해 행선 보며) 저기요….
행선	언니들 화나시는 맘 이해해요. 근데 저한테 내세요. 선생님은 거절 못하시고 재능 기부해준 죄밖에 없으니까. 제가 올케어 탈락하고 눈이 뒤집혀서…
치열	저기요! (말 막곤) 잠깐… 잠깐 나 좀 보죠. (행선 팔 잡고 데리고 나가는)
엄마들/수아모	(!!) 어머어머. 지금 뭐하는 거야 둘이? / (보며 어이없는)

S#8. 치열 연구소 앞 복도 (N)

치열, 행선 팔 잡고 나오는데…
치열 콜 받고 급히 온 동희와 마주치는.

동희	(숨 찬) 선생님.
치열	어, 들어가서 수습 좀 해줘. 내 할 말은 끝났다고. (하곤 행선 잡고 가는)
행선	아니 저, 잠깐만요. 끝나긴 뭘 끝나… 여보세요~ (끌려가고)
동희	(급히 연구소 안으로 들어가는)

S#9. 치열 연구소 층 화장실 앞/ 비상계단 (N)

행선 팔 잡고 남자화장실로 들어가려다 멈칫, 여자화장실 보며 여기도 안 되겠고… 어쩔 수 없이 비상계단 쪽으로 훅 들어가는 치열.

치열	(그제야 행선 팔 놓고) 지금 뭐하는 거예요? 그냥 있으랬잖아요. 내가 해결한다고.
행선	어떻게 그냥 있어요? 쌤이 공격당할 게 뻔한데.

치열	그래서 뭐, 나 구해줄라고? 난 뭐 졸이에요? 당하고만 있게? 아니 왜 팩트도 아닌 말까지 하면서 희생정신을 발휘해요? 언제 그쪽이 해달 랬어요 내가 한다 그랬지.
행선	그래도…
치열	(o.l) 본인도 알죠? 본인한테 아주 이상한 해결사병 있는 거. 그거 빨 리 고쳐요 좀. 본인도 살기 힘들고, 주변 사람도 힘들어요. 알아요?
행선	(슬슬 열 받는) 아니 왜 말을 그딴 식으로… 난 그냥 쌤이 우리 땜에 난 처하게 돼서…
치열	(o.l) 더 난처하게 됐잖아요 지금! 이게이게… 뭐냐고 이게, 누가 봐 도 이상하잖아.
행선	아니 이상한 그림을 만든 게 누군데 지금….
치열	(그건 행선의 말이 맞다. 당황해 일단 행선을 데리고 나와버렸다) 아 진짜, 이렇게 팀웍이 안 맞아서야…. 일단 여기부터 빠져나가요. 엄마들 마 주치기 전에.
행선	어쩔 건데요? 어물쩍 넘어갈 엄마들이 아닌데.
치열	(짜증내듯) 나도 몰라요. 지금부터 집에 가서 고민해봐야겠죠.
행선	아니 왜 짜증을… 저도 공격수 출신이라 그렇거든요? 수비보단 공격 이 전공이라?
치열	팀플레이 몰라요? 선수 때 퇴장 엄청 당했어. 딱 봐도 그래. (나가는)
행선	(발끈해) 아니 무슨… (하다 멈칫) 어떻게 알았대? 짜증나 증말. (씩씩 거리며 나가고)

S#10. 치열 연구소 건물 앞 (N)

주차장 쪽에서 나오는 치열의 차. 그 뒤로 행선의 스쿠터 나오고.
양쪽으로 갈라지며 멀어지는 두 사람 모습 위로 타이틀 뜬다.
일타 스캔들 chapter 9. 우리 만남의 나비효과

동네 치킨집 (N)

맥주 꿀꺽꿀꺽 마시고 내려놓는 수아모. 올케어 엄마들과 둘러앉아 있는.

엄마1	아니 생각할수록 황당하네. 최치열 왜 그렇게 당당해?
엄마2	되려 큰소리잖아 뭐가 문제냐구. (수아모한테) 이건 생각지도 못한 전개 아니에요?
수아모	(씩씩… 이제 어떻게 해야 하나? 생각하는데)
단지모	(뛰어 들어온다) 언니~ 언니언니, 이게 뭔 소리야? 최치열이 해이 과외 한다니.
수아모	(보며) 하. 자긴 또 어서 듣구 온 거야?
단지모	아니, (엄마3 보며) 혜진 엄마한테 뭐 좀 물어볼려구 톡 했다가… (하다) 그래서 어떻게 됐어? 최치열이랑 담판 지었어? 어쩐대? 그만둔대?
엄마3	(고개 젓곤) 근데 최치열이 그렇게 나오는 거 보면… 진짜 문제없는 거 아니에요?
수아모	(발끈해) 최치열이 문제없다면 문제가 없는 거야? 우리가 문제가 되는데? (하곤) 아무래도 안 되겠어. 이렇게 되면 원장하고 담판 지을 수밖에. 있어봐. (휴대폰 들고 일어선다. 나가며 통화하는) …네 원장님. 저 방수아 엄만데요….
단지모	(그런 수아모 보며) 저 언니 꼭지 돌았네. 불안허다 뭔가. (둘러보며) 근데 선재 엄마는? 이럴 땐 똑똑한 선재 엄마가 있어야 되는데.

선재집 거실 (N)

집으로 막 들어온 선재모. 대체 희잰 그 아파트 단지에 왜 갔을까…? 다시 휴대폰 열어 앱으로 희재 위치 보려는데… 현관문 버튼 소리 들린다.

선재모	! (돌아보면)
희재	(하얗게 질린 표정으로 들어오다 멈칫, 선재모 보는)
선재모	(걱정스런) 이희재. 너 대체 어디 갔다 오는 거…(야? 하려는데)
희재	(채 듣지도 않고 휙 선재모를 지나쳐 방으로 들어간다. 문 쾅 닫히는)
선재모	(쫓아가 문 열려는데 이미 잠겨 있다. 문 두드리려다 멈칫, 그래봤자 열지 않을 걸 안다. 포기하고 걱정스러운 듯 한숨짓는)

S#13. 선재집 희재방 (N)

방구석에 주저앉아 있는 희재. 손을 덜덜 떤다.
뭔가 충격적인 일이라도 있었던 양, 그 손으로 제 얼굴을 가리는.
(E) 띠리릭~ 현관문 열리는 소리

S#14. 치열 펜트하우스 (N)

집으로 들어오는 치열. 소파에 털썩 앉아 생각에 잠기는.

치열	…아 이런 일은 타이밍인데… 그 자리에서 입 막고 무마를 했어야 했는데…. (골치 아픈 듯 마른세수 하다가) 근데 어떻게 안 거야 대체 그 엄마들은…? (생각하다 !! 누군가 떠오른) 아 진이상, 이 개자식. (폰 꺼내 전화 거는)

(E) 진이상 휴대폰 벨소리

S#15. 진이상 아파트 거실 (N)

불 켜져 있는 진이상의 아파트 거실. (8부 74신 상태 그대로인)
테이블 위 노트북 켜져 있고, 휴대폰도 혼자 울리고 있는.
폰 줌인하면 '최치열 개놈'으로부터 온 전화가 계속 울리다 뚝 끊긴다. 다시 조용해진 거실. 어수선하고 뭔가 싸한 분위기에서.

S#16. 다음 날/ 치열 연구소 외경 (D)

S#17. 치열 연구소 (D)

막 출근해 들어오는 치열. 동희 얼른 치열 쪽으로 다가서는데.

치열 (바로 지시하는) 지 실장, 너 진이상한테 연락 좀 해봐. 내 전화 안 받아 이 자식.

동희 (o.l) 저기, 선생님….

치열 (안 듣고) 바로 해봐. 연결되면 나 바꿔주고. (사무실 문 벌컥 열다가 멈 칫한다)

원장 ! (소파 앉아 있다가 문 열리자 벌떡 일어서며 치열 보고)

동희 …원장님 와 계시다고 말씀드리려고 했는데. (난감한 표정에서)

S#18. 국가대표 반찬가게 (D)

영주와 함께 반찬 진열하는 행선.

행선 (진열하다 말고 심란한 듯 한숨 내쉬는) 아….

영주 (보고) 아 걱정하지 마. 최쌤이 문제없다 그랬다며.

행선 그래두… 그냥 가만있을 여자들이 아닌데 진짜.

영주 왜 지레 걱정이래? 아니 막말로 무슨 나쁜 짓을 한 것도 아니고, 애들 가르치는 선생이 해이 좀 따로 봐줬기로서니… 그게 이렇게 떨 일이 냐? 니들이 뭐 숨어서 위조화펠 만들었니 아님 밀수를 했니.

행선 해이 '만' 따로 봐줬다잖아. 거기에 뽀인트가 있다고 그 엄마들은.

영주 아우 정말 유난하다 유난해…. (생각해보다) 하긴… 나 옛날에 알바할 때 보니까, 수영강사가 누구 팔 한 번만 더 잡아줘도 편애를 하네 어 쩌네, 수강생들끼리 쌈나고 그러긴 하드라. 애들 문제니 더 예민하긴 하겠지….

행선   거기다 최치열이잖아… 일타. (생각하다 마음 굳히는) 아무래도 안 되
      겠어. 당분간은 아무래도 과외 안 하는 게 날 거 같애. (주머니에서 휴
      대폰 꺼내는)

S#19. 치열 연구소 내 사무실 (D)

치열과 원장 마주 앉아 있다. 원장, 내온 음료수를 원샷 하듯 마시고.

원장   앞뒤 다 짜르고 최 선생. 그만두자 그 학생 과외.

치열   (보며) 말씀드렸잖아요. 대가 없이 하는 과외라 법적으로 문제없다고.

원장   (o.l) 아 법적인 게 문제가 아니라 이 사람아. 길 가는 사람 잡고 물어
      봐, 최치열이 과외를 하는 게 말이 되나. (한숨 쉬고) 어젯밤에 내가 전
      화 받고 얼마나 기가 막히던지. 과외 당장 그만두지 않으면 올케어에
      서 보이콧 하겠대요 최 선생을.

치열   (어이없어 보는) 보이콧이요…?

원장   아 그냥 으름장 놓는 거지. 소수정예면 소수정예답게 우리만 케어해
      라. 그 교재로 다른 학생 혜택 주는 거 우린 원치 않는다.

치열   참 대단들 하시네. 멤버 결정도 쥐락펴락, 강사 개인시간도 쥐락펴
      락. 그분들이 진짜 화난 이유가 뭔데요? 올케어반에서 부당하게 배
      제당한 아이를 제가 따로 봐줘서요? 아니면 그 아이가 이번 9모에서
      전교 일등으로 치고 올라와서?

원장   (몰랐다…) 아, 전교 일등을 했어, 걔가…?

치열   당해드리죠 뭐 보이콧. 올케어에서 수학 교체하시구요. (일어서는)

원장   (당황해) 아 최 선생, 뭘 또 그렇게 극단적으로 반응을…

치열   (o.l) 원하신다는데 도리 없잖아요. 저 수업 준비해야 돼요. (원장 일으
      키는)

원장   아니, 그러지 말고… (하는데)

치열   안녕히 가세요. (떠밀고 문 탁, 닫는) 하아…. (고개 저으며 화 삭히려 애쓰

는데 휴대폰 벨 울린다. 보면 행선이다. 받는) …네 접니다.

행선(F) 저기 쌤. 제가 생각을 해봤는데요… 아무래도 당분간 과원 중단하는
게…

치열 뭐 그쪽도 보이콧입니까? 아뇨, 그렇겐 못해요 내가! 이따 봅시다!
(혹 끊는)

S#20. 국가대표 반찬가게 주방 (D)

행선 (일방적으로 끊긴 전화에) …근데 어제부터 왜 승질은…. 한동안 또 너
무 잘해줘서 헷갈리게 하더니 참…. (황당한 듯 씩씩거리는데)

재우 (고개 빼꼼 내밀며) 누나. 한성빌딩에 단체 도시락 주문, 스무 개.

행선 어… 알았어. (일단 서둘러 나가는)

S#21. 치열 연구소 옥상 (D)

치열 씩씩거리며 옥상으로 나오고, 동희 생수통 들고 따라 나오는.

동희 (아무 말 없이 생수통 내밀면)

치열 (받아 들고 벌컥벌컥 물 마시는)

동희 (그런 치열 보며) 진짜 안 하실 건 아니시죠 올케어…? 기싸움이죠?

치열 모르겠어 나도. 근데 자꾸 화가 나네 진심으로. 이게 뭐 대단한 일이
라고 이렇게 눈에 불을 켜고 달려드는지. 기껏해야 과외잖아, 학생
한 명….

동희 선생님도 아시잖아요 이 동네 습성.

치열 알지. 그래서 더 싫어. 이기적이고, 일방적이고. 지금이라도 내가 자
기 애 과외 해준다면 얼마든지 돈 싸들고 달려올걸?

동희 당연하죠. 그게 이 상황의 본질이에요. 자기 자식들한테 이익이 되면
불법도 강행하지만, 남의 자식이 특혜 보는 건 방법을 불사하고 막겠
다….

치열	아…. (머리 아프다. 두 손으로 관자놀이께를 누르는)

S#22. 우림고 복도 (D)

등교 중인 해이와 선재.

선재	(놀라며) 올케어 엄마들이 알았다고? 치열 쌤이 너 봐주는 거?
해이	(담담하게 고개 끄덕거리는)
선재	울 엄만 어제 아무 얘기 없던데. (보며) 그래서?
해이	…모르겠어. 쌤은 문제없다 그러셨다는데… 불안해. 폭풍전야 같기도 하고. (가는데)
단지	해이야! (해이 앞으로 뛰어온다) 너 진짜야? 진짜 치열 쌤한테 과외 받아? 우리 엄마가 그렇다는데… 아니지? 잘못 안 거지 그치?
해이	……. (아무 말 못하는)
선재	단지야. 해이 치열 쌤한테 과외 받은 건 맞는데 그게 어떻게 된 거냐면…
단지	(표정 굳어/o.l) 뭐야. 그러니까 과외 받은 건 사실이고, 걸 선재 넌 알고 있었단 얘기네? (상처받은 듯한 표정으로) 나만 몰랐던 거네, 그치?
해이/선재	(동시에) 단지야. (하는데)
단지	(화나) 그래, 니넨 공부도 잘하고 생각도 어른스럽고 얘기도 잘 통하니까. 나한텐 말하기 싫었겠지, 입 털고 다님 어떡해 내가. 안 그래? (획 들어가는)
해이/선재	단지야. (가려는데) / (잡고 고개 저어 보인다. 지금은 따라가도 소용없을 거라는)

S#23. 수아집 거실 (D)

늦은 아침으로 토스트와 우유 먹고 있는 수아부.
수아모, 통화하며 잔에 우유 따르다 말고 놀란 듯 멈칫하는.

수아모	…진짜요? 진짜 올케어를 그만두겠대요 최치열 쌤이?
원장(F)	(난감) 아니 말은 그렇게 하는데, 지금은 좀 감정적인 상태라 최 선생도.
수아모	알겠어요. 좀 생각해보고 다시 전화 드릴게요. 네…. (전화 끊고 수아부 앞에 앉는) 뭐야 최치열… 꼬랑지 확 내릴 줄 알았드니 이렇게 나온다구…?
수아부	열 받았나보지. 존심 쎈 인간들한테 협박이 먹히냐?
수아모	그래두 이건 아니지. 최치열 커리어 중에 젤 메인이 올케어야. 근데 남해이 개 하나 사수하자고 올케어를 포기한다구? 하… 미친 거 아닌 이상 어떻게.
수아부	미친 거 맞네. 아니면 그 엄마랑 그렇고 그런 사이던지.
수아모	(미간 찌푸리며) 무슨 소리야? 남편이 해외 있어서 그렇지, 해이 엄마 유부녀야.
수아부	이렇게 모르는 소릴 해요 또. 남녀 사이에 그런 게 어딨냐? 눈 맞으면 걍 도는 거지. (하다 휴대폰 문자벨 울리면, 힐끗 보곤) 아 장 사장. 왜 자꾸 돈을 빌려달라구… 나 잠깐만 통화 좀. (수아모 눈치 보며 일어나 서재방으로 들어가고)
수아모	(수아부에겐 관심 없다. 골똘히 생각하며 혼잣말로) …아니 아무리 그래도, 최치열이 뭐가 아쉬워서… (하다 !! 순간 뭔가 떠오른다)

#. 회상 플래시백

6부 31신. 치열 주상복합에서 나오던 행선.

| 수아모 | …설마…. (하곤 서둘러 누군가에게 전화 거는) 어 단지야. 자기 최치열 사는 주상복합… 거기 타로술사한테 뭐 좀 부탁할 수 있지? |

S#24. 치열 주상복합 보안실 (D)
수아모와 단지모, 보안요원이 돌리는 CCTV 보고 있고.

그 옆쪽에는 단지모한테 불려 내려온 타로술사가 서 있다.

보안요원   (난처한 듯) 아니 이게, 진짜 보여드리면 안 되는 건데 이게.

타로술사   제가 책임질게요. 아시죠? 저 102동 동대표. (단지모 보며) 제 동생이
           라니까요.

단지모   죄송해요 선생님. 너무 중요한 일이라서, 한 번만 돌려보고 얼른 갈
           게요. 절대 나쁜 일 하는 거 아니에요 우리. 옳은 일 하는 거예요.

보안요원   (난처) 아니 그래도… (하는데)

수아모   (보다가) 잠깐! 스톱! 여기요. 여기여기여기. (손가락으로 가리키면)

#. 화면 인서트

CCTV 속 영상. 행선이 자연스럽게 번호 찍고 들어가는.

수아모   봤지봤지? 맞지 해이 엄마?

단지모   세상에 맞네. 어머, 한두 번 드나든 게 아닌가봐. 비번 찍는 거 봐봐.

수아모   앞으로 돌려봐요. 더더. (보안요원 마지못해 앞으로 돌리면) 여기여기.
           이날도 왔네. 거의 맨날 오는 분위긴데 이거.

단지모   손에 든 건 뭐야? 어머, 반찬도 싸다 날랐나봐. 이건 파는 도시락통도
           아냐.

수아모   하… 이제야 설명이 되네. 개인과외 할 리가 없는 최치열이 왜 해이
           를 따로 봐주고 있었는지. 결국 이거였어 남녀상열지사.

단지모   (입틀막 하곤) 어머. 어머 이게 무슨 일이야. 그럼 해이 엄마가 해이
           과외 시킬려고 베갯머리송살… 어머 대박. 이거 완전 세기의 스캔들
           아냐?!

수아모   이렇게 된 이상, 갈 데까지 가보는 수밖에 없네. (뭔가 결심한 듯한)

S#25. **국가대표 반찬가게 외경 (N)**

불 꺼진 가게 앞 치열의 새 차 주차되어 있고.

S#26. 행선집 해이방 (N)

아무 일 없다는 듯이 해이에게 문제풀이 해주고 있는 치열.

치열 x가 −3으로 갈 때 분모가 0으로 가고 분모가 0인데 극한값이 존재하니까 분자가 0으로 가야 되지? 그러니까 $x^2 + ax + b$에 3을 넣으면 0… (보며) 나오지?

해이 (고개 끄덕끄덕하곤, 치열 보며) 저기… 쌤.

치열 (문제지에 시선 둔 채로) 왜.

해이 저 어제…

치열 (무슨 말 할지 안다) 수업 관련 질문만 받을 거야. 중간고사 코앞이야.

해이 (그런 치열 보다가 다시 문제 보는)

S#27. 행선집 현관 앞 (N)

치열 도시락 들고 나오는데… 행선 보온병 들고 쫓아 나온다.

행선 쌤! 어떻게 됐어요? 학원에선… 별 얘기 없어요?

치열 없어요. 그러니까 신경 끄고, 남행선씨도 해이 내신이나 잘 좀 챙겨요. 9모 일등 한 것도 있고 딴엔 부담 있을 거예요. (가려는데)

행선 아 저기 저기! (보온병 내민다) 이거… 갖구 가세요.

치열 ? (뭐냐는 듯 보면)

행선 눈이 충혈된 게 어제 또 못 주무신 거 같아서… 국화차예요. 따뜻하게 한잔 드시고 주무세요. 그리구… (하다 멈칫) 아 아니에요, 가세요 얼른. (들어가는)

치열 (그런 행선 보다 보온병 쳐다보곤 들고 내려가는)

S#28.　수아집 거실 (N)

식탁 위에 노트북 펼치고 앉아 뭔가 치고 있는 수아모.

수아모　(격하게 키보드 치며) 아무리 자식이 중요해도 그렇지. 해서 될 일이 있고 안 될 일이 있지 어떻게…. 굼벵이도 구르는 재주가 있다고, 차…. (눈 이글거리며) 이 수아임당을 물로 봤지? 어디 한번 해보자고. (글 올리고 엔터 탁! 치는)

S#29.　다음 날/ 더프라이드 학원 외경 (D)

S#30.　더프라이드 학원 원장실 (D)

출근한 원장, 커피 들고 책상 앞에 앉아 컴퓨터 이것저것 서치하는데.

원장　!! (눈 왕방울만 해지며 마시던 커피 뿜는)

카메라 화면으로 줌인하면, 스카이맘점넷에 '수아임당'이 올린 게시 글이 보인다.
제목: "남이 하면 불륜 내가 하면 모정? 딸 과외 위해 일타강사에게 베갯머리 송사 한 엄마를 고발합니다"
제목과 함께 행선 CCTV 캡처 사진(모자이크한)과 본문 내용이 보이며.

S#31.　몽타주 (D)

#. 학교 복도

폰으로 실시간 검색어 '일타 스캔들' '반찬가게' '최치열' '유부녀' 보는 학생.
옆의 학생들에게 폰 보여주고, 웅성대는 모습에.

수아모(E) 안녕하세요~ 수아임당입니다. 많은 사람이 알아야 된다고 판단해 무거운 맘으로 글을 쓰게 됐네요. 원톱 일타 수학강사가 모 반찬가게를 운영하는 여사장의 꼬심에 넘어가, 그 집 딸한테 개인과외를 해주고 있다는 정보를 입수했습니다.

#. 요가장
요가 준비운동하다 폰 보는 엄마들.

수아모(E) 해외에서 사업을 한다는 그분 남편이 이 사실을 알면 얼마나 기가 찰까요? 기가 차기는 우리 학부모들도 마찬가지입니다. 일타강사에 대한 실망감과 함께 자식을 위해 몸까지 던진 그분께 묻고 싶네요. 이것이 진정한 모정일까요?

#. 버스정류장에서/ 독서실에서/ 카페에서
혼자 또는 삼삼오오 게시글 보고, 댓글 올리는 사람들 모습에 댓글 자막 뜨는.

"누군지 미쳤네요, 실명 공개 갑시다!" "원톱 일타수학 뻔하고, 반찬가게 어딘지 힌트 주세요." "잠이 확 깨네요. 퍼갑니다." "자식 보기 부끄럽지 않나." "남편분 불쌍하네요ㅠㅠ" "이런 천인공노할 불륜은 널리널리 알려야죠. 퍼갈게요." 등등.

S#32. **국가대표 반찬가게 (D)**
행선 반찬팩들 쌓아 들고 나오는데 영주 폰 들고 뛰어 들어온다.

영주 행선아~ (보며 헉헉) 야야 큰났어… 이것 좀 봐봐. (폰 내미는)
행선 (뭔가 해서 보다가) !!! (미간 찌푸리는)

영주	(눈치 보며) 아니 커피 사러 갔는데 여자들이 모여서 혹시 국가대표 아니냐 어쩌냐 수군거리길래 뭔가 해서 봤더니….
행선	(바로 폰 꺼내 수아모에게 전화 거는데 안 받는다. 바로 앞치마 푸는)
영주	왜왜… 어쩔려구.
행선	뭘 어째, 붙어야지. 쌈을 걸어오는데. (호전적으로 나가는)
영주	야 행선아 말루 해~ 폭력은 안 돼 너, 알지~?! (걱정스럽게 외치는)

S#33. 치열 연구소 건물 로비 (D)

심각한 표정의 치열 들어오고 동희 옆에서 따라오는데
두 사람 휴대폰 벨 연이어 울려댄다.
치열 신경질적으로 휴대폰 전원 꺼버리고.

동희	(폰 소리 줄이며) 각종 커뮤들 댓글 터지고, 개인방송에서도 희대의 스캔들이라고. 검색어에 최치열 이름 오르면서 학원에도 학부모님들 전화 쇄도하구요. 원장님 저한테만 열한 차례 전화하셨어요, 선생님 전화 안 받으신다고.
치열	…망할… 일타 스캔들은 무슨. 어서 되도 않는 소설을.
동희	학원 법무팀 통해 알아봤는데, 선생님 신상을 특정해서 저격한 건 아니고, 또 작성자가 입김 있는 유저라 건드리기가 조심스럽다고…
치열	(o.l) 입김은 무슨, 할 수 있는 법적 조치 다 검토하라고 해! 온라인 확산되는 글들 계속 모니터하고, 신상 특정되는 댓글 바로 삭제 요청하고. 차… 뭐 자식을 위해 몸을 던져? 수준하곤. 성인지감수성이 왜 그 모양들이야.
동희	근데 법무팀 말이… 다행히 여론이 선생님보단 상대 쪽에 더 포커싱되는 분위기라고…
치열	(버럭/o.l) 그게 다행이냐? 어? 다행이냐구?! 말을 어떻게 그따구루…
동희	(o.l) 그런 뜻 아닌 거 아시잖아요. 너무 예민하세요. 은인 따님이라

그러세요?

치열   (그러게. 왜 이렇게 걱정이 되는지 모르겠다) 난 이런 게 익숙하기라도 하지, 그쪽은…. (하아… 한숨이 절로 나온다. 행선도 이 상황을 알고 있는 지…)

(E) 삐리리~ 삐리리리리~~ (초인종 소리)

S#34.   수아집 거실 (D)

외출복 차림의 수아모, 인터폰 모니터 확인하는데… 행선이다.

수아모   어머…?! (집까지 쳐들어왔어? 계속 울리는 벨 무시하고 팔짱 낀 채 보면)

모니터 꺼지며, 더 이상 벨 울리지 않고 조용해진다.
수아모, 포기하고 갔나? 하는 표정으로 현관 쪽 주시하며 다가서는.

S#35.   수아집 현관 앞 (D)

문 빼꼼 열리고, 수아모가 밖의 동향을 살핀다.
이내 가방 들고 나와 현관문 닫고 돌아서는데 그 앞에 떡 버티고 서 있는 행선.

수아모   어마 깜짝야!! 아우 놀래라…. (쏘아보며) 이, 이게 무슨 에티켓이야 사람 놀라게?

행선   (노기 어린) 에티켓이요~? 와 이 언니 이런 줄은 알았지만 진짜 심하네. 아니 어떻게 그딴 말도 안 되는 글을 올리고, 나한테 에티켓 운운을 해요?!

수아모   왜 말이 안 돼? 난 그냥 본 대로 썼을 뿐인데. 그 집 드나든 건 사실 아냐?

행선	예, 갔죠. 근데 언니가 상상하는 그런 거 절대 아니구요! 쌤 도시락 배달하러 간 겁니다. 해이 공부 봐주는 조건으로 도시락 배달해주기로 해서.
수아모	차… 도시락만 배달했는데 최치열이 그렇게 싸고돌아? 걸 누가 믿니 이 상황에서? 아 비켜. 나 가봐야 돼. (가는)
행선	(잡으며) 저기요! 나 얘기 아직 안 끝났거든요?!
수아모	아 왜 이래. 이거 놔~! (행선 뿌리치고 내빼듯 후다닥 계단으로 가는)
행선	이보세요! 저기요! (따라가려는데 수아모는 이미 내려가고, 휴대폰 벨 울리는) 아 진짜…. (열 받는데 휴대폰 계속 울리고… 폰 꺼내 보면 '치열 쌤'이다. 받는) …네 쌤.
치열(F)	봤어요? 수아임당이 올린 글?
행선	네… 안 그래도 지금 한판 붙을려고 왔는데… 튀어버렸어요.
치열(F)	소용없어요. 웬만한 각오론 그런 글 올리지도 않지.
행선	(하…) 제가 해명글을 올리면 어떨까요. 쌤 집에 간 건 도시락 배달 때문이라고….
치열(F)	아니. 가만있어요 지금은. 나서봤자 더 물어뜯기기만 할 거예요. 괜히 그쪽 신상만 노출되고. 당분간 SNS 끊고, 해이도 못 보게 해요.
행선	아니 그래도 넘 말이 안 되잖아요. 쌤한테도 너무 피해가…
치열(F)	제발. 이번엔 내 말 들어요 꼭. 연락할게요. (뚝, 끊는)
행선	(끊긴 휴대폰 보며) 하아…. (한숨밖에 안 나온다. 어쩌다 일이 이렇게 됐는지…)

S#36. 우림고 2-1 교실 (D)

본인 자리에서 휴대폰 들여다보고 있는 어두운 낯빛의 해이.
커뮤 게시글 '최치열 역대급 병크 터짐 ㅋㅋ 반찬가게 줌마랑 열애설' 반응 보는.

건후	(의자째 쑥 다가와 문제집 내밀며) 야, 나 이것 좀. 옛날 한국언 왜 이러냐? 무슨 말인지 하나도 모르겠어, 완전 외계어야.
해이	…….
건후	(보며) 헤이, 남해이.
해이	미안. 나중에. (일어나 나가는)
건후	(보며) 야 어디 가는데? 나중에 언제~ (하는데 해이 그냥 나가는)
선재	(해이 자리로 와 앉으며) 뭔데. 내가 봐줄게. (문제 보고) 고려가요네.
건후	(마음 쓰이는 듯) 남해이 왜 저래? 무슨 일 있어?
선재	(대답 않고 문제 읽다가 해이 나간 쪽 본다. 역시 게시글을 봤다. 걱정되는)

S#37. 더프라이드 학원 로비 (D)

치열, 동희와 함께 들어서고.
나오던 학생들 치열 보곤 몇몇은 힐끗거리고, 몇몇은 모르는 척 "안녕하세요?" 인사하곤 나가며 지들끼리 수군거리는.
동희, 불편한 듯 그런 학생들 돌아보고. 치열은 모르는 척 엘리베이터 쪽으로 가는.

S#38. 더프라이드 학원 강의실 (D)

강의실 뒤에 인강 녹화를 위한 카메라 설치되어 있고.
자리에 앉아 있는 학생들 역시 수군거리고, 맨 앞의 여학생은 책상에 엎어져 울고 있다. 옆에 친구가 그 여학생 등 다독이며 달래주고.
이때 치열 들어오자, 일제히 얘기 멈추고 표정 관리하며 치열 보는.

치열	(모른 척) 에어컨 너무 쎈 거 아냐? 살짝 올려도 될 거 같은… (하는데)
여학생	흑~~ (눈물 닦으며 뛰쳐나간다)
학생들	(일순간 쥐 죽은 듯 조용…해지며 치열 눈치 보고)
치열	(한숨이 절로 나오지만 애써 웃으며) 자, 에어컨은 뜨거운 학구열로 식

히는 걸로 하고. (교재 보며) 15번, 삼차함수 문제부터 가보자….

S#39. 국가대표 반찬가게 앞 (D)

한산한 국가대표 반찬가게 앞.

지나가던 여자들, 국가대표 반찬가게 쪽 보며 뭐라 수군거리며 지나
가고.

S#40. 국가대표 반찬가게 (D)

거의 팔리지 않은 듯 쌓여 있는 반찬팩들.

영주는 전자 모기채로 파리 쫓고, 행선은 도시락통 정리하며 심란한.

영주 …아무리 그래도 그렇지, 어떻게 이렇게 대놓고 손님이 뚝 끊겨. 반
찬이랑 그딴 그지 같은 글이 뭔 상관이라구. (하다 눈치 보며) 아 사먹
지 말라 그래. 희대의 불륜 스캔들은 개뿔, 19금 영화들을 찍어요 아
주. 마녀사냥을 해도 적당히 해야지 진짜.

행선 인생 참 재밌어? 불륜 스캔들… 하. 무려 주인공이야 내가.

영주 아 그니까. (보며) 야 됐어. 쫄 거 없어. 그런 거 아닌 거 내가 알고 하
늘이 알고 웅? 아으~ 아니 어떻게 과외 하나 받은 걸로 사람을 이렇
게까지 모함을 하냐? 모르는 사이기나 해? 수아 언닌지 수아임당인
지 그 여자 내가 평소에도 맘에 안 들었어. 아니 암만 빡이 쳐도 그렇
지 애들끼리도 같은 반인데 어떻게… 아우. (하는데)

이때, 재우 휴대폰 영상 보며 들어오는.

행선 (그만해라, 영주 툭 치고)

영주 (알아들었다) 어… 재우 왔니?

재우 (보곤) 어. 어… 근데 손님이 왜 이렇게 없어? 5시에서 6시가 젤 바쁠

시간이라서 산책하다 말고 부랴부랴 왔는데.

행선 그러게… 그런 날도 있는 거지 뭐. 너 그냥 올라가 쉬어도 될 거 같은데?

재우 아냐 있을래. 또 막 몰려올 수도 있잖아. (자리 잡고 앉아 동영상 계속 보는)

행선/영주 (걱정스런 표정 주고받는)

S#41. 국가대표 반찬가게 근처 거리 (D)

선글라스 낀 유튜버(남, 20대 후반, 일명 '핵인싸맨') 휴대폰 연결한 슈팅그립 들고 라이브 방송하며 국가대표 쪽으로 가고 있다. (뛰는 차림과는 달리 유튜버의 톤은 사뭇 진지한 저음이다)
셀카모드로 찍히는 라이브 방송 화면에는, 실시간 채팅글들이 빠르게 올라가고 있는.

핵인싸맨 (심각한 사건을 중계하듯) 안녕하십니까. 핫한 정보를 가장 빠르게 전달해드리는 여러분의 핵인싸맨입니다. 오늘의 인싸 이슈는 바로 일타강사를 꼬신 그녀가 아닐까 싶은데요. 핵인싸맨이 국내 최고의 인싸력으로 추론에 추론을 거듭한 결과, 그 반찬가게가 어딘지 제가 결국 찾아냈습니다. 지금부터, 사심 1도 없는 오로지 공익적인 목적으로, 그녀의 정체를 여러분께 공개하려고 합니다.

시청자수와 실시간 채팅수가 더 빠르게 올라가고, 후원도 팡팡 터지는 방송 화면.

마틸콩- ㅇㅇㅇㅇㅇㅎㅇㅎㅇ/식빵- 핵인싸맨 불륜녀 잡으러 ㄲ/이잉잉- 이게 ㄹㅇ이지/시바견- ㅎㅇ2/루시킹- 등장부터 킬포/낑깡낑깡- 시청자수 보소ㅋㅋㅋㅋㅋㅋㅋㅋㅋ니들 공부 안 하냐/곧잉인뎁- 고딩 손들어봐/새우깡깡-

손111111111/샴푸요정- 지금 수학시간인 게 핵소름/헐래방퀴- 수학 일타는 누구?/꼬마요리사- ㅊㅊㅇ/고딩법사- 진짜 ㅊㅊㅇ 맞음?/히히키키- ㄹㅇ임/꼬마요리사- ㅊㅊㅇ도 이 방송 보고 있으려나?/세일러썬- 진짜 불륜녀 얼굴 세상 궁금하다/꼬비- 핵인싸맨 불륜녀 잡기 10초 전

핵인싸맨   시바견님 십만 후원 감사합니다. 꼬비님 감사합니다. 시청자수 25만 넘기면 제가 직접 그녀의 얼굴을 공개하도록 하겠습니다. 네, 계정 정지 각오하고 있습니다. 솔직히 이런 걸 저 아니면 또 누가 밝히겠습니까…. (가게 다가서며) 바로 들어가 보겠습니다. 롸잇 나우. (카메라 든 상태로, 그대로 가게 안으로 밀고 들어가는)

(E) 가게 문 위 종소리, 딸랑~~

S#42. 국가대표 반찬가게 (D)

핵인싸맨 들어오면, 행선과 영주 반사적으로 "어서 오세요" 인사하는데.
바로 두 사람에게 카메라 들이대는 핵인싸맨.

핵인싸맨   잠깐만요. 여기 사장님이 어느 분이시죠?
행선   !! (놀라 눈 똥그래지고)
영주   (반사적으로 행선 막으며) 뭐예요? 당신 지금 폰으로 뭐 찍는 거야?!
핵인싸맨   (카메라 행선 쪽에 들이대며) 아… 분위기상 이분이 사장님인 거 같습니다. 아 참 애매~하네요. 뭐라고 해얄지… 치열이 형 취향도 참….

화면 오른쪽에 자막으로 방송 채팅창 반응들이 빠르게 올라가는.

샤비님- ㅎㄷㄷ 불륜녀 신상 볼 ㄹㄷㄹㄷ/핥트빗- 불륜녀가 입장하셨습니다/

훈- 이 사람이라고??? ㄹㅇ????/무지개8- ㅇㅇ 레알임. 화면 캡처ㄱㄱ/투덜
투덜잉- 웩 토 나옴/히바해꺄- 옆에 남자 누구??? 남편임???/시바견이도아-
딱 봐도 연하. 불륜녀 잡으러 해외에서 왔나?/노답- ㄴㄴ 남편 아님 남동생임.
참고로 나 이 집 단골 ㅋㅋㅋㅋㅋㅋㅋㅋㅋㅋㅋㅋㅋㅋ/빵쏴- 이 여자 딸 우리 학교
다님. 2등급 맞던 애가 전교 1등 해서 뭔가 했더니ㅋㅋㅋ소름/우림의전사-
ㅇㅇ 리얼임. 엄마가 일타 꼬신 덕분에 전교 1등/대박! 팩폭기- 30만 돌파. 와
시청자수 실화냐ㅋㅋㅋㅋㅋㅋㅋㅋㅋㅋㅋㅋㅋㅋㅋ

영주   (당황해) 당장 꺼요! 안 꺼요? 그 폰 내놔요 이리~!!
핵인싸맨   아 이 누나들 상당히 쎕니다 느낌이. 여러분들, 저에게 힘을 실어주
          십시오.
행선   (당황해 일단 주방으로 피하려는데)
핵인싸맨   (막으며) 잠깐만요 사장님. 저희 시청자분들 위해서 한 말씀 해주시
          죠! 스캔들이 사실인가요? 사실이라면 비법이 뭔가요?!
행선   (당황) 아 아니에요. 왜 이래요 비키세요~~ (들어가려 하고)
핵인싸맨   (필사적으로 막으며) 인정하신다는 얘긴가요?! (끈질기게 들이대는데)
재우(E)   야아아아아~~~ (소리 지르며 대걸레 막대 마구 휘두른다)

재우가 마구 휘두르는 대걸레에 벽에 걸려 있던 상장이며 메달 떨어
지고.
핵인싸맨 놀라 뒷걸음질 친다.
이 상황을 틈타, 영주 핵인싸맨 폰 빼앗으려 달려들고 핵인싸맨 안
뺏기려고 버티고.
아수라장과 함께 화면 채팅창 자막도 폭발적으로 올라가는.

써니- 와 대환장파티ㅋㅋ/사랑모아- 목소리도 역겹네ㅠㅠ/지지지- 와. 진짜
이 여자라고? 최철 개실망ㅜ/얼평가- 진짜 노답이다. 무슨 수로 꼬심???/이쑤

시갱- 불륜녀 지키는 앤 또 뭐임?/19학번 모여라- 윽… 안 본 눈 삽니다… ㅊ
ㅊㅇ 정신 차려…/수박마이떠- 여기 정보 좀 알려주셈. 조지러 가게/깻잎양아
치- 국가대표 반찬가게 ㅋㅋㅋㅋ 조질 때 영상도 좀. 조회수 대박날 듯/하이
빠이- 나도 같이 가장 켁/지짐이만두- ㅉㅉ 한심한 것들 공부나 해라

S#43. 우림고 급식소 (D)

#. 휴대폰 화면 인서트

앞 신의 상황. 흔들리는 화면 속 손 내밀며 얼굴 가리는 행선과 대걸
레 휘두르는 재우. 카메라 뺏으려 몸싸움하는 영주 모습 보이고.
줌아웃하면 남학생 1, 2, 3 밥 먹으며 키득키득, 폰으로 핵인싸맨 유
튜브 영상 보는.

남학생1	와~ 라방 지린다. 역시 핵인싸맨 개돌아이.
남학생2	근데 이 스캔들녀 1반 반장 엄마란 말 있던데. 개네 집 반찬가게 하 잖아.
남학생3/1	어 맞아, 남해이. / 맞네, 이 아줌마 맞아 남해이 엄마. (하는데)

이때, 해이와 선재 식판 반납하고 디저트 요거트 들고 가는데.

남학생2	(보고 썩소 지으며) 야 남해이.
해이	? (보면)
남학생2	니네 엄마 핵인싸맨 방송에 나왔더라. (폰 보여주며) 맞지? 좋겠다 넌, 섹시한 엄마 둬서. 덕분에 일타한테 과외도 받고.
해이	뭐?! (째려보면)
선재	(해이 잡아끌며) 무시해. (가려는데)
남학생2	앤 뭐냐. 아… 넌 애 꼬시는 거야? 와 그 엄마에 그 딸. 쩌네 진짜. 나도 우리 엄마한테 부탁해야 되나? 일타 하나 꼬셔달라고, 응? (낄낄대면)

해이   (뭐라 대꾸하고 싶은데… 입이 안 떨어진다. 손 부들부들 떨며 보는데)

이때, 남학생2한테 날아오는 요거트. 픽! 소리와 함께 옷에 퍼지고.
"아씨, 뭐야?!!" 보면, 노려보고 서 있는 건후다.

건후   (화난) 엄마한테 입에 필터나 좀 달아달라 그러지, 이 초딩새꺄?
남학생2   저 새끼가 씨. (달려들어 건후 멱살 잡고 주먹으로 치려는데)

이번엔 선재가 달려와 남학생2를 날라차기 한다.
남학생2 그대로 바닥에 엎어지고.
"넌 뭐야 새꺄~!!" 달려드는 남학생1, 선재와 뒤엉키고.
건후는 남학생2와 다시 붙어 난투극 벌이는.
해이 놀라 보다가 "왜 이래! 하지 마~~" 말려보지만 이미 아수라장 된.

S#44. **우림고 교무실 (D)**
여기저기 상처 난 건후, 선재와 남학생 1, 2, 3.
쪼르르 서서 종렬한테 훈계 듣는.

종렬   때가 어느 땐데 급식실에서 쌈질이나 하고 말야. 고2씩이나 된 것들
             이. (보며) 이선재, 너까지 왜 그래 인마. 요새 힘들어 공부하기?
선재   (할 말이 없다. 고개 숙이면)
종렬   상담실로 가서 반성문 써와. 한 장 꽉 채워. 육하원칙에 의거해서. 알
             았어?
일동   …네…. (대답하고 우르르 나가는)
종렬   하아…. (힘들다. 고개 저으며 한숨 내쉬는데)
교무부장   (다가와 작게) 전쌤. 그거 해이라며? 왜 그 일탄지 뭔지 스캔들 난 거.
종렬   …….

교무부장	가만 있어봐. 그럼 9모에서 전교 일등 한 것도… 하, 그런 히스토리가 있을 줄 몰랐네. 엄마 노력에 부응은 한 건데 칭찬하기도 참 애매하다. 그치?
종렬	(왠지 듣기 싫다) 교무부장님 안 바쁘십니까? (돌려 앉는)
교무부장	(무안한 표정으로 보다 큼, 하고 가는)

S#45. 국가대표 반찬가게 (D)

난장판된 가게 치우고 있는 행선과 영주, 재우.

영주	(씩씩) 아씨. 스캔들인지 뭔지 땜에 열 뻗쳐 죽겠는데 무슨 라방까지. 나빠 아주 싸람들이. 사실 확인도 없이 남의 불행 이용해서 돈 벌어 먹을 궁리나 하고 말야….
행선	(애써 담담하게) 그 사람도 먹고살려고 그러는 거겠지.
영주	이보세요. 니가 지금 그 새끼 편들 때예요? 너 얼굴까지 팔렸어 이제.
행선	알아 나도… 굳이 확인시켜줄 필요 없어…. (막막하고 암담하다… 하아… 한숨 내쉬다가 너무 조용하다 싶어 재우 보는)
재우	(등 보인 채 앉아서 널브러진 빈 도시락통 주워 담는)
행선	…재우야… 너 괜찮아…?
재우	……. (대답 없이 미세하게 등만 떨리는)
행선	재우야…? (하며 다가서는데)
재우	(그대로 획 바닥으로 쓰러지는)
행선/영주	(놀라) 재우야!! / 어머 재우야, 애 왜 이래~~ (달려드는)

S#46. 우림고 상담실 (D)

나란히 앉아 반성문 쓰는 선재와 건후.
빽빽하게 한 장 꽉 채운 선재, 삐딱하니 앉아 대충 휘갈기고 있는 건후 반성문 슬쩍 보면, "반성문: 펠만해서 펬습니다."

선재	(어이없어 픔 웃는)
건후	(힐끗 보곤) 뭘 봐. (종이 가리는)
선재	…백퍼 다시 써… 그렇게 쓰면. 그리고… '패다' 할 때는 '어이'가 아니고 '아이'야.
건후	(펜 던지며) 아 몰라, 걍 몸으로 때울래. 안 써 안 써.
선재	(쫏쯧 보다가, 건후 반성문 가져가는)
건후	(의아해 보며) 뭐 하나?
선재	(대신 쓰는) 넌 척 하려면 초딩처럼 써야겠지? 맞춤법도 적당히 틀려주고.
건후	(그런 선재 보며) 아 짜증나. 방금 살짝 설렜어 나.
선재	뭐래. 미친놈. (하곤 계속 써 내려가고)
건후	(피식 웃으며 괜히 선재 툭, 친다. 부쩍 가까워진)

S#47. 우림고 교정 (D)

괴로운 듯 고개 푹 숙이고 벤치에 앉아 있는 해이.
그 옆으로 쭈뼛 단지가 다가와 앉는다. 이미 화는 풀린 표정이다.

해이	(단지 힐끗 보고 다시 앞쪽 보면)
단지	…괜찮냐? 아깐 쫌… 너답지 않더라. 날라차긴 니가 했어야 되는 거 아냐?
해이	…난 왜 태어났을까 단지야. 존재 자체가 너무 민폐야. 친구들한테도… 엄마한테도.
단지	뭘 또 그렇게까지 자책을 하냐? 니가 뭘 잘못했다고.
해이	아냐, 내가 잘못이야. 다 내 탓이야. 우리 엄만 진짜… 진짜 아무 잘못도 없어.
단지	알아. 나도 니네 엄마 믿어.
해이	…고맙다. (보며) 너한테도… 미안해 진짜.

단지	아 됐어. 근데 나 진짜 섭했어 이번에. 앞으로 또 비밀 만들고 그랬단 봐, 진짜 너 다신 안 봐. 그러니까 더 깔 거 있음 지금 다 까.
해이	……. (다시 표정 씁쓸해지며) 때론 단지야… 믿고 말한 비밀이 무기가 되기도 한다?
단지	뭔 소리야? 있다는 거야 없다는 거야? (하는데)
해이	(휴대폰 벨 울린다. 보고 받는) 어 이모. 왜? 뭐?! (벌떡 일어서는)

S#48. 더프라이드 학원 외경 (N)

치열(E)	자, 우리가 구하려는 게 뭐다? 0이랑 1에서의 우극한 합이지?

S#49. 더프라이드 학원 강의실 (N)

치열	그러니까 답은 뭐야? 1 더하기 3 해서 4. 오케이? 극한 문제는 항상 방향성만 잘 따져주면 되는 거 잊지 말고. 자, 오늘은 여기…
남학생1	(손 든다. 짓궂은 표정으로) 선생님, 질문 있는데요?
치열	교재 관련 질문은 밖에 조교들한테…
남학생1	(o.l) 사적인 질문인데. 선생님 이성 취향이 궁금해서요. 얼굴보다 성격 보시는 거예요 아니면 특이한 거 좋아하시는 거예요?
남학생들	(못 참고 큭큭, 웃고)
치열	? (이건 또 무슨 상황인가 싶어 보는 표정에)

S#50. 더프라이드 학원 복도 (N)

치열	뭐? 핵인싸맨? (물티슈로 손 닦다 말고 보는)
동희	네. 구독자수가 꽤 되는 크리에이턴데 라이브 방송으로…
치열	(o.l/격정) 그래서, 가게로 쳐들어갔다구 걔가?
동희	네. 무작정 밀고 들어간 것 같더라구요…. 그래서 국가대표 사장님 얼굴이 캡처돼서, 여기저기 애들이 퍼다 나르고 있는….
치열	(걱정이 돼서 그냥 있을 수가 없다. 냅다 뛰어가는)

동희   어디 가세요 선생님! 선생님~ (보며 난감한 표정에서)

S#51. 국가대표 반찬가게 (N)

영주, 못 판 반찬 음식물쓰레기통에 폐기처분하는데… 치열 들어온다.

영주   어서 오세… (하다 치열 보곤… 저도 모르게 한숨 쉬는)

치열   남행선씨는. (둘러보며) 없어요? 왜 전화도 안 받고….

영주   (원망 묻어 있는 표정으로) 남행선씨 지금 장사 치르게 생겼어요.

치열   ! (무슨 말이냔 듯 보는)

S#52. 병원 입원실 (N)

6인용 입원실. 문가 쪽 침대에 잠들어 있는 재우.

행선과 해이, 그 앞에 앉아 재우 보고 있는.

행선   (담담) 가 이제 넌. 심장에 무리 온 건 아니라니까 걱정 말고. 삼촌 아
              침까지 쭉 잘 거야 아마 약 들어가서.

해이   …….

행선   (힐끗) 라방인지 라면인지… 것두 신경 쓰지 마. 며칠 지나면 조용해
              질 거야.

해이   (보며) 이모.

행선   ! (보며) 왜 갑자기 이모야 또, 사람 긴장되게~?

해이   차라리 내가 사람들한테…

행선   (말 끊으며/o.l) 아 시끄럽고, 알람 맞춰놓구 자. 아침 꼭 챙겨 먹구
              가구.

해이   (뭔가 더 말하려다가 말고) …이모나 챙겨 먹어. (훅 나가는)

행선   문 잘 잠그구 자~ 낼 전화하게~~ (문 닫히자 그제야 다시 심란한 표정
              되는)

병원 휴게실 (N)

행선, 캔커피 하나 빼 먹으려고 동전 넣는데

휴게실 의자에 앉아 얘기 중이던 젊은 여자 두 명이 행선 힐끗 본다.

행선, 혹시 날 알아보나? 의식하며 캔커피 들고 병실 쪽으로 내빼듯

가는.

S#54. **병원 병실 앞 복도/ 안 (N)**

휴게실 쪽에서 잰걸음으로 오는 행선.

병실 앞까지 와 얼른 문 확 여는데… 무방비하게 모자도 안 쓴 치열

이 서 있다.

행선   !! (헉~ 놀라 얼음 되는)

치열   (역시 놀라 보는데)

행선   (누가 볼까 치열 손목 잡아 나오게 하려다, 맞은편에서 젊은 문병객들 우르
르 오자 전광석화와 같은 빠르기로 병실 안으로 들어가는)

치열 손목 잡은 채 재우 침대 쪽으로 들어가 획~ 커튼 치는 행선.

행선   (놀란 눈으로 치열 보며 작게) 뭐하는 거예요 지금?!

치열   (자는 재우 보며 역시 작게) 삼촌은요? 괜찮아요? 의산 뭐래요?

행선   …괜찮대요. 스트레스성 공황장애 같다고. 주사 맞더니 계속 자요.

치열   아…. (괜찮다는 말 들으니 겨우 안심이 된다… 보며) 해이는….

행선   갔어요 좀 아까. (하곤) 그나저나 떡하니 이러구 나타나면 어뜩해요. 때
가 때이니 만큼 조심을 해야. 우리 가게 올 땐 위장도 잘만 하더니.

치열   아… 너무 걱정이 돼서. (그만큼 마음이 급했다. 그제야 행선 제대로 보는
데… 얼굴이 초췌하다. 마음 짠해지며) …밥은요. 먹었어요?

버스 안 (N)

버스 맨 뒷좌석에 앉아 휴대폰 쥐고 있는 해이.

망설이다 열공닷컴에 글을 작성한다.

"안녕하세요. 저는 일타 스캔들 당사자로 거론되고 있는 분의 딸입니다. 한 가지 밝힐 사실이 있어 이렇게…" 쓰는데….

이때 버스가 정류장에 서고, 여중생으로 보이는 아이 둘이 올라탄다.

여중생들 딱 붙어 서서 재잘거리고… 해이 그런 두 아이 물끄러미 보며 옛일 떠올리는.

#. 회상 플래시백 1

중학교 교정.

중학생 해이, 절친인 세나에게 가정사 고백하는.

해이   …세나야, 너한테만 얘기하는 건데… 실은… 나 엄마, 진짜 엄마 아냐. 우리 이모야. 아빠 얼굴도 모르구, 울 엄만… 다섯 살 때 튀었어 나 버리고.

세나   진짜? (충격받은) 상상도 못했어 난. 완전 힘들었겠다.

해이   첨엔 많이 울구 그랬는데… 적응되더라 그럭저럭. 이모가 은인이지 나한텐.

세나   너 진짜 대단해 해이야. (해이 손잡는)

해이   (보며 생긋 웃는. 이런 친구가 있다는 게 든든하고 마음이 꽉 차는)

#. 회상 플래시백 2

중학교 교실 앞.

해이 교실로 들어가려는데, 안에서 반 친구들 쑥덕거리는 소리 들리는.

친구1   야, 남해이 고아라며? 진짜야?

친구2	어. 세나한테 들었는데 걔 엄마가 엄마 아니고 이모래. 근데 진짜 엄
	마처럼 그렇게 쌩을 까구, 이중인격 쩔어 진짜. 완전 소시오패스야.
해이	! (충격받아 들어가지도 못하고 멈춰 선 채 손 벌벌 떠는데)
세나	(친구와 손잡고 가다 해이 본다. 슥 눈길 한 번 주곤 외면하고 가버리는)

다시 현재.
트라우마가 된 사춘기 때의 기억으로 표정 일그러지는 해이.
썼던 글을 황급히 지우곤 창밖을 본다. 괴로운 듯 울고 싶은 표정에서.

S#56. 국가대표 반찬가게 앞 (N)

퇴근복 차림의 영주, 셔터 내리고 돌아서는데…
해이 터덜터덜 걸어온다.

영주	(보고) 어 해이야. 너 병원에서 오는 거야? 엄만…
해이	영주 이모…. (영주에게 안겨 우는)
영주	(놀라) 해이야, 너 왜 그래? 삼촌 괜찮다며. 놀라서 그래 그 방송 땜
	에? 응?
해이	(안긴 채 고개 저으며) 나 왜 이렇게 이기적이야… 나만 사실 밝히면
	엄마도 이런 오해 안 받아도 되고 쌤도 안 힘들 텐데… 근데 용기가
	안 나 이모. 이런 내가 너무 싫어….
영주	(해이 마음이 너무 이해된다. 머리 쓰다듬으며) 그러지 마. 니 잘못 아
	냐… 다 어른들 잘못이야 다…. (등 토닥여주면)
해이	(안긴 채 눈물 흘리는)

S#57. 편의점 앞/ 치열 차 안 (N)

조수석에 앉아 있는 행선. 뻘쭘한 표정으로 창 통해 편의점 쪽 살피면.
편의점 안 – 계산 마친 치열이 큰 비닐봉지를 들고 나오는 모습이 보인다.

행선 안 본 척 다시 앞쪽 보고, 치열 운전석에 타 비닐 내미는.

행선   (받아서 보면, 종류별 삼각김밥에 샌드위치에 핫바에 종류별 음료까지 잔뜩
            인) 에~~ (많은 양에 놀라며)

치열   (머쓱) 취향을 몰라서. (괜히) 취향 없이 다 먹을 거 같긴 하지만.

행선   (좋으면서도) 뭘 밖에까지 나와서. 병원 밑에도 편의점 있는데.

치열   사람들 알아보잖아요. 차에서 먹어요 편하게.

행선   (치열 본다. 그 생각까진 못했다. 다 생각이 있어서 나오자고 했구나…)

S#58.   **강변 도로 (N)**

        잔잔하게 야경을 비추는 한강변을 달리는 치열의 차.

S#59.   **치열 차 안 (N)**

        치열 운전하고.
        행선, 빨대 꽂힌 바나나우유 들고 삼각김밥 맛있게 먹는.

치열   (행선 편하게 먹으라고 앞만 보고 운전하는)

행선   (그러다 치열 의식, 곁눈질하고 입 닦으며) 이 편의점이 삼각김밥을 잘하
            네. 배가 고프긴 고팠나봐요. 원래 딱 두 개가 한곈데, 계속 들어가네
            이 와중에….

치열   마저 먹어요 더.

행선   그럴…까요? (비닐에서 또 삼각김밥 하나 더 꺼내는)

치열   (흐뭇하게 그런 행선 힐끗 보다가, 그런 자신 깨닫고 얼른 정색하는)

행선   (우유 다리 사이에 끼고 삼각김밥 까며) 참… 이래서 연옌들이 차 안에서
            데이틀 하고 그러는구나. 유명인 된 거 같고 참 신기하긴 하네요. (하
            다 아차 싶은) 아 지금 데이트한단 얘기가 아니고 그냥 비유를 하자면

그렇다는…. (얼버무리면)

치열   (아무 말 없이 운전하는)

행선   (눈치 보곤 최대한 입 작게 벌리고 얌전히 삼각김밥 한 입 깨무는)

(diss) 여전히 운전 중인 치열. 12시가 넘은 도로는 완전히 한산해져 있다.

치열   양껏 다 먹었어요? 그럼 이제… (하며 행선 보는데)

우유 손에 쥔 채 꾸벅꾸벅 조는 행선.
긴장이 풀린 데다 식곤증이 몰려온 너무나 곤한 얼굴이다.

치열   (어이없어) 참… 아무 데서나 잘 자. 속은 편해. (그래도 다행이다 싶은)

S#60.   한강변 (N)
        인적 없는 한강변. 치열의 차가 천천히 와 서는.

S#61.   한강변/ 치열 차 안 (N)
        치열, 행여 행선이 깰까 조심스럽게 주차모드로 바꾸고.
        행선 보는데 콧잔등에 땀방울이 살짝 맺혀 있다.

치열   더운가…. (에어컨 켜고 손을 대보는데… 바람이 너무 찬 듯하다)

행여나 감기 들까, 에어컨 온도를 1도 올리곤 그래도 마음이 안 놓이
는지 안전벨트 풀고 뒷좌석에 벗어둔 재킷을 집어 조심조심 행선에
게 덮어주다… 멈칫한다.
앞 머리카락이 이마로 내려온 행선을 가만히 쳐다보는 치열.
천천히 손을 뻗어 머리카락을 쓸어 올려주다 또 멈칫….

잠든 행선의 볼에 천천히 제 손바닥을 갖다 대본다.
닿을 듯 말 듯 아슬아슬, 떨리는 치열의 손.
그러다 순간, 제 행동에 당황해 차 밖으로 나가는.

S#62. 한강변 (N)

황급히 차 밖으로 나와 강가 쪽으로 가는 치열.
대체 이 감정이 뭔가…. 난 왜 자꾸 이 여자를 보고 가슴이 뛰는 걸
까…. 난 왜 자꾸 이 여자가 재밌고, 신경 쓰이고, 걱정되고… 그리고
애틋해지나….
치열, 물결 바라보며 제 마음을 가늠해보려는데… 어깨 위로 재킷이
툭, 얹어진다.

치열   ! (놀라서 보면 행선이다)
행선   (뻘쭘해서) 아 그냥 깨우시지 뭐하러…. 원래 식곤증 같은 거 없는데,
          오늘 워낙 다이나믹한 하루였어서. 저 아무 데서나 엉덩이만 붙이면
          자고 그러진 않거든요. 은근 예민한 스탈인데. 진짜 피곤했나? 어떻
          게 잠이 드냐 거기서…. (눈치 보는데)
치열   (그런 행선 보며… off) …나는… 좋아한다… 이 여자를.
행선   (순간 치열과 눈 마주친다. 피하지 않고 보는 치열 눈빛에 당황해 시선 피하
          곤) 와 이 시간에 한강이 이런 풍경이구나. 이쁘네. (괜히 딴청하면)
치열   (인정하지 않을 수 없는 제 감정에 가슴이 터질 거 같은)

S#63. 치열 차 안 (N)

말없이 입 꾹 다물고 운전해 가는 치열.
행선, 치열이 신경 쓰이는 듯 계속 힐끗힐끗 보다가.

행선   저기… 선생님.

치열	…….
행선	이 상황에서 또 묻는 게 그렇긴 한데, 저번에 제가 한 질문이요… 그…
치열	(o.l) 할 얘기 있어요 나도.
행선	예? (무슨 얘긴가 싶어 긴장해 치열 보는)

S#64. 거리 (N)

달리던 치열의 차, 거리 일각에 와 서고.

S#65. 치열 차 안 (N)

긴장한 표정으로 치열 보는 행선. 치열 그런 행선을 고개 돌려 보며.

치열	그만하죠… 해이 수업.
행선	네?
치열	해이 수업 이제… 그만하자구요. 그래야 될 거 같아요.
행선	아…. (잠시 당황하다 애써 밝게) 아 그쵸. 그만하는 게… 맞겠죠? 네, 저도 그래야 되는 거 아닌가 했어요. 생각해보니까 쌤은 예측도 하고 우려도 해서 비밀 유지 강조하셨는데, 난 1도 상상 못하고. 너무 몰랐어요 제가. (잠시 말 끊기곤) 네 그게 맞는 거 같아요. 이쯤에서 그만두는 게.
치열	…….
행선	그럼 도시락은. 그건 그냥 갖다드리면 안 돼요? 재우 시켜서.
치열	(고개 젓는다) 아뇨. 딴 데 찾아볼게요.
행선	(아주 보지 말자는 거구나…) 아… 네…. (묘하게 서운하다)

S#66. 병원 앞/ 치열 차 안 (N)

정차한 치열 차에서 내리는 행선. 문 닫으려다가 치열 보며.

행선	…감사했어요 쌤… 그동안. 해이한테 기회 주신 것도 감사하고, 재우 오바하는 거 잘 받아주신 것도 감사하고. 그리고… 오늘 저 밥 먹게 해주신 거… 진짜 감동이었어요. 받은 거 다 갚지도 못하고 이렇게 돼서 아쉽지만… 앞으로도 승승장구 하세요. 파이팅. (웃어 보이곤 문 닫는)
치열	……. (행선 본다. 마음이 쓰린…)
행선	(돌아서 병원으로 들어가는데)
치열	(행선이 앉았던 보조석 밑 쪽에 남은 음식 담긴 편의점 비닐이 보이는)

S#67. 병원 로비 (N)

새벽인지라 인적 없는 로비.
행선 고개 숙인 채 엘리베이터 쪽으로 가는데.

치열(E)	남행선씨.
행선	! (돌아본다)

치열이 편의점 비닐봉지 들고 서 있다.
행선과 치열이 처음 만났던, 그 자리다.

행선	(치열 쪽으로 급히 온다. 무슨 일로…? 조금은 기대되는 표정인데)
치열	(비닐봉지 내민다)
행선	(살짝 실망) 아… 맞다, 사주신 건데. (받으며) 재우 깨면 먹일게요. 고 마워요.
치열	(보며) …잘 지내요.
행선	(보며) …네… 선생님두요. (꾸벅, 인사하는)
치열	(약해지는 마음을 다잡으려는 듯 냉정히 돌아서 가는)
행선	(보다가 엘리베이터 쪽으로 간다. 서운한 마음에 뒤돌아보는데)

치열	(뒤도 안 돌아보고 가는)
행선	(그런 치열이 또 서운하다. 씁쓸한 표정 짓곤 다시 엘리베이터 쪽으로 걸어 가는)
치열	(돌아보지도 않고 걸어가는 얼굴에⋯ 괴로움과 슬픔으로 일그러진)

그렇게 멀어져가는 행선과 치열의 모습 부감으로⋯ f.o /f.i

S#68. 다음 날/ 치열 연구소 건물 외경 (D)

S#69. 치열 연구소 사무실 (D)

치열, 출근해 들어오면 따라 들어서는 동희.

동희	토크 콘서트 일정 잡혔답니다. 다담주 월욜 6시구요, 협회에서 진행 하시는 분한테 당부는 해놓으셨대요. 스캔들 관련 질문은 차단해달 라고.
치열	어. (자리 앉으며) 그리고⋯ 우림고 내신 대비 교재, 제본 한 부 떠줘.
동희	아⋯ 내신특강은 담주부턴데요 선생님.
치열	해이 주게.
동희	? (보면)
치열	(보며) 나 해이 봐주는 거, 그만둘려고.
동희	(안도하는) 잘 생각하셨어요. 지금은 그게 최선이에요. 그럼 올케어 는⋯. (표정 살피며) 저쪽에서도 질러놓고 후회하는 모양이던데.
치열	(생각하다) 내가 하길 원하면, 수아임당 게시글부터 내리라 그래. 원 글 내리는 것만으로도 진화 효관 있을 테니까. 그리고⋯ 내 심부름 하나만 더 해줘 지 실장.
엄마들(E)	짠~ / 자축해요 우리, 건배~~ (신난)

브런치 카페 (D)

둘러앉아 커피로 건배하는 수아모, 선재모, 단지모 외 올케어 엄마들.
선재모는 이 상황이 달갑지 않은 듯 마지못해 앉아 있다.

엄마1	역시 우리 수아 엄만 전략가야. 나 진짜 최치열 기브업 안 할까봐 조마조마했는데….
엄마2	그러게 말이에요. 아주 꿈쩍도 않을 거 같더니, 보이콧이 먹혀 들어가긴 했나봐. 완전 협상의 여왕이라니까 우리 수아임당이?
단지모	이참에 아예 우리 수아 언닐 국회로! 와~ (박수 치면)
수아모	아우, 나 혼자 한 일인가 뭐. 든든한 우리 자모님들 믿고 한 거지. (우쭐대면)
선재모	(꼴사납다. 일어나며) 다른 의논사항은 없는 거죠? 전 일어날게요. 회의가 있어서….
일동	아 그래요. / 가요 선재 엄마. / 담에 진짜 한잔해요~ (인사하면)
선재모	(고개 까딱, 돌아서 나가며 혼잣말) …하… 개선장군이 따로 없네. (맘에 안 드는)

국가대표 반찬가게 앞 (D)

가게 앞에 택시 와 서고. 퇴원한 재우와 행선 내리는.

국가대표 반찬가게 (D)

재우 앉아 있고, 교복 차림의 해이가 링거 맞아 부은 팔을 주물러준다.
행선은 앞치마 매며 나오고, 영주 재우에게 쌍화탕 건네며.

영주	남재우, 너 자꾸 누나들 기함하게 할래? 이거 마셔. 몸에 좋은 거야.
재우	으… 나 이거 써서 싫은데.
해이	그냥 먹어. 입에 쓴 게 몸에 좋은 거래잖아 엄마가. (하는데)

행선	(그런 해이 눈치 보며) 저기 해이야.
해이	응?
행선	내가 어제, 치열 쌤이랑 얘기했는데… 너 과외… (하는데)

이때, 문 열리고 동희가 들어온다.

영주	(간만에 와서 좋고 반갑고) 어머, 오셨어요? 맘고생 많으셨죠 실장님도. 왜 안 그렇겠어요. 옆에서 지켜만 본 저도 이렇게 진이 빠지는데.
동희	(목례로만 답하고, 행선 보며) 저… 선생님이 이거 좀 전달해주라고 하셔서요. (교재 내밀며) 내신 대비 교잰데, 풀어보면 도움될 거라고.
행선	아…. (배려가 고맙다. 받으며 해이 보는)
해이	(눈 마주치고. 그렇게 얘기 됐구나… 상황 이해한)
동희	이제 막 일등급 굳혔는데… 혼자 하는 거, 쉽지 않을 수 있어요. 인강이나 다른 학원이라도, 도움 받는 편이 나을 거예요. 그럼. (인사하고 나가는)
재우	(눈 똥그래져) 무슨 소리야 누나? 치열이 형 안 와 이제? 왜?!
행선	(대답 못하고 재우 어깨 툭툭 쳐주고, 교재 해이한테 주곤 주방으로 들어가는)
해이	(그런 행선 보며 역시 속상한)

S#73. 시간 경과 몽타주 (D)

#. 국가대표 반찬가게 주방

다시 일상으로 돌아온 행선, 열심히 반찬 만들고.

#. 더프라이드 학원 강의실

제 감정 떨쳐내고자 강의에 집중하는 치열.

#. 국가대표 반찬가게 앞 거리

가게 앞을 청소 중인 영주와 재우, 제법 추워지는 날씨에 외투를 여미는.

#. 우림고 2-1 교실

중간고사 대비해 공부하는 건후와 해이. 선재도 자리에서 열심히 문제 풀고.

#. 더프라이드 학원 외경

'최치열강 기적의 수능 D-30 개강 안내' 현수막 걸리고.
그 옆엔 역시 '수학은 최치열강' 치열 홍보 현수막 나란히 걸리는.

S#74. 국가대표 반찬가게 (D)

양손으로 장 본 거 들고 들어오는 행선. 영주 하나 받으며.

영주   쌀쌀하지? 아침저녁으로 기온이 아주 뚝 떨어진다 야.

행선   그러게. 차네.

영주   (장 본 거 보며) 뭘 이렇게 많이 사왔어? 반찬도 잘 안 나가는데.

행선   그래도 반은 회복됐잖아. 그게 어디야?

영주   퍽도 좋겠다. (하곤 행선 힐끗 보며) 근데 진짜 한 번을 안 온다 그 쌤은?

행선   (누구 말하는지 알면서도) 누구.

영주   아 누군 누구야 니 스캔들남이지. 아무리 사람들 눈이 무서워도 그렇지, 이렇게 딱 발을 끊냐. 지 실장님 시켜서라도 도시락은 사갈 수 있는 거 아냐?

행선   딴 데 어디 입에 맞는 델 찾았나부지. 갖구 들어가 정리나 해 얼른.

영주   예예 사장님. (장 본 거 들고 주방으로 들어가는)

행선   (의자에 앉아 좀 쉬며) 그나저나 해이 학원을 좀 알아봐야 되나? 고3 올라가는 겨울방학이 젤 중요하다던데…. (하곤 휴대폰 꺼내 '입시 수

학'을 쳐 검색하는)

검색 결과 쭉 내리다 '누구나 들을 수 있는 입시 토크쇼' 기사 클릭해
보는.

행선   입시 토크쇼? 오 이런 것도 있네. 잠깐, 날짜가 오늘인데? 보자…
        ACC 컨벤션 센터 6시…. (기사 내려 더 보려는데)

재우   (문 열고) 누나, 나와봐! 시원네 사장 아저씨가 배추 갖구 왔대!

행선   어 알았어~ (의자에 폰 놓고 나가는)

행선이 놓고 간 폰 줌인하면…
'오늘의 호스트는 전 회차 토크쇼와 동일하게 수학 강사인 최치열
강사가…'
행선이 미처 못 읽은 기사 보이는.

S#75. **저녁 거리 인서트 (N)**
막 저녁 러시아워가 시작되는… 차들이 늘기 시작하는 도로 위.

S#76. **ACC 컨벤션 센터 앞 (N)**
'제4차 입시 토크 콘서트 – 일타강사 최치열 QnA' 플래카드 붙어
있고.
치열 입간판은 세워져 있지 않다. (혹시나 모를 낙서를 우려한…)
시간이 된 듯 줄 서 있던 관객들 우르르 입장하고.
잠시 후, 늦은 행선(머리 질끈 동여맨)이 뛰어온다. 서두르느라 치열의
이름이 써진 플래카드도 보지 못하고 쌩하니 들어가는.

S#77. **ACC 컨벤션 센터 소강당 (N)**

막 토크가 시작되기 직전.

행선, 브로슈어 손에 쥐고 들어오는데 자리가 거의 차고 뒤에서 두 번째 줄 제일 구석 자리밖에 안 남아 있다.

앉아 있는 사람들에게 고개 숙여 양해 구하고 안쪽 자리로 들어가는 행선.

앉자마자 토크쇼 시작을 위해 불이 꺼지고 무대 앞 보는.

MC   안녕하십니까. 입시 토크 콘서트에 오신 여러분을 환영합니다. 오늘 진행을 맡은 사회자 한태화입니다. 그럼 거두절미하고 바로, 우리들의 모든 궁금증과 고민들을 시원~하게 해결해주실 강사님을 모시도록 하겠습니다. 박수로 맞이해주십쇼. 수학은 최치열강, 일타 최치열 선생님이십니다~!

치열   (박수와 함께 무대로 등장하는)

행선   !! (헉~~ 놀란다. 당황해 얼른 브로슈어 펼쳐보면, 강사 '최치열' 박혀 있다) 아…. (왠지 못 올 데를 온 거 같지만… 이제 와 나갈 수도 없다. 잠시 당황한 표정 짓다가 동여맨 머리 밴드를 휙 풀곤 옆머리를 커튼 삼아 최대한 얼굴 가리는)

(컷)   종반을 향해 가는 듯 무르익은 분위기.
    치열, 무대 위에 앉아 질문자들에게 답변해주고 있는.

치열   …수학은 스스로 답을 찾아야 하는 과목인 건 맞습니다. 사고력을 기르기 위해 배우는 거니까요. 한 문제를 한 시간 고민해서 스스로 풀어내는 게, 한 시간 동안 열 문제 답지를 외우는 거보다 사고력 향상에 도움이 되겠죠. 그게 수학 공부의 취지이자, 재미이기도 하고요.

행선   (얼굴 숙인 채로, 수첩에 열심히 적고 있는)

MC   자 그럼, 시간상 이제 딱 두 분 정도만 질문을 받을 수 있을 거 같은데

	요…. (여기저기 손 든 청중석 살피며) 자… 뒷줄에서 많이 했으니까, 여기 앞에 계신 하얀 옷 입은, 예 여기 어머니. 마이크 좀 전달해주세요.
학생모1	(마이크 받고, 약간은 냉담한 어조로) 네 안녕하세요. 전 고1 딸아이를 둔 엄만데요. 이제 입시준비를 본격화하려고, 과목별로 강사님들을 셀렉하고 있어요. 어… 사실 수학은 당연히 우리 최치열 선생님 강의를 들을까 했거든요.
치열	네, 훌륭한 안목이십니다…. (유연하게 조크하는데)
학생모1	(웃지 않고) 당연히 더프라이드 학원을 생각하고 있고, 올케어까지 목표로 하고 있는데요… 아무래도 자식 교육 문제다보니 제가 좀 예민해서… 단도직입적으로 여쭐게요. 얼마 전에 선생님이, 불미스런 스캔들이 있으셨잖아요.

일순간 싸하게 공기가 바뀌는 현장.
치열도 표정 굳으며 보고, 행선도 제 얘기가 나오자 !!! 당황한다.

MC	(얼른) 아 어머니. 그 문젠 좀 사적인 거라서요… 입시에 관련된 질문만…
학생모1	(o.l) 이미 알려질 대로 다 알려진 스캔들이잖아요? 이 자리에서 해명을 해주셔야 선생님의 명성에도 누가 안 될 거 같은데.
학생모2	잠깐만요! 그 해명을 왜 선생님이 해야 되죠? 선생님은 순수한 의도로 안타까운 학생한테 재능 기부하신 건데, 불순한 의도로 들이댄 그 엄마가 해명을 해도 해야죠. 원래 유명한 사람 옆엔 똥파리들이 꼬이게 돼 있는 거 모르세요?
치열	(똥파리? 듣기 불편해 찡그리며 학생모2를 본다)
행선	(수치심에 얼굴이 달아오르는)
학생모2	(계속 치열 쉴드 치느라) 상식적으로 생각을 해보세요, 아니 우리 선생님이 왜요? 소셜 포지션도 그렇고 급 자체가 다른데 뭐가 아쉬워서.

행선, 더 이상 듣고 있을 수가 없다.

조용히 일어나 앉아 있는 사람들에게 양해 구하곤 통로 쪽으로 나오는데.

통로 쪽 마지막 의자에 앉은 관객 다리에 걸려 휘청, 넘어질 뻔하는 순간,

치열 행선과 눈 마주치고, 행선 서둘러 다시 나가려는.

학생모1　그러니까 이해가 더 안 되죠. 유명하신 분이 왜 그런 여지를 주셨는지….

학생모2　아 진짜 답답하시네. 게시물 제대로 안 읽었어요? 맥락을 봐요. 쌤이 여지를 주신 게 아니라 일방적으로 그 여자가 막 몸으로 들이대서…

치열　(o.l/나가는 행선에 시선 고정하고 단호하게) 그런 거 아닙니다.

행선　(나가려다 멈칫, 서고)

MC/관중들　? (놀라 보는)

치열　…과외도 내가 하겠다고 한 거고… 좋아한 것도 저예요. 그쪽이 아니라.

행선　!!! (놀라 치열 보는)

MC/관중들　(당황한 표정) / (웅성웅성대는)

치열　(행선 쳐다보며 천천히, 또박또박) …그쪽은 날 선생으로 대하는데 내가 일방적으로, 나랑 급이 안 맞게 훌륭한 여자라서, 넘치게 따뜻하고 반짝반짝 빛나는 사람이어서… 혼자 좋아했습니다. 그러니까… (차갑게 학생모2 보며) …함부로 말하지 마세요….

놀라 치열 보는 행선과 그런 행선을 다시 똑바로 보는 치열 모습에서… 9부 엔딩.

chapter
10

관계를 바꾸는

감정이라는 변수

ACC 컨벤션 센터 (N)

9부 엔딩 상황. 급히 나가려다 멈칫 선 행선.

치열   …과외도 내가 하겠다고 한 거고… 좋아한 것도 저예요. 그쪽이 아니라.

행선   !!! (놀라 치열 보는)

MC/관중들   (당황한 표정) / (웅성웅성대는)

치열   (행선 쳐다보며 천천히, 또박또박) …그쪽은 날 선생으로 대하는데 내가 일방적으로, 나랑 급이 안 맞게 훌륭한 여자라서, 넘치게 따뜻하고 반짝반짝 빛나는 사람이어서… 혼자 좋아했습니다. 그러니까… (차갑게 학생모2 보며) …함부로 말하지 마세요….

행선의 당황한 눈빛과 치열의 애틋한 눈빛이 부딪치고…
관중들의 웅성거림은 커지는데….

행사장 뒤편, 촬영 중이던 카메라맨. 이걸 더 찍어 말어 곤란한 표정이고.

S#2.   동네 헤어숍 (N)

앞의 카메라 화면이 태블릿PC에 라이브로 나오고 있고.
화면 보며 머리 세팅하던 수아모. 놀라 화면 바짝 보려다 세팅기계에 머리 쿵 받고.
그 옆에서 펌 수건 쓰고 있던 단지모도 마시던 차를 퐁 내뿜는다.

단지모   어머! 최치열 지금 뭐래는 거야. 일방적으로 좋아해? 그럼… 해이 엄마가 꼬리친 게 아니라 지 혼자 몸 달아서… 어머어머, 완전 쓰레기네 최치열~~ (경악하고)

수아모   ! (생각지도 못한 상황에 당황해 태블릿PC 화면 보는)

S#3.   행선집 해이방 (N)

역시 책상 앞에 앉아 치열이 사준 태블릿PC로 영상 보던 해이.
놀라 얼음 되는데… 재우가 와플 접시 들고 들어온다.

재우   해이야. 삼촌이 와플에다 아이스크림… (하다 화면 보고) 어, 치열이
          형이…(다…)

해이   (재우가 알까 얼른 화면을 끈다. 접시 받으며) 와 대박. 바닐라야? (한 입
          먹고) 완전 맛있네. 또 해줘 삼촌. (표정 관리하며 맛있는 척 먹는 모습에)

          (E) "삐~ 삐이~~" 진이상 집 초인종 벨소리

S#4.   진이상 아파트 앞 복도 (N)

진이상 집 초인종 누르고 있는 대학생2. 다른 손으로 연신 휴대폰 들
여다보며.

대학생2   (문 두드리는) 쌤! 진쌤~!! (다시 초인종 눌러보지만 조용하고) 아… 쌤은
          최치열이 이런 대형사고 쳤는데 어디 간 거야, 전화도 안 받고 참. (돌
          아서려다 멈칫, 보면)

문틈에 잔뜩 끼어 있는 전단지들과 붙어 있는 가스검침 메모지가 집
주인의 부재를 암시한다. (도시가스 안전점검 방문안내-방문일: ○○○○
년 ○월 ○일, 고객님 댁에 안전점검차 방문하였으나 부재중으로 점검하지 못
하였습니다. 아래로 연락 주시면 재방문하여 점검토록 하겠습니다. 점검원:
김지수 연락처: TEL. ○○○○ - ○○○○)

거리 인서트 (N)

러시아워 시간이 지나 정체가 풀린 도로 모습 부감으로
타이틀 뜬다.
일타 스캔들 chapter 10. 관계를 바꾸는 감정이라는 변수

국가대표 반찬가게 앞 (N)

터벅터벅 집을 향해 걸어오는 행선. 넋이 나간 표정 위로.

#. 회상 플래시백

"…나랑 급이 안 맞게 훌륭한 여자라서, 넘치게 따뜻하고 반짝반짝
빛나는 사람이어서… 혼자 좋아했습니다." 하던 치열.

멈칫하는 행선. 좀 전의 상황을 도저히 믿을 수가 없다.
치열의 말은 진실일까? 아니면 면전에서 공격당하는 나를 쉴드 쳐주
려고? 그렇다면 왜 그렇게까지….
도저히 이대로는 집에 들어가 잠들 수가 없을 것 같다.
잠시 생각하다, 결심한 듯 돌아서 빠른 걸음으로 되돌아가는 행선.

치열 주상복합 근처 거리 (N)

행선, 걸어가며 치열에게 전화하는데… 받지 않는다.
치열의 주상복합 단지 안으로 들어가려다 멈칫…
이 상황에 치열 집으로 가는 건 아닌 거 같다.
잠시 고민하다 두리번거리고.

치열 펜트하우스 거실 (N)

현관 쪽에서 들어오는 치열. 휴대폰 벨이 요란하게 울린다.
또야…? 하고 보면 발신자 'GS미디어 송 기자'다.

전화 끄고 보면 부재중 전화 18통 떠 있고.

치열, 털썩 소파에 앉는다. 욱한 마음에 경솔하게 일을 벌였다.

이제 어쩌지? 생각 복잡한데 띠딩, 문자벨이 울린다.

또 뭐야⋯ 하는 표정으로 휴대폰 확인하는데,

"쌤 집 앞 상가 베르사이유 2번방 – 남행선 사장"

행선이다!

치열 　⋯베⋯ 베르사이유 2번방⋯? (이름이 왜 이래? 의아한 표정에서)

S#9. 　상가 앞 (N)

모자 푹 눌러쓴 치열, 상가 앞 건물 올려다보며 어이없는 듯 피식, 웃는.

카메라 팬해 줌인하면 '베르사이유 코인노래방'이다.

S#10. 　코인노래방 부스 안 (N)

행선, 앉아 노래책으로 부채질하며 있는데⋯ 문 열리고 치열 들어온다.

치열 　(행선 힐끔 보는)

행선 　(책 내려놓고 보면)

치열 　(부러 농담하는) 난 또⋯ 베르사이유 2번방이래서 긴장했네. 모텔⋯
　　　뭐 그딴 덴가 해서.

행선 　(보며) 지금 농담이 나와요?

치열 　농담이라도 해야지 뭐 어쩌라고. 여긴 왜. 노래 부르자구요?

행선 　장난해요? 카펜 이제 얼굴 팔려서 안 되고! 난 차도 없고! 그렇다고
　　　스쿠터 뒤에 태우고 댕기면서 대활 할 수도 없고! (하는데 부스 밖으로
　　　학생들 지나가자 힐끔 의식하곤, 일단 오백 원짜리 동전 4개 넣는다. 이내 아
　　　무 번호나 누르면 반주 나오고)

치열 　(그러는 행선의 행동을 빤히 본다)

행선	(치열 보며 야단치듯) 대체 왜 그랬어요? 왜 그런… (하는데 반주 소리에 묻힌다. 더 크게) 불쌍해서 그랬어요? 똥파리니 그딴 소리 듣고 있는 게 짠해서, 그래서 내가 뒤집어쓰고 말자… 그런 거예요? 에?!
치열	……. (아무 대꾸도 않고 본다)
행선	공짜로 과외해주고! 월세도 깎아주고! 스캔들까지 다 뒤집어쓰고… 아니 대체 왜?! 설마 진짜… (눈빛 흔들리며) …건 아니잖아요, 말이 안 되잖아요. 쌤이 왜…
치열	(o.l) 좋아해요.
행선	(잘못 들었나? 얼른 음악 볼륨 줄이고 다시 보며) 뭐… 뭐요…? 잘 못 들었어요 다시….
치열	아니라고 부정도 해보고, 이런저런 합리화도 해봤는데… (헛웃음) 하… 이젠 피할 데가 없어. (다시 보며) 맞아요. 인정. 좋아해요 그쪽. 내가.
행선	(말문 막혀 멍…한 채 그저 보는)
치열	일을 너무 해서 뇌가 어떻게 된 거 같기도 하고. 아닌가? (심장 가리키며) 여긴가? 뭐든 애니웨이. (하곤 다시 진지하게 보며) …걱정 마요. 좋아하면 안 되는 사람인 거 알아. 정리할게요. 이번에도 틀린 답을 찾은 건 나니까. (일어서 나가는)
행선	(눈빛 흔들, 뭔가 말하려다 멈칫하곤 잡지도 못하고 보기만…)

S#11. 상가 앞 (N)

나오는 치열. 다시 한번 상가 쪽을 돌아본다.
이렇게 드러내지 않으면… 이 마음을 정리할 수가 없을 것 같았다.
시린 마음으로 손에 든 모자 다시 눌러쓰곤 집을 향해 가는.

S#12. 코인노래방 부스 안 (N)

나지막이 흘러나오고 있는 노래…. (상황에 맞는 발라드류…?)

그 속에서 아직 멍한 채 앉아 있는 행선.

뜻밖의 고백에 얼떨떨하다.

진짜 나를 좋아한다고…? 최치열이…? 그럼… 나는…??

멍한 채 제 가슴에 손을 대는 행선. 이 쿵쾅거림이 내 심장소린지 노래방 기계에서 나오는 울림인지 헷갈리는.

S#13. 다음 날/ 녹은로 주말 학원가 (D)

학원가, 줄줄이 서는 엄카들(엄마 차들)로 북적이며 차에서 내리는 아이들/

신호등 켜지자 수많은 학생들 동시에 우르르 길 건너고/

역시 들고 나는 학생들로 번잡한 더프라이드 학원 전경에/

(E) 띠리리리~ / 띠리리리~ - 쉴 새 없이 여러 대의 학원 전화벨이 울려대는

S#14. 더프라이드 학원 접수대 (D)

직원1 (전화 받느라 정신없는) …네, 인강은 사이트에서 바로 수강취소 가능하시구요….

직원2 네, 현강도 환불은 가능한데 수업 받은 회차는 빼고 입금되거든요….

직원3 아뇨 어머님. 전액 환불은 불가하구요… 아니 무슨 말씀이신지는 알겠는데 그건 강사님 사생활이지 저희 학원이랑은 무관한 거잖아요…. (쩔쩔매는 모습에)

S#15. 치열 차 안 (D)

적막만 흐르는 차 안.

치열, 뒷좌석에서 태블릿PC로 강의 자료 보다가

입 꾹 다물고 운전만 하고 있는 동희 뒷모습을 힐끗 보곤.

치열	…나랑 말 안 하기로 한 거야?
동희	…….
치열	차라리 화를 내지, 너 이러면 나 진짜 무섭다.
동희	…….
치열	(그래도 반응 없자) 알아. 지 실장이 수습할 수 없는 수준의 사고를 쳤지 내가. 근데… 그러지 않을 수가 없었어. 잘못된 맘을 가진 건 난데, 그쪽이 그런 모욕을 당하는 건 도저히… 그러니까 너라도 나를 이해…
동희	(o.l) 이해합니다.
치열	(뜻밖의 말에 다시 보는)
동희	나를 던지면서까지 지키고 싶은 사람이 있을 수 있죠. (하다 감정 실리며) 그래서 더 화가 납니다. 이해가 돼서 화가 나요. 쌤이 그렇게 지키고 싶은 상대가 하필…
치열	(o.l/차분히) 알아 니 마음. 그래서… 언제 풀리는데? 많이 걸리겠어?
동희	…….
치열	알았다. 근데 너무 기다리게 하진 마. 안 그래도 터질 지뢰가 한두 개가 아니다. (하며 창밖 보다가 !! 멈칫하는)

학원 앞, '유부녀에 미쳐 학생을 버린 최치열! 퇴출하라!'라는 문구가 번쩍거리는 시위 트럭이 서 있고. 마스크를 맞춰 낀 학생들 열댓 명이 일렬로 바닥에 앉아 '불륜일타 사절'이라 쓰인 카드를 들고 시위하고 있다.
동희 끼익~ 급브레이크 밟아 차 세우고, 어쩌냐는 듯 치열 보는.

S# 16. 더프라이드 학원 앞 (D)

학생들, 시위 트럭 앞에 앉아 결연한 표정으로 카드 들고 시위하는데 치열과 동희가 주차장 쪽에서 걸어온다.

학생들 치열을 보곤 벌떡 일어서고.

주동여학생 (마스크 벗고) 우리는 최치열을 믿었습니다! 그런데 쌤은 우리 믿음을
저버렸고~ (울컥) 우리의 손을 놨습니다! 이에 우리는 오늘부로, 최치
열 팬카페를 탈퇴하겠습니다! (울먹) 모두 준비해온 거 꺼내실게요~

학생들 (각자 가방에서 치열 얼굴 박힌 노트, 부채, 필통 등등 치열 굿즈 쏟아내는)

주동여학생 치열 쌤! 당신은 금지된 사랑으로 지금 가슴이 불타죠? 그럼 우린 당
신을 불태워줄게! (울며 라이터를 꺼내 불을 켜고 쌓인 굿즈에 붙이는)

치열/동희 (하아… 고개 저으며 들어가고) / (그런 치열 엄호하며 같이 들어가는)

S#17. 브런치 카페 (D)

카페에 모여 앉은 수아모, 선재모, 단지모를 비롯한 올케어 엄마들.

단지모 나 진짜 식겁해서 최치열 인강 바로 드롭했잖아. 학원도 아주 난리
래요 환불해달라고. 현강은 거의 폐강 직전이고 인강두 엄청 빠졌대
든데?

엄마1 자업자득이지 뭐. 어디 좋아할 여자가 없어서 학생 엄마한테….

엄마2 그러니까요. 괜히 죄 없는 해이 엄마만 욕 멕이구.

단지모 (수아모 힐끔 보며) 근데 수아 언닌… 해이 엄마한테 사과라도 해야 되
는 거 아냐?

수아모 (잠자코 있다가) 뭐?

단지모 그렇잖아. 추측만 가지구 해이 엄말 베갯머리송사 하는 그런 여자로
몬 거 아냐. 나 같으면 언니 머리채 잡고도 남았다 벌써. 해이 엄마가
사람이 순해서 그렇지.

수아모 (빡쳐) 자긴 안 가니? 여기 지금 올케어 엄마들 모임이거든?

단지모 (삐죽거리곤 커피 마시는)

선재모 그래서… 어쩌자는 거예요? 상황이 좀 당황스럽긴 하지만, 그래도

우리한텐 대안이 없잖아요. 전 도덕성과 실력은 별개로 판단하는 게 맞다고 생각해요.

수아모 대안이 없을 땐 그게 맞죠. 근데… 대안이 있으면 얘긴 다르지.

엄마들 (대단이 있어?? 보면)

수아모 (은밀하게) 아직 오프더레코드긴 한데… 원장이 지금 송준호 접촉 중 이래요.

엄마1 어머. 퍼펙트엠에 그 송준호? 요즘 엄청 뜨는 거 같던데.

수아모 맞아요. 군더더기 없이 수능에 나올 것들 위주로 딱딱 찝는대든데 그 쌤.

엄마2/3 어머 괜찮네. / 한 살이라도 어린 사람이 낫긴 하죠, 수능 트렌드도 더 잘 알 거고.

선재모 송준호 정도면 나쁘진 않은데… 가능하대요? 계약 문제도 있고 만만 치 않을 텐데.

수아모 거야 원장이 해결하겠죠. 일단 우린 우리 의사만 전달하면 되니까. (하는데)

단지모 근데 언니, 진짜 해이 엄마한테 사과 안 해? 나 반찬 사러 가고 싶은 데 좀 불편해서…

수아모 (o.l/빽 소리 지르는) 자긴 진짜 안 갈 거니?!

S#18. 국가대표 반찬가게 (D)

엄청난 양의 무와 여섯 포기 정도의 배추 큰 양푼 안에 들어 있고.
행선, 그 옆에 앉아 엄청난 양의 깻잎김치 담그고 있는.

영주 (양에 압도된… 입 쩍 벌리며) 야 무슨 무를 이렇게 많이… 깻잎만 해두 일주일은 팔아야겠구만. 배추는 또 왜? 겉절이 담근 지 얼마나 됐다고.

행선 배추 넣고 섞박지 담글 거야. 해두면 좋잖아. 팔고 남은 건 우리도 먹고.

영주	(행선 본다) 행선아. 너 심란해서 더 일 만드는 거 아는데… 그러지 말고 그냥 결단해. 내가 보기엔 너도 최쌤한테 마음 있어. 야 당연하지, 재력 있겠다 생긴 거 준수하겠다, 그런 남자가 너 좋다는데 걸 왜 마다해? 아니 왜 고민해? 계산기 뚜드려서 보여주면 해이도 다 이해할걸?
행선	(대답 않고 깻잎에 양념 바르고 또 깻잎 올리는)
영주	그런 거 다 떠나서… 널 해이 엄마로 알고도 한 고백이야. 그 맘은 진짜배기라고. 그러니까 싱숭생숭해 말고 해이 일, 얘기해. 최쌤한테만이라도 얘기하고…
행선	(o.l) 야, 너 주방에서 통 좀 더 가져와라. 내가 싱크대 위에 다 씻어났어.
영주	남행선.
행선	(보며) 정리한댔어. 그게 맞고. 그러니까 더 이상 얘기하지 마 너도.
영주	거야 니가 진짜 유부년 줄 아니까…
행선	(단호/o.l) 격이 안 맞아 나랑! 니 말대로 가진 것도 많고, 너 봤잖아. 스캔들 한 번에 우리 가게 쑥대밭 되고. 불편해 싫어. 밝히고 말고 할 것도 없어. (하는데)

이때, 문 열리고 단지모 멋쩍은 미소 지으며 들어온다.

행선/영주	(일어나며) 어머, 안녕하세요? 오랜만이네 단지 엄마. / 오셨어요?
단지모	…미안해요 해이 엄마. 잘 알지도 못하면서 발길부터 뚝 끊구…. (하곤 얼른 화제 바꾼다) 오늘 스페셜 뭐예요? 단지가 여기 두부조림 엄청 찾던데.
행선	(애써 웃으며) 당연히 있죠 두부조림. (진열대로 가는)

S#19. **국가대표 반찬가게 앞 (D)**

단지모 반찬봉지 들고 나오고,
엄마들 삼삼오오, 우르르 가게로 들어가며 금세 북적대는 모습에.

S#20.   선재집 거실 (D)

막 들어오는 선재모. 식탁 위에 올려뒀던 지폐 그대로인 거 보고 멈칫한다.
조심스레 희재방 앞으로 다가가 문 돌려보는데 역시 잠겨 있다. 잠시 숨 고르곤.

선재모   (방문 두드리며) 이희재… 너 며칠째 꼼짝도 않고 뭐하는 거야? 밥은 먹어야지! (잠시 기다리다 또 두드리며) 배 안 고프니?! 이희재. (하는데)

빵! 하고 방 안에서 터져 나오는 클래식 음악. 대화 거부다….
선재모, 그래도 살아는 있구나… 안도와 함께 한숨 내쉬곤 돌아서는.

S#21.   선재집 희재방 (D)

암막커튼을 쳐 컴컴한 방 안. 클래식 음악이 쾅쾅 울려 퍼지고.
침대 밑에 잔뜩 움츠려 쪼그리고 앉은 희재, 어깨가 파르르 떨리는.

S#22.   더프라이드 학원 외경 (N)

S#23.   더프라이드 학원 원장실 (N)

난감한 표정의 원장과 시선 내리깔고 듣고 있는 치열.

원장   (한탄조로) 내가 참. 이 바닥에서 이십 년 구르면서 볼꼴 못 볼꼴 다 봤다 생각했는데… 짜릿하다 못해 감당이 안 돼 내가. 환불환불, 이런 환불 전쟁은 첨이야 아주.

치열   …….

원장   아니 뭔 취향이… 맘만 먹으면 괜찮은 싱글녀들이 줄을 설 텐데, 내가 진짜 안타까워서 진짜. (한숨 쉬곤) 일단 좀 쉬자 한 2주만. 자숙하는 척이라도 하자고.

치열 (각오한 바다) 그러죠. 그럼 보강은 동영상으로…

원장 (o.l) 아 됐어. 이 판국에 무슨 보강이야. 내가 알아서 대체를 해볼 테니까, 그냥 쉬어. 쉬는 김에 푹 쉬어. 재충전도 좀 하고. 그동안 너무 혹사하긴 했잖아 몸을.

치열 (무슨 말인지 알 것 같다) …네, 그러죠. 학원에 손해 끼친 부분은 제가 책임지고 배상하겠습니다. (일어서는데)

원장 섭섭하게 생각하지 마. 나도 그… 응원은 해. 뭐 사람 맘이 맘대로 되는 것도 아니고. 또 그 금단의 열매가 묘하게 사람을 끌어당기는…

치열 (더 듣고 싶지 않다. 꾸벅 인사하곤 나가고)

원장 (문 닫히자 바로 전화 거는) …어 나야. 송준호 쪽 뭐래? 미팅 날짜는? 오케이. 성사되기 전까진 최치열 쪽에 들어가면 안 되니까 보안 철저히 하고… (하다) 아 참, 그 진 선생은? 연락 안 돼 아직? 아 그 개진상, 안 그래도 골치 아파 죽겠는데 왜 걔까지 난리야? 아주 잘한다~ 한 놈은 사고치고, 한 놈은 잠수 타고.

S#24. 아라뱃길 (N)

반려견을 데리고 산책 중인 남녀.
반려견이 강 쪽으로 다가서며 컹컹~ 짖어대자 여자, 반려견에게 다가서며.

여자 왜 그래 루루? 뭐 보구 그러는 거야? (보다가 물에 둥둥 떠내려오는 물체를 발견한다) 어… 뭐야 저게? (가리키면)

남자 왜. 뭔데? (다가서며 가리킨 쪽 자세히 보는데, 물가로 둥둥 떠내려오는 물체. 얼핏 사람 머리가 보인다. 놀라) 으, 으악~!!! (기겁하며 뒤로 넘어지는)

등 쪽을 보이며 떠내려온 진이상의 시체 c.u 되며.

S#25.　다음 날/ 경찰서 외경 (D)

S#26.　경찰서 복도 (D)

바쁘게 얘기하며 걷는 송 형사와 배 형사.

송형사　사체 발견은 인천 쪽에서 됐는데, 우리 서로 관할이 넘어왔더라고.
배형사　왜요?
송형사　사체는 유기돼서 떠내려온 걸로 보이고, 신원 확인이 됐는데 주소지가 여기고… (의미심장하게 배 형사 보며) 더프라이드 학원 강사랜다 사망자가.
배형사　!! (눈 똥그래져 보곤, 얼른 사무실 문 열고 들어가는)

S#27.　경찰서 과학수사팀 (D)

진이상의 옷가지 등 증거물이 테이블 위에 펼쳐져 있는 사무실.
배 형사와 송 형사, 사체 발견 현장과 사체를 찍은 사진을 보고 있고… 과학수사요원이 옆에서 브리핑하는.

요원　부검해봐야겠지만… 검시 결과론, 익사로 보이진 않나봐요. (사체 사진 가리키며) 여기, 이마에 무언가 강한 물체에 맞은 걸로 보이는 외상도 분명하구요….
배형사　음…. (생각에 잠겨 테이블 위 증거물들을 내려다보다… !! 증거물 봉투 집는)
송형사　야야, 왜 만지니. 그냥 봐.
배형사　이거… 이거 뭐예요?! (쇠구슬 담긴 증거물 봉투 들어 보이면)
송형사/요원　!! (놀라 보고) / 아… 그, 쇠구슬 특이하죠. 사망자 바지주머니 속에 들어 있었대요. 지문이랑 DNA 감식하려구요.
배형사　(흥분한 목소리로 송 형사 보며) 이거… 다잉 메시지죠? 그죠 선배?!
송형사　(무언의 긍정… 일이 커지고 있다 직감하는)

S#28. 우림고 2-1 교실 (D)

쉬는 시간. 해이 자리로 와 젤리 먹으며 수다 떠는 단지.
해이의 옆자리에서는 건후가 인상 쓰며 영어 단어 외우고 있는.

단지	나 진짜 주말에 그 영상 보구 깜놀했잖아. (소리 낮춰) 최치열 미친 거 아냐? 수학 문제 겁나 풀다가 진짜 돌았나봐.
해이	…….
단지	니네 아빠 모르시지? 아시면 진짜 기분 나쁘실 것 같아. 과외두 쌤이 먼저 해준다 그런 거라며? (하다) 와 소름. 이거 다 계획적으로 접근한 거 아냐 니 핑계 대구?
해이	(불편한 표정으로) 아냐 그런 거.
단지	아니긴 뭐가 아냐, 와 진짜 최치열 완전 쓰레기네~ (하는데)
건후	(보며/o.l) 야 아니래잖아. 친구가 아니라 그럼 아닌가보다 하면 되지. 나 지금 열공 중인 거 안 보여? 협조 좀 해주지?
단지	(뻘쭘) 알았어. 공부해라 서건후. 나 간다 해이야. (가면)
해이	후우…. (치열과 행선 일로 심란하다. 저도 모르게 한숨 내쉬는데)
건후	(단어장에 시선 둔 채) 나라도 힘들 거 같애. 엄마의 스캔들이라… (보며) 흔한 일은 아니잖아? 거기다 지나치게 잘생긴 애가 옆에 있으니까 공부도 집중 안 되고. 응?
해이	(어이없어 피식 웃으며) 넌 진짜, 정상은 아냐.
건후	어, 나도 그렇게 생각해. (같이 웃는)
선재	(앞문 열고 들어오다 그런 해이와 건후 모습 보며 또 마음 복잡한)

S#29. 국가대표 반찬가게 (D)

반찬팩 쌓아 나오는 행선. 영주가 받아 진열대에 진열하며.

영주	갑자기 손님이 느니까 것두 적응 안 된다 야. 회전이 엄청 빠르네. 잘

하면 반찬 해둔 거 오늘 안에 다 팔리겠는데?

행선   ……. (마냥 좋지만은 않다. 심란한 표정인데)

이때, 재우 휴대폰으로 누군가와 통화하며 들어오는.

재우(E)   (치열에게 음성메시지 남기는) 치열이 형. 왜 계속 전화기가 꺼져 있
　　　　어요? 메시지 확인하면 연락 주세요. 기다릴게요 치열이 형. 꼭이…
　　　　(요… 하려는데)

행선   (황급히 다가서 재우 폰 뺏는)

재우   (놀라 보며) 왜 그래 남행선 누나…?

행선   (전화 끄고 재우 보며) 남재우 너, 치열이 형한테 전화하지 마. 전화하
　　　　면 안 돼.

재우   왜?

행선   왜냐면… (말문 막히는) 그냥… 그냥 하지 말래면 하지 마.

재우   싫어. 치열이 형 나랑도 친해. 언제든 연락하라고 했어 저번에. 근데
　　　　왜 남행선 누나가 못하게 해? 나 할 거야 줘. (휴대폰 뺏어 전화하려면)

행선   (다시 휴대폰 뺏어 주머니에 넣으며 주방으로 들어가 버리는)

재우   아 남행선 누나~ 내 폰 내놔~~ (따라 들어가고)

S#30.   **국가대표 반찬가게 주방 (D)**
　　　　휴대폰 잡고 대치 중인 행선과 재우. 뺏기지 않겠다는 재우 의지가
　　　　강렬하다.

행선   약속해. 치열이 형한테 절대 전화 안 한다고. 그럼 줄게.

재우   (입 앙다문 채) 싫어. 약속은 서로 생각이 맞아야 하는 건데 나는 그럴
　　　　생각이 없잖아. 근데 왜 약속을 해? 왜 치열이 형이랑 연락하면 안 되
　　　　는지 설명을 해줘야…

행선	(o.l) 그래야 돼. 그게 치열이 형을 위하는 거야.
재우	? (무슨 소린가 본다)
행선	누나가 이유 없이 이러겠니? 전화하지 마 재우야.
재우	(그런 행선 보다가) ···알았어 안 해. 안 하면 되잖아. (화난 듯 폰 뺏어 들고 나가는)
영주	(도시락통 들고 들어오며 행선 눈치 보면)
행선	(애써 표정 관리하고 나가는)
영주	(보며) ···나도 모르겠다 니 마음을. 싫은 거니, 싫어야 되는 거니? (고개 흔드는)

S#31. 국가대표 반찬가게 앞 (D)

심란한 표정의 행선, '스페셜-명란 계란말이' 종이 추가해 붙이는데 하교해 오는 해이, 행선을 본다.

행선	(시선 느끼고 보는) 어, 해이 일찍 왔네?
해이	응. 오늘 창체 안 해서.
행선	아 창체··· 모르겠다. 아직 모르는 게 많네 내가? (머쓱하게 웃곤) 들어가. 식탁 위에 삶은 계란 있어. 식혜랑 같이 먹어. 아 빨래 좀 돌려놓구. 깜빡했어.
해이	어. (들어가려다 멈칫, 돌아보며) 저기··· 이모.
행선	? (애가 또 왜 이모라고 하나, 철렁해서 보면)
해이	(잠시 망설이다) ···이모도 좋아? 치열 쌤?
행선	(얼굴 빨개지며) 아 아니, 무슨. 니가 생각하는 그런 거 아냐. 쌤도 내가 너무 공격을 당하니까··· 어쨌거나 넌 신경 쓰지 말고 공부나 해. 알았지?
해이	(그런 행선 빤히 보다가) ···알았어. 들어갈게. (집으로 가는)
행선	(그런 해이 뒷모습 보다 붙인 종이의 테이프 부분, 손으로 꾹꾹 다시 누르는

데 또 심란함 밀려온다) 하아…. (한숨 내쉬다 이내 고개 저으며) 아냐. 쓸
데없는 생각하지 마. 지금은 해이한테만 집중해. 집중. (테이프 꾹꾹,
더 누르는)

S#32. 행선집 주방 (D)

해이, 무거운 표정으로 컵에 물 따라 마시려는데 휙 컵 뺏는 손.
재우다. 한 번에 벌컥벌컥 원샷 해버리는.

해이   (그런 재우 보며) 삼촌. 화났어?

재우   어 화났어, 남행선 누나 땜에. 치열이 형 걱정되는데 전화도 못하게
해. 나 치열이 형이랑 진짜 친한데. 아주 독재자야 남행선 누난. 못생
겨가지구. (씩씩거리며 가는)

해이   (이래저래 심란하다… 행선의 마음이 뭔지… 알 것만 같은…)

S#33. 치열 펜트하우스 거실 (D)

욕실 쪽에서 씻고 나와 여유 있게 거실로 오는 치열.
몇 년 만에 생긴 휴식인데… 막상 시간이 생기니 할 일이 없다.
소파 앞에 턱 자리 잡고 앉아 리모컨 들어 TV 켜고. 이리저리 채널
돌리는데 볼 게 없는.
다시 TV 끄고 휴대폰 들어 전화번호 뒤지는데… 역시 불러낼 마땅
한 친구도 없는.

(컷)   결국 테이블 위에 태블릿PC 올려놓고 수학 문제 풀고 있는 치열.
그러다 멈칫, 이게 뭐하는 짓인가 싶어 태블릿 펜을 휙 던져버리고
일어서 주방 쪽으로 간다.
물 마시려고 냉장고 문 여는데… 냉장고가 또 텅텅 비었다.
냉장고 문 닫고 잠시 망설이다… 지갑 들고 모자 챙겨 나가는 모습

에서.

편의점 앞 (D)

모자 눌러쓴 치열, 생수와 컵라면 든 봉지를 들고 나와 터벅터벅 걷는데.

종렬(E) 어이!

치열 (돌아보면 종렬이다)

종렬 (치열이 든 봉지 힐끗 보고) 백억대 연봉이 웬 컵라면?

치열 수백억대.

종렬 하. 곧 죽어도 잘난 척은. 그럼 밥 좀 사라 그 수백억대 연봉으로.

치열 (보다가) 이왕이면 밥보다… 술은 어때.

동네 껍데기 집 (N)

지글지글 구워지고 있는 껍데기와 그 옆에 소주 두 병.

치열과 종렬, 테이블에 어색하게 마주 앉아 있다.

종렬이 먼저 치열의 잔에 소주 가득 따르고. 치열 역시 말없이 소주병 들어 종렬 잔에 가득 따른다. 두 사람, 짠도 하지 않고 각자 잔 들어 원샷 하고.

다시 치열 잔에 따르는 종렬. 역시 종렬 잔에 따르는 치열.

(diss) 테이블에 세 병 정도의 빈 소주병과 반쯤 먹은 껍데기 안주 있고.

취기가 꽤 오른 듯한 치열과 종렬.

종렬 (눈 살짝 풀린 채) 야 인마… 솔직히 하나만 좀 물어보자….

치열 (역시 취한, 눈 풀려) 왜. 또 뭐….

종렬 (치열 보며) 너… 너 진짜 몰랐냐? 십이 년 전 그때.

치열   …몰랐지. 상상도 못했어 난… 정말.

종렬   (이제 믿는다. 치열은 진짜 몰랐구나) 모자란 놈.

치열   맞아. 모자랐어. 그때나 지금이나 난… 아주 모자란 놈이야. 그래놓구 무슨 일타 오브 일타, 1조원의 남자… (자조적인) 아 진짜 웃겨 나. 크크…. (웃는지 우는지 모를)

종렬   ……. (본다. 처음으로 치열이 불쌍해 보이는)

치열   (제 잔에 또 술 따라 마시려면)

종렬   (잔 잡고) 같이 마셔. 모자란 놈이랑 모자란 놈 경멸하는 더 모자란 친구놈이랑. 원샷. (잔 들어 치열 잔에 부딪치고 원샷 한다)

치열   (역시 원샷 하고 찡그린다. 술이 너무 쓰다)

(diss)   좀 전과 달리 한껏 업된 분위기의 치열과 종렬. 옛 얘기하며 히히덕거리는.

종렬   아냐 새꺄. 성적은 내가 더 좋았지. 나 4.3이었어 어서 까불어.

치열   한 한기 한 학기, 꼴랑 한 학기 그런 거 가지구… 야 돼따. 그래, 니가 더 잘나따 쳐. 누가 슨생 아니랄까봐.

종렬   그래! 나 슨생이다. 난 승생이고~ 니는~ 니는 뭐냐?

치열   나? 난 고생이지. (하곤 술 들이켜는)

종렬   고생은 뭐… 난 안 하는 줄 아냐? 야, 너 내가 얼마나 공문 잘 쓰는지 모르지? 내가 보여주께 공문…. (제 가방 뒤지며) 얼마나 잘 쓰는지 봐… 내가 공문 겁나 잘 써서 나 교감이 나만 시켜 씨이… 니가, 근데 왜 너만 몇백억이야 씨이… 교감이 나만 시키는데….

치열   야 알아써. 미안해. 내가 미얀하다.

종렬   난 우리 애들 사랑해… 넌 애들한테 그런 맘도 없찌? 니가 사랑을 아라~?!

치열   …사랑… 사랑… 그치, 난 사랑을 모르지…. (하곤 또 제 잔과 종렬 잔에

술 따른다)

종렬　야야, 그만해. 나 내일 출근해야 됨 마….

치열　난 안 해도 돼… 이모~! 여기 소주 일병, 아니 이병 더 주쎄요~

종렬　아… 나 취했는데… 더 마심 안 되는데 이 쌔끼 이거 진짜….

치열　난 안 취해써. 아무리 마셔도 안 취해 오늘은. 취하고 싶은데 취하지
　　　도 않는다 냉장… 냉장… 아 보고 싶따 냉장할…. (하곤 테이블 위로 확
　　　엎어진다)

종렬　야… 최철…! 아… 갔네 얘. 나 집도 모르는데… 아 진짜…. (난감한
　　　듯 보다가)

휘청거리며 일어나는 종렬. 치열 쪽으로 가 주머니에서 휴대폰을 꺼
낸다.
휴대폰을 열자 잠금 해제를 위해 비번을 누르거나 얼굴을 인식하라
는 메시지가 뜬다. 종렬, 폰 화면을 엎드려 있는 치열 얼굴에 갖다 대
보지만 잠금이 풀리지 않아, 손으로 치열 눈꺼풀을 올려 눈 뜨게 하
고 폰 갖다 댄다.
그제야 폰 잠금 해제되고. 통화목록을 보는 종렬.

S#36.　국가대표 반찬가게 (N)

마감 정리 중인 가게. 영주 매출 확인하고, 행선 남은 반찬 정리하고.
재우 마대로 바닥 닦다가 폰 울리자 발신자 확인하곤 난감한 듯 행선
보며.

재우　누나. 치열이 형인데 어떡해…? 받아…?

행선　! (보는. 재우한테 왜 전화를…?)

재우　…하지 말라고 했지 받지 말라곤 안 했잖아. 나 받는다. 받아.

행선　(무언으로 허락하는)

재우	(얼른 받는다. 반가워 톤 업되며) 네 치열이 형~!!
종렬(F)	(취한 목소리로) 아… 저 최치열 친구 되는 사람인데요… 혹시 치열이 집 아세요?
재우	…치열이 형 집이요? (행선 보고)
행선/영주	? (무슨 상황인지 의아해서 보고) / (역시 보는)

S#37. 치열 펜트하우스 현관 앞 (N)

끙끙거리며 치열을 질질 끌다시피 메고 오는 재우.
치열 집 앞에 도착하는데, 그때 휴대폰이 울리고, 힘겹게 전화 받는.

재우	(헉헉) 어, 누나… 집 앞까지 왔어. (듣고) 걱정 마, 할 수 있을 거 같애. (듣고) 응, 알았어. (전화 끊고, 현관 잠금장치 살피곤 치열 흔들어 깨우며) 형, 치열이 형! 집 비밀번호 뭐예요? 비밀번호~
치열	(늘어져 있다 힘겹게 눈 반쯤 뜨는)
재우	형, 비밀번호 눌러요. 자요. (치열의 손을 문 쪽에 대주면)
치열	(비몽사몽 눈 반만 뜬 채로 본능적으로 비번 누르는)

S#38. 치열 펜트하우스 침실 (N)

힘겹게 치열 부축해 들어오는 재우, 침대 위로 치열을 던진다.

재우	아… 치열이 형, (헉헉) 술을 왜 이렇게 많이 마셨어…. (헉헉)

후우… 호흡 고르곤 침대 위로 올라가 다시 치열 똑바로 눕히고 이불 덮어주려는데… 치열 얼굴 보곤 멈칫한다.
벌건 얼굴에 식은땀이 송송 맺힌 치열. 쌕쌕… 숨까지 가쁘게 몰아 쉬는.

재우	(갸웃하곤 오른손으로 치열 이마, 왼손으로 제 이마를 짚어보곤) 어⋯ 열난 다⋯. (손 떼곤 당황한 표정으로 아픈 치열 보는)
치열	⋯으⋯ 으으⋯. (신음소리 내며 끙끙 앓는다. 그 얼굴 c.u 되며)

(diss)	좀 안정된 듯한 치열, 천천히 눈 뜨는데⋯. (꿈인 듯 아닌 듯 몽환적인 분위기)
	꿈인지 현실인지 희뿌연 사람의 형체가 눈앞에 보인다.
	점점 선명해지는 형체⋯ 치열을 걱정스럽게 내려다보고 있는 행선이다.

치열	⋯⋯⋯. (비몽사몽 중얼거리는) 또 꿈에 나왔네⋯ 이 여자⋯.
행선	⋯⋯⋯. (그런 치열 보기만)
치열	(가만히 그런 행선 보다가 손 들어 행선의 손을 조심스럽게 잡아보는)
행선	(손 잡힌 채 가만히)
치열	(손잡은 채 보다가) ⋯한 번만 나쁜 놈 될게⋯ 꿈이니까. (행선 끌어당겨 키스하는)

키스하는 두 사람 모습에서 화이트 아웃.

S#39. 다음 날/ 치열 주상복합 외경 (D)
환하게 날이 밝은.

S#40. 치열 펜트하우스 거실 (D)
창가 쪽으로 햇살이 가득 들어오고, 정갈하게 치워져 있는 조용한 거실.

S#41. 치열 펜트하우스 침실 (D)

침대에 누워 곤히 잠자고 있는 치열. 열기도 식은땀도 없이 평온한 얼굴이다.

잠시 뒤척이다 눈을 뜨는 치열. 자리에서 일어나 앉는다.

꿈에서 본 행선의 모습이, 그 키스의 여운이 아직도 생생하게 남아 있는.

치열　　…뭔 꿈까지… 하아…. (고개 저으며) …이러면서 무슨 정리를 한다구, 낸장. (하곤 또 아차 한다. 이젠 말투까지… 고개 저으며 이렇겐 안 되겠다, 일어나는)

S#42.　치열 연구소 (D)

빈 연구실에 홀로 나와 있는 동희, 컴퓨터로 치열 뉴스를 모니터링하고 있다.

#. 기사 인서트

'일타강사 최치열, 유부녀를 향한 공개고백 후 쏟아지는 질타' '유부녀 짝사랑 일타강사 최치열, 강의 환불 요청 쇄도' 등등 제목의 기사와 '유부녀 좋아하는 것도 역겨운데 공개고백한 건 더 역겨워 ㅜ' '여태까지 니 강의 들었던 내 돈 내 시간 다 환불해줘라' '최치열강? ㄴㄴ 최치불륜! 수학일타? ㄴㄴ 불륜일타!' '최치열 한 방에 가는구나 ㅋㅋ' 등등의 댓글들.

동희　　(화가 나 더 이상 못 보겠다. 컴퓨터 끄고 휴대폰 꺼내 치열에게 전화하는데)

안내음(E)　고객의 전화기가 꺼져 있어 삐 소리 후 음성사서함으로 연결됩니다.

동희　　(끊고 '선생님, 문자 보시면 전화 좀 주세요' 메시지 보내는)

S#43.　몽타주 (D)

#. 치열 펜트하우스 현관 앞

장 본 봉지 들고 치열 집 앞에 서 있는 동희.

벨을 누르지만 치열이 집에 없는 듯 아무 반응도 없다. 집요하게 계속 벨 누르는 동희. 안에서는 역시 묵묵부답인.

#. 대형 서점

서점에 나와 있는 교재들 리서치하는 동희. 휴대폰 통화 시도하는.

(E) 고객의 전화기가 꺼져 있어…

#. 치열 연구소

빈 연구소로 들어오는 동희.

혹시나 하고 사무실 문 열어보지만 역시 치열은 없다. 폰 꺼내 다시 전화해보는.

(E) 고객의 전화기가 꺼져 있어…

인내심의 한계를 느낀 동희, 신경질적으로 휴대폰 벽을 향해 던져버린다.

휴대폰 파손되며 여기저기로 파편들이 튀고!

씩씩거리는 동희. 치열이 걱정되고, 속상하고, 화나고… 감정이 주체가 안 되는 듯한.

#. 치열 펜트하우스 현관 앞

며칠간의 부재를 증명하는 듯, 치열 현관 앞 택배물이 쌓여 있는.

S#44. **국가대표 반찬가게 (D)**

손님 응대하는 행선과 영주.

행선   저번에 가져간 섞박지는 어땠어요? 괜찮았어요?

손님4	어 맛있었어요. 안 그래도 울 남편이 어제도 그거 찾던데.
행선	한번 또 할게요. 가을무는 인삼보다 좋대요. (포장한 반찬 비닐 주면)
손님4	네 잘 먹을게요~ (나가는)
영주/행선	가세요~ / 좋은 하루 보내세요~ 또 오시구요~~ (배웅하는데)

이때 손님과 교차로 동희가 들어선다.

행선	! (놀라 멈칫하고)
영주	(반색) 어머 지 실장님. 넘 오랜만이다~ 어쩜 한 번을 안 오셨어요 그동안?
동희	아 예…. (목례하곤 행선 보는)
행선	(지 실장이 웬일까… 의아한 표정으로) 오셨어요? (하는데)
동희	(불안한 표정으로) 저기 혹시… 저희 선생님하고 연락 되시는지 해서….
행선	아뇨… 지난주 이후엔 연락한 적 없는데… 왜요, 연락이 안 돼요?
동희	(혹시나 했는데, 실망한 표정으로) 네… 며칠째 전화기도 꺼져 있고, 집에도 안 계시고. 혹시 사장님한텐 연락을 하셨나 해서… 알겠습니다. 그럼. (인사하고 나가는)
행선	(꾸벅 인사하곤, 치열이 없어졌다니 걱정되는 표정)
동희	(돌아보며) 저기 혹시 연락 되시면… 저한테 전화 좀 하시라고. 부탁드립니다. (나가는)
행선	(나가는 동희 보며 마음 무거운데)
영주	야 이게 뭔 소리야? 그러니까 최쌤이 잠수를 탔다고? 지 실장한테도 연락 끊고?
행선	하아…. (한숨 내쉰다. 대체 어딜 간 걸까? 나 때문일까? 걱정되는)

S#45. 국가대표 반찬가게 주방 (D)

주방으로 들어온 행선. 잠시 고민하다 휴대폰 꺼내 전화 걸어본다.

(E) 고객의 전화기가 꺼져 있어 삐 소리 후…

행선   (휴대폰 접고) …대체 어딜 간 거야 이 남자…. (걱정돼 미치겠는…)

S#46. 낚시터 (D)

이전 그 자리에서 낚싯대 드리우고 앉아 있는 치열.
그 앞에는 간이 텐트가 쳐져 있다.
며칠 동안 면도도 안 한 듯 까칠하게 나 있는 수염에 수척해진 얼굴.
아직도 행선에 대한 마음의 정리가 끝나지 않은 듯 쓸쓸함이 어린 표
정이다.

S#47. 저녁 거리 인서트 (N)

S#48. 국가대표 반찬가게 (N)

저녁 장사로 손님 북적이는 가게.
영주와 행선 손님 응대하고, 재우 카운터에서 계산하느라 정신없는.

행선   (손님 앞에서 봉지에 반찬팩 담는데)
손님5   아니 그거 말고 코다리찜이요.
행선   (멍하다 화들짝) 네? (보면 명란팩 담고 있는) 아, 아 죄송합니다… 코다
        리요?
영주   (얼른 코다리팩 가져와 넣으며) 여있어요. 하나 남았네요 딱. 재우야 계산.
재우   (암산하는) 부추달걀볶음 하나, 장조림 하나, 코다리찜 하나 해서…
        12,800원입니다. (카드 받아 계산하고) 네, 여기 카드요. (카드 건네는)
손님5/6 수고하세요~ / 담엔 코다리 넉넉하게 해요. 나도 가져가게.
영주   네 그럴게요. 조심히 가세요~ (배웅하곤 행선을 본다)
행선   하아…. (치열이 걱정돼 일이 손에 안 잡힌다. 한숨 쉬는데 휴대폰 문자벨

징~ 울리면 후다닥 주머니에서 휴대폰 꺼내 확인하는데)

#. 휴대폰 인서트

(광고) 스타플러스온라인, 20% 깜짝 쿠폰.

쉿! 고객님만을 위한 선물이에요. 내일이면 마감! 놓치지 마세요!

행선	(스팸문자다. 실망하고 다시 접으면)
영주	(그런 행선 보다가, 재우 보며) 너 올라가 이제. 저녁 손님 얼추 다 온 거 같다.

(컷)   행선 폰 쥐고 앉아 있고, 영주 믹스커피 두 잔 타 나오는.

영주	(커피 건네며) 야 당 딸린다. 마시구 정신 좀 차려.
행선	(받으며) 내가 뭘… 어쨌다구.
영주	(보며) 어쩌긴. 지 실장님 왔다 가구 계속 정줄 놓구 있잖아 너. (하곤) 야야 걱정 마. 무슨 미성년자도 아니고, 어디 잠깐 머리 식히러 갔겠지.
행선	…벼랑 끝으로 몰린 사람이잖아. 강한 사람 아냐 그 사람, 보기보다.
영주	그렇게 걱정되는데… 아니라구? 이래두 니 맘이 아냐?
행선	……. (대답 못하고 커피 보다가 !!) 잠깐… 믹스커피. (치열과 낚시터에서 마셨던 커피가 생각난다. 치열이 어디 있는지 알 거 같다. 급하게 앞치마 풀며) 영주야, 나 어디 좀 갔다 올게. 미안해. 가게 부탁해~ (지갑 들고 뛰어나가는)
영주	야, 너 어디 가는데~? (제 커피잔 보곤) 믹스커피가 뭐 어쨌단 거야….

S#49. 국가대표 반찬가게 앞/ 택시 안 (N)

가게에서 뛰쳐나온 행선, 대로변으로 가 급히 택시를 잡는.

마침 빈 차로 오던 택시 행선 앞에 와 서고.

행선	(올라타며 외치는) 기사님, 김포 좀 부탁드려요!
기사	아… 이거 서울 택신데.
행선	요금 따블 드릴게요. 제발… 사람 하나 살리는 셈 치시구요, 네?! (문 탁, 닫는)

S#50. 캠핑낚시터 전경 (N)

평일이라 캠핑족도 낚시하러 온 사람도 그닥 없는 한가한 전경에
행선이 탄 택시가 와 끽~ 선다.
행선 내리자 택시 떠나고. 행선 낚시터 쪽을 향해 뛰는.

S#51. 캠핑낚시터 (N)

행선, 여기저기 둘러보며 치열을 찾는데… 없다.
아 여기가 아닌가? 잘못 짚었나? 안타까운 마음으로 안쪽으로 더 가
며 보는데
낚시터 구석 일각, 홀로 앉아 낚싯대 드리우고 있는 익숙한 뒷모습이
보인다.

낚싯대 드리우고 앉아 있는 치열. 무표정으로 낚싯대 끝만 바라보는데
강가에 행선의 얼굴이 출렁인다. 이내 행선에게 키스하던 제 모습이
떠오르고.

치열	(그 장면이 계속 떨쳐지지가 않는다. 고개 젓는데)
행선(E)	쌤~~!!!
치열	(목소리까지 들린다. 하아… 정말 미친놈이구나… 한숨 쉬는데)
행선(E)	치열 쌤~!!! (더 가까이 들려오는)
치열	!!! (놀라 벌떡 일어나며 뒤돌아보면)

행선이 치열을 향해 전속력으로 달려오고 있다.
놀라는 치열, 이건 절대 꿈이 아니다. 진짜 그녀다. 진짜 남행선이다.
벅차고 두근거리는 마음으로 행선을 향해 다가서는.

치열 (행선을 본다. 어수선한 옷매무새에 경황없어 보이는 얼굴. 딱 봐도 일하다
말고 달려온 모양새다) 남행선씨… 여긴 왜….

행선 (격앙된) 왜요? 왜요?! (걱정과 원망이 섞인, 토해내듯) 쌤이야말로 왜,
뭐하는 거예요 대체?! 어딜 가면 간다, 주변에 얘길 해야지. 자기가
애야? 사춘기예요? 왜 이렇게 걱정을 시켜 왜? 자기 맘대루 사람 맘
휘저어놓구, 정리할 거면 조용히 잘 좀 하던가, 왜 사람을 미치게 만
들어요 왜?!!

치열 (고백이나 다름없는 행선의 말에 보는. 아… 이 여자도 흔들렸구나…)

행선 그러니까 내 말은… 걱정했다구요….

치열 (보며) 왜, 내가 남행선씨 땜에 죽기라도 할까봐?

행선 아니, 그런 게 아니라… 본다. 심호흡 한 번 하곤) 사실 저… (하는데)

치열 (o.l/말 막으며 부러 무심하게) 날 잘 모르시네. 내가 얼마나 자기애가
넘치는 인간인데…. (자리로 가 낚싯대 접으며) 온 김에 밥이나 사요. 쫄
쫄 굶었더니 배고파요.

행선 ……. (보는)

S#52. **수재네 식당 앞 (N)**
치열의 차 서 있고.

S#53. **수재네 식당 (N)**
마주 앉아 추어탕 먹는 치열과 행선.
치열 허겁지겁 먹고, 행선은 깨작거리며 그런 치열 힐끗거리는.

행선	…배고프다면서 뭘 또 여기까지 와서 먹재….
치열	(먹다가 본다) 안 먹어요 그쪽은?
행선	난 됐어요….
치열	(끄덕끄덕하며 남은 밥 마저 말면)
행선	(깍두기 치열 쪽으로 민다. 천천히 먹어라 물컵도 쓱 밀어주면)
치열	(멈칫, 계속 말며 담담하게) 예전에 낚시터에서 은인 얘기한 적 있죠?
행선	? (갑자기 그 얘기는 왜?)
치열	그분이 하던 식당이에요 여기. 고시식당.
행선	!! (눈 휘둥그레져 보면)
치열	고시 공부할 때, 이 동네에서 살았어요. 그때 그쪽 어머니한테 신세 많이 졌고. 여기서 먹는 한 끼가 다인 시절이었는데, 과분하게 챙겨 주셨어요 어머니가.
행선	(놀라서) 그럼… (하다 생각난 듯) 엄마가 몇 번 얘기했던 거 같아요. 형편 어려운데 엄청 열심히 하는 고시생. 아들 같아서 자꾸 챙겨주게 된다고. 어떻게 이런….
치열	(끄덕이며) 남행선씨랑 여기 온 날… 나도 놀랐어요. 어떻게 이런 인연이 있나….
행선	(어쩐지… 그래서 갑자기 우리한테 잘해줬던 거구나…)

S#54. **수제네 식당 앞 (N)**

상기된 행선과 담담한 표정의 치열이 나오는.

치열	…강사로 자리 잡고 나서, 한 번 찾아왔었는데… 가게가 바뀌었더라 고. 성공한 모습 보여주고 싶은… 단 한 사람이었는데. 갚아야 될 게 너무 많아서.
행선	(새삼 식당을 본다. 나와 이 사람의 공통된 기억의 장소라니…)
치열	(걸어간다)

행선	(얼른 따라 걸어가면)
치열	(걸으며 담담하게) 그렇게 정리됐어요.
행선	네? (무슨 소린가 보면)
치열	낚시하면서 생각해봤는데… 내가, 헷갈렸던 거 같아요. 행선씨 어머니에 대한 감사한 마음, 이렇게 만난 인연에 대한 신기함, 그런 것들이 워낙 특별하다보니까… 내 마음까지도 특별한 걸루 착각한 거 아닌가. 아님 일상이 지루해서 잠깐 미쳤거나.
행선	아…. (착각…? 치열의 말에 들끓던 마음이 서늘해지는)
치열	근데 정신이 번쩍 나네, 남행선씨 보니까. 이제 돌아가야죠 내 자리로. (가는)
행선	(따라가며 허탈한)

S#55. 치열 차 안 (N)

집으로 돌아가는 차 안. 차에 적막만 흐르고…
조수석에 앉은 행선, 운전하는 치열을 힐끗 보면
치열은 앞만 보고 운전하고 있다.
진짜 다 정리된 듯 담담하고 평온한 얼굴.
행선, 그런 치열의 표정을 힐끗 훔쳐보곤 이내 차창 밖을 본다.
뭔가 서운하고… 속상하고… 울컥도 하고… 착잡한 기분이다.

S#56. 국가대표 반찬가게 앞 (N)

가게 앞에 도착해 서는 치열의 차.

행선	(차 문 열고 내리면)
치열	(차창 내리고 행선에게) 들어가요. 괜한 걱정하게 해서, 미안해요.
행선	(어색하게 미소 짓다가) 아 월세는 그냥… 원래대로 낼게요. 그렇게 해주세요.

치열	제발. 그거라도 하게 해줘요. 다른 데도 다 그렇게 받는데 뭐. 잘 지내
	시고, 장사도 잘 하시고. (쿨하게 손 들어 보이고 차창 내리고 출발해 가는)
행선	(그런 치열 차 바라보고 서 있는)

S#57. 치열 차 안 (N)

운전해 가는 치열, 여유 넘치던 표정 이내 굳고.

룸미러로 이쪽을 보고 서 있는 행선을 본다.

행선을 위해 애써 연기했지만, 정리는커녕 막상 보니 마음이 더 애잔
하고 괴로운.

S#58. 국가대표 반찬가게 앞 (N)

행선 역시 촉촉한 눈빛으로 이미 사라진 치열의 차 쪽을 하염없이 보
는데.

퇴근 복장으로 나오는 영주. 셔터 내리려다 행선 보고.

영주	야 남행선! (다가서는) 너 어케 된 거야? 어디 갔다 이제 와?
행선	…….
영주	(보며) 혹시 너… 치열 쌤 찾으러 간 거야? 그래서, 쌤은 찾았어? (대
	답 기다리다) 야 말 좀 해봐 좀. 말하는 법 까먹었니? (하는데)
행선	(감정 복받친다. 눈물 그렁그렁한 채 감정 꾹 누르며) 영주야, 쌤이…
영주	(놀라서 보는)
행선	…정리됐대. 나 정리했대… 그냥 잠깐… 헷갈렸던 거래….
영주	(행선을 본다. 행선의 마음 이미 짐작한)
행선	…근데, 잘됐는데… 나 마음이 왜 이렇게 아프니… 영주야. 나 그 사람
	좋아했나봐… 많이 좋아했나봐…. (영주 어깨에 얼굴 묻고 눈물 흘리는)
영주	(가만 행선을 토닥이는)

S#59. 국가대표 반찬가게 건물 입구 안쪽 (N)

건물 입구 안쪽에 서 있는 해이.

영주에게 기대 흐느끼는 행선 모습 보며, 울컥한다.

다 나 때문이야… 나 땜에 이모가 슬픈 거야….

자책감에 눈물이 삐져나오는.

S#60. 국가대표 반찬가게 건물 앞 (N)

그렇게 영주에게 기대 흐느끼는 행선과

그 건물 안쪽으로 행선을 보며 울컥한 해이,

세 사람 모습 부감으로 잡히며… f.o /f.i

S#61. 다음 주/ 국가대표 반찬가게 외경 (D)

해이(E) 엄마 나 학교 가~!!

S#62. 행선집 현관 (D)

손에 프린트물 든 해이, 바쁘게 신발 신는데

행선이 접시 들고 후다닥 따라 나온다.

행선 야야. (조미김에 꼭꼭 말아 싼 밥 내밀며) 이거 몇 개만 먹고 가. 딱 두 개만.

해이 아 나 빨리 가서 이거 마저 봐야 되는데. (하면서도 받아먹는)

행선 오늘 수학 수행평가 본다며? 아침에 탄수화물을 섭취해야 머리가 팽 팽 돌아가지. 자 한 개만 더. (또 입에 넣어주는)

해이 (받아먹고 오물오물 씹으며) 땡큐 엄마. 나 간다~ (뛰어 나가고)

행선 시험 잘 봐 해이야~ 퐈이팅~!!

해이 (오케이, 손 들어 보이곤 문 닫는)

행선 (문 닫히자 웃음기 머금었던 얼굴, 다시 쓸쓸해지고)

치열 연구소 (D)

오랜만에 출근한 치열, 활기차게 연구실에 들어온다.

치열   (여느 때보다 톤 업된 목소리로) 어이 오랜만~ 다들 푹 쉬었나? (하는데 좀 이상하다. 동희와 조교 1, 2(연경, 서진)만 있고 휑한) …뭐야, 왜 이렇게 썰렁해. 애들 오늘부터 나오라고 공지 안 했어?

동희   했는데… (난감한 표정으로) 애들이 쉬는 동안 다른 자릴 알아봤나봐요. 마무리 못하고 가서 쌤한테 죄송하다고….

치열   아… (그렇게 됐구나… 빈자리 보며) 효원이도?

동희   예.

치열   이제 겨우 이름 외웠는데… (씁쓸하게 웃곤) 그래. 그럴 수 있지. 뭐 가족도 아니고 우리가. 그냥 직장인데. (하곤 들어가려다 조교1 보며) 너 그, 의대 수석…

조교1(연경)   연경이요.

치열   어 연경이. (조교2 보며) 넌 빵 좋아하는 친구 맞지. 도진이? 도준이?

조교2(서진)   서진이요 쌤. 현서진.

치열   연경이 서진이. 오케이, 입력했어. 안 잊어버릴게. (보며) 연경인, 오늘 테스트 자료 프린트 해주고. 서진인 큐앤에이 리스트 뽑고. (동희 보며) 재종 강의 열 시지?

동희   네 선생님. 삼십 분 정도 여유 있습니다. (따라 사무실 들어가는)

조교1(연경)   와씨 감격… 나 이제 더 이상 '애기'가 아냐.

조교2(서진)   쉬고 오셔서 그러나? 좀 변했어 쌤. 사람 냄새가 나… 낯설어….

더프라이드 학원 대형 강의실 앞 (D)

강의실 향해 걸어가는 치열과 동희. 치열 사뭇 긴장한 모습이다.

치열   두어 주 쉬었다고, 괜히 긴장되네.

동희	(웃으며) 하시던 대로 하면 되죠. pride maketh math, 수학은 최치열강!
치열	넌 참, 몇 년을 붙어 다니고도. (멋있게 시범 보이는) pride maketh math, 수학은 최치열강! 응? 이렇게.
동희	(엄지 들어주는)
치열	(웃고) 후우…. (강의실 앞에 서서 심호흡하곤 활기차게 문 열고 들어가는)

S#65. 더프라이드 학원 대형 강의실 (D)

강의실 들어서다 멈칫하는 치열.
강의실 앞쪽에서 라이징 강사 송준호가 막 헤드마이크를 차고 있고,
학생들의 당황한 시선이 동시에 치열에게 쏠리는. (원래 치열 수업 듣
던 학생들도 와 있는)

치열	(그대로 얼어붙고)
동희	아…. (무슨 일인지 상황 파악하려는데)
정실장	(뛰어 들어와) 어머, 어떡해요. 제가 지 실장님한테 전화한다는 걸 깜빡해서…. (치열 보며) 강의실이 바뀌었어요. 죄송해요 쌤.
송준호	(여유 있는 미소 지어 보이며) 실물론 처음 뵙네요. 안녕하세요 송준홉니다.
치열/동희	(표정 굳은 채 보는) / (당황한 표정에서)

S#66. 더프라이드 학원 소형 강의실 (D)

이십여 명의 학생들(나머진 다른 수업으로 빠진) 띄엄띄엄 앉아 있는
소형 강의실.
문 앞에 선 치열 어색하게 강단 쪽으로 올라선다. 학생들 둘러보고.

치열	(애써 농담하는) 단란하고 좋네, 분위기가. (입구 쪽에 서 있는 동희, 정 실장 보며) 여기 마이크 세팅이 안 돼 있는데.

정실장   소형 강의실이라 여긴, 마이크들을 잘 안 하시는데… 필요하면 담주부터 세팅해드릴게요. 오늘만 조금 크게 목소리를 내주시면.

치열   아… 그럴까요 그럼? 큼. (목 가다듬고 서는)

동희   (마음 안 좋다. 표정)

치열   (학생들 보고 부러 미소로) 여기 남은 친구들은 그럼, 의리판가? 니들 모공까지 보이고 좋네 나름. 잘하면 이름까지 다 외우겠는데? (자폭 개그 던지는데)

학생들   (반응 없다. 얼른 수업이나 해줬으면 하는…)

치열   (뻘쭘. 이내 목소리 크게) 자 그럼! 수업 시작할까? 2주 동안 삼각함수까지 복습 들어갔지? 오늘부터 수열 진도 나간다. (판서하기 시작하는)

S#67. 진이상 아파트 거실 (D)

진이상 집 둘러보는 수사팀. 진이상의 노트북과 중요 소지품 수거하고.

S#68. 경찰서 형사과 (D)

화이트보드엔 반찬가게 쇠구슬 테러, 고양이 테러, 영민 사건, 진이상 사건 개요 등과 사건 발생지 표시한 지도, CCTV 캡처한 희재 사진, 쇠구슬 사진 등 붙어 있는.

CCTV 확인하고, 기록 검토하고, 전화 받는 형사들로 정신없이 돌아가는.

배형사   선배님. 피해자 휴대폰 사용기록 나왔는데요, 사망추정시간이랑 비교해보면 피해자의 집 쪽이나, 적어도 근처에서 살해당하고 강 쪽에 유기된 거 같습니다.

송형사   그래? 노트북이랑 휴대폰 포렌식 맡긴 건? 아직 안 나왔어?

배형사   네, 노트북 보안이 워낙 세게 걸려 있어서. 학원 강사라 기밀자료가 많은 건지.

송형사	결과 나와보면 알겠지. 피해자 아파트랑 주변 CCTV 확인 꼼꼼하게
	해. 조금이라도 수상한 인물 있으면 특정하고. 특히 이영민 사건 때
	편의점 CCTV에 찍혔던 (칠판에 붙여놓은 후드 뒤집어쓴 희재 사진 가리
	키며) 저 친구. (하는데)
팀장(E)	(막 사무실 들어서며) 야! 이영민 사건은 빼라니까, 왜 말을 안 들어 처
	먹어?!
송형사/배형사	(못마땅한 표정으로) 오셨어요. / 나오셨어요.
팀장	니들 진짜 나 무시할래? 그냥 진이상 사건만 파라고! 이영민 사건은
	엮지 말고! 같은 더프라이드 학원이라고 연쇄적인 사건이란 보장 있
	어?!
송형사	(날카롭게) 연쇄가 아니란 보장도 없죠.
팀장	뭐?
배형사	사건 현장에서 다 저 쇠구슬이 발견됐어요. 이번엔 무려 피해자 주머
	니에 있었구요.
송형사	(단호하게) 영장 청구 다 했구요. 범죄지로 추정되는 새암 아파트 주
	변 수색, 인원 최대한으로 동원해서 들어갈 겁니다 오늘. 그렇게 아
	세요. (하곤 나가는)
배형사	(송형사 파워 등에 업고 당당히 따라 나가는)
팀장	아 저거저거… 한동안 안 그러더니 왜 저렇게 의욕적이야. 차. (중얼
	거리는데)

일각. 의뢰인의 서명 도우며 앉아 있던 선재부. 힐끗 수사팀 쪽 보는.

S#69. 더프라이드 학원 원장실 (D)

소파에 마주 앉아 대화하는 치열과 원장.
치열 이미 상황파악 다 한 터라 담담한 표정이고
원장 그런 치열 눈치 보는.

원장	…아니 나도, 이렇게까진 하고 싶지 않았는데… 최 선생도 알잖아, 이쪽 학부모들 극성. 아무리 학원이래도 도덕적 결함이 있는 강사한 테 자식을 맡길 수 없다고 전화가 불통이 나게 항의를 해서, 어떡해. 강의 인원은 빠지지 해결책을 제시해라 닦달은 해대지, 진짜 급하게, 엄청 급하게 섭외를 한 거야 내가 송준호한테. 마침 부원장이 그 친 구 선배랑 절친이라.
치열	(기계적으로) 네. 이해합니다.
원장	그치? 이해하지? 그래. 최 선생은 이해해줄 줄 알았어. 학원 운영이 이게 보통 어려운 게 아니잖아. 한번 흐름 놓치면 확 빠지고 애들이. 그거 다시 올릴려면 엄청 오래 걸리고 애먹는 거. 방법이 없더라구 내가.
치열	근데…
원장	(응? 보면)
치열	송준호랑 제가 둘 다 이 학원에 있을 필요는 없는 거 같네요. (원장 보며) 더프라이드와 저의 인연은… 여기까진 걸로 하겠습니다. (일어나는)
원장	(말릴 생각 없다) 아니 뭐 그렇게 극단적으로… 시간을 두고 방법을 좀….
치열	그동안 수고 많으셨어요. (가볍게 목례하고 단호한 표정으로 나가는)
원장	아 이거, 이렇게 정리될 인연이 아닌데 이거 섭섭해서 참…. (맘에 없 는 말하는)

S#70. **더프라이드 학원 원장실 앞 (D)**

동희 기다리고 있고, 치열 원장실에서 나온다.
대충 분위기 감지한 동희, 아무것도 묻지 않고 에스코트해 가는데.
이때 원장실 쪽으로 걸어오던 송 형사와 배 형사. 치열을 알아보고 인사하는.

송/배형사	아 안녕하세요. / 오랜만에 뵙네요.
치열	아 네… 여긴 또 어쩐 일로.
송/배형사	글쎄요, 자꾸 올 일이 생기네요. (하곤 동희 본다) / (까딱, 인사하곤 가는)
치열/동희	(엘리베이터 쪽으로 가는데)
송형사	(가다 말고 뒤돌아보며) 조곤가…? 낯이 익네. (갸웃하곤 다시 걸어가는 모습에)

(E) 수업 끝 알리는 벨소리

S#71. 우림고 2-1 교실 (D)

칠판에 '수학 수행평가' 쓰여 있고, 종렬, 걷은 답지 들고 나가고. 아이들 자유롭게 일어나는.

건후	(얼빠진 얼굴로 해이 보며) 야, 이 시험 뭐냐 이거…? 나 문제도 이해 못 했어. 열 번 넘게 읽었는데 무슨 말인지 하나도 모르겠어.
해이	원래 울 학교 수학 논술 난이도 헬이야. 수행평간 지필보다 비중 적으니까, 중간고사 때 만회한다구 생각하구 공부해. (하는데)
단지	(달려와 우는 시늉) 해이야~ 나 주글래~ 이번 수행 왜케 어려워.
선재	(와서) 해이야. 마지막 문제 -3 맞아? 나 니 풀이 좀.
해이	어 나도 -3. (시험지 주면)
단지	야 답 맞추지 마! 이 개매너들 진짜, 난 손도 못 댔구만 씨이.
건후	(단지에게 음료 두 병 중 한 병 건네며) 얘네 빼고 우리끼리 마시자 단지.
단지	(음료 건네받아 건후와 건배하듯 짠 하고 마시곤) 후… 역시 스트레스엔 맛있는 거다. (코코넛 젤리 씹으며 해이 선재에게 경고하는) 답 맞추기만 해 너희! 아주 이 코코넛젤리처럼 잘근잘근 씹어줄 테니까.
건후	(코코넛 젤리 씹으며 단지와 같이 위협적으로 해이 선재 보는)
해이/선재	(어이없어 웃는데)

단지	(떠딩~ 벨, 휴대폰 보는) 헐 개소름. 엄마가 링크 보내줬는데… (폰 화면 보여주며) 더프라이드 학원 홈피에서 치열 쌤 사진 아예 내려버렸어. 학원에서 완전 짤렸나봐.
선재	확실해? 그냥 뒤로 밀린 거 아니구?
단지	아냐, 완전 손절했나봐. (해이 눈치 보며) 지팔지꼰(*지 팔자 지가 꼰 거란 말의 줄임말)이긴 한데… 좀 안쓸었다, 그치?
해이	(결국 우리 때문에 쌤이 그렇게 되셨구나… 마음 안 좋은)

S#72. 치열 차 안 (D)

집을 향해 운전해 가는 치열. 씁쓸한 마음을 가눌 길이 없다.
한 손으로 마른세수 하는 치열, 마음이 바뀐 듯 좌회전 깜빡이 켜고
차선을 바꾸는.

(컷)   국가대표 반찬가게가 보이는 건너편에 서서히 정차해 서는 치열.
마침 행선이 '저녁 세일 – 오징어볶음, 삼색나물' 종이와 테이프를
들고 나온다.
먼발치에서 가만히 행선을 보는 치열.
막상 보니 마음이 더 무겁다.
작은 한숨 내쉬며 앞쪽 보고 다시 출발하려는데…
차 앞쪽에서 해이가 치열을 보며 서 있다.

치열	!!! (깜짝 놀라 다시 멈추는)
해이	(언제부터 보고 있었는지, 치열을 빤히 보는)
치열	(당황해 머뭇거리다 해이 쪽으로 차 움직이고 차창을 내린다) 어… 해이야.
해이	쌤….
치열	(당황해 아무 말이나) 아 난, 지나가다가… 급하게 메일 보낼 게 좀 있어서. 저기 그럼 갈게. 중간고사 준비 잘하고. (어색하게 웃어 보이곤 차

창 올리고 도망치듯 가는)

해이   (멀어져가는 치열을 본다. 누가 봐도 거짓말이다. 쌤은 진짜 이모를 좋아한다…)

S#73.   국가대표 반찬가게 앞 (D)

해이, 가게를 향해 다가서는데

행선이 스페셜 종이 붙이고 테이프 손에 든 채 멍하니 허공을 보고 있다.

해이   (다가서며) 엄마.

행선   (흠칫, 보곤 당황) 어어… 언제 왔어? (제 맘 들킬까 아무 말이다) 아니 날이 좋아서 햇볕 좀 쬐느라고. 맨날 안에만 있으니까 비타민 C가 너무 부족한 거 같애.

해이   비타민 D.

행선   C나 D나, 애니웨이. 들어갔다 갈래? 좀 아까 잡채 했는데.

해이   아냐. 집으로 갈래.

행선   그래, 가 쉬어 그럼. 흐흐… 날 좋아 오늘. (머쓱하게 들어가는)

도망치듯 들어가는 행선 보며 눈빛 흔들리는 해이.

잠시 그렇게 서 있다가, 이내 무언가 결심한 듯 발길을 돌려 어디론가 가는.

S#74.   로펌 선재모 사무실 (D)

선재모 서류 읽고 있는데 선재부가 들어온다.

선재모   (힐끗 보곤, 다시 서류 보는)

선재부   (역시 인사도 없이) 선재 다니는 학원이 더프라이드 학원 맞지?

선재모	(시선 서류에 둔 채) 갑자기 웬 관심이야?
선재부	나도 부모야. 너만큼 과하진 않지만 관심이 아예 없진 않아.
선재모	그래서, 하고 싶은 얘기가 뭔데?
선재부	좀 아까 고소인 진술 때문에 의뢰인이랑 경찰서 갔다가 형사들 하는 얘길 들었는데… 거기 강사가 살해당했나봐.
선재모	(멈칫, 그제야 보는)
선재부	얼마 전에 애도 하나 투신했잖아 거기. 괜찮은 학원 맞아? 문제 있는 거 아냐?
선재모	강사 이름이 뭔데?
선재부	몰라. 그거까진 못 들었고… 쇠구슬 연쇄사건 뭐 그런 얘기 하는 거 같던데.
선재모	!! (눈빛 흔들리는)
선재부	오다 보니까 새암 아파트 쪽에 경찰도 왔다 갔다 하고 어수선하더라. 강사 집이 거긴가 보던데… 잘 알아보고 여차하면 바꿔 학원. 불안해서 애 공부하겠냐? (하곤 나가는)
선재모	(서류를 들고 있던 손 파르르 떨리며 기억 떠올리는)

#. 회상 플래시백

8부 73신. 희재 쫓다 새암 아파트 앞에 도착해 보던 선재모.

선재모	(하얗게 질리는 표정. 급히 휴대폰 꺼내 희재에게 전화 건다. 신호는 가지만 받지 않는다. "고객이 전화를 받을 수 없어…" 끊고 다시 전화 거는)

S#75. 거리 일각 (D)

계속 울리는 휴대폰을 손에 꼭 쥔 채 어디론가 가고 있는 희재.
폰이 계속 울리자 전원을 아예 꺼버리곤 다급하게 뛰어가는 모습에.

행선과 영주, 콩나물 다듬고 있고… 재우, 한편에서 폰 보고 있는.

영주　(행선 기분 체크하듯이 계속 힐끗거리면)

행선　(다듬으며) 그만 봐. 얼굴 닳겠다.

영주　(시치미) 아냐, 밖에 본 건데 나. 날씨가 어떤가 해서. 어 좋네 날씨.
　　　(하곤 다시 행선 표정 살피며) 이따 우리 햄버거나 사다 먹을까? 한 번
　　　씩 먹고 싶잖아 왜.

재우　(휴대폰 들여다보며 손 들고) 콜. 난 피클, 마요네즈 빼고 치즈 추가한
　　　치즈버거.

행선　그래, 그러던지.

영주　아니면 자장면 시켜 먹을까? 시켜 먹자. 나 자장면 먹고 싶어.

재우　(다시 손 들며) 콜콜. 난 당근이랑 완두콩 뺀 볶음밥.

행선　맘대로 해, 난 다 좋아. 재우야, 해이한테도 전화해서 물어봐 뭐 먹을지.

재우　(유튜브 스캔하며) 어 잠깐만. 이것만 좀 보고.

행선　야 씨! 쬉일 동영상만 보고 진짜, 너 죽을래? 얼른 안 해?

재우　알았어. (끄려다가) 어어, 핵인싸맨… 이 나쁜 새끼. (하다 !! 눈 크게 뜨
　　　고 보며) 근데 누나. 핵인싸맨 지금 치열이 형 만나러 간다는데? (행선
　　　에게 폰 보여주면)

#. 영상 인서트

'불륜일타 최치열 만나러 갑니다'란 제목의 핵인싸맨 live 영상.

방송화면 그대로의 현장.
선글라스 쓴 핵인싸맨, 카메라 들고 치열 연구소로 향하며 방송 중
이다.

핵인싸맨   (역시 진지 톤) 일타 스캔들 상대 여성을 최초로 밝혀내며, 진실을 밝
히는 데 큰 역할을 했던 저, 핵인싸맨이, 오늘은 추락한 불륜일타, 최
치열을 직접 찾아 입장을 들어보려 합니다. 최정상을 달리다가 지
하 던전으로 추락해버린 지금의 심정을 직접 들어보고, 그래도 아직
그 유부녀를 사랑하는지! 확인을 한번 해보겠습니다. (치열 건물 쪽으
로 걸어가며) 네, 여기가 바로 최치열이 있는 연구소 건물입니다. 건물
전체가 최치열 꺼라는데, 월세 들어갈 의사 있으신 분, 근처 부동산
에서 알아보시구요… 들어가 보도록 하겠습니다. (들어가는)

화면 상단. 시청자수와 실시간 채팅수 빠르게 올라가고, 후원도 팡팡
터지는.

시바견- 국민 정론 핵인싸맨 파이팅/약속쿠- ㅋㅋㅋㅋㅋㅋㅋㅋ아 진짜 미친/
식빵- 똥 매려운데 못 가겠다/지호아- 치열 쌤 사랑했다…/카인- 오 최치열
간만. 인강 다 봤었는데/식빵엄마- 이거 합법인가요?/G랄G랄- 최치열이 개
쓰레기/대갈빡- 그 유부녀랑 사귐?/JUL- 저 건물 최치열 거 ㄷㄷ 돈 겁나 많
다/샴푸요정- 간통죄 진짜 왜 폐지함/Sam02- 쌤 얼굴 보면 눈물 날 듯… ㅠ
ㅠ/Badie- 근데 고백영상 좀 설레지 않음?/대호짱- 미친ㅋㅋㅋㅋ/이잉잉- 핵
인싸맨 가즈아~~

S#78.   치열 연구소 복도/ 국가대표 반친가게 (D)
연구실에서 나오는 치열과 동희.

치열   (담담하게) 수강생들한테 준비해둔 자료는 다 전달하고 마무리하자고.
동희   (표정 어두운) 네… 근데 사이트는 벌써 막혔더라구요. 학생들 이메일
주소 확인해서 연락 취해볼게요. (하며 가는데)

무작정 카메라를 들이미는 핵인싸맨.

핵인싸맨	최치열강님 실물 영접 영광입니다. 와 겁나 잘생겼네. 비율 쩔어요.
치열	(멈춘 채 가만히 보는)
동희	(치열 앞으로 서며) 뭡니까? 누구세요?!
핵인싸맨	아 저는 핫한 정보를 가장 빠르게 전달해드리는, 핵인싸맨입니다.
치열	(행선을 찍었던 놈이구나… 경멸 어린 눈빛으로) 아… 핵인싸맨?
핵인싸맨	오 최치열강이 저를 압니다 여러분. 그럼, 빠르게 질문 몇 가지만 드리겠습니다.
동희	(막으며) 협의도 없이 지금 뭐하는 겁니까? 카메라 치워요!
핵인싸맨	(동희 피해 카메라 들이대며 질문 퍼붓는) 강사님과 더프라이드 학원의 계약이 좋났다는데 사실입니까? 정상에서 나락으로 추락한 지금의 심정이 어떠십니까?
동희	(막으며) 이봐요~!! (언성 높이는데)
치열	(동희 제지시키곤, 표정 굳은 채 핵인싸맨 노려보는)
핵인싸맨	아 대답을 못하고 계신데요. 그럼 질문을 좀 바꿔보겠습니다. 지금 그 유부녀분에 대한 감정은 어떤 상탭니까? 아이엔진가요? 희대의 불륜스캔들로 회자되는 거에 대해 어떤 생각을 가지고 계신지… (하는데)
해이(E)	스캔들 아니에요!!

치열, 동희, 핵인싸맨 보면… 앞쪽에 단호한 표정을 한 해이가 서 있다.

| 치열 | (놀라) 해이야!! |
| 핵인싸맨 | (누구지? 보다가 감 잡고 슬쩍 카메라 해이 쪽으로 돌리는) |

#. 국가대표 반찬가게

화면에 잡힌 해이 모습. 보고 있던 재우와 행선, 영주 놀라는.

재우 어 해이다! 누나, 해이야. 해이가 핵인싸맨 라이브에 출연했어!

행선/영주 !! (놀라 보고) / 어머, 해이 얘가 왜 여깄어? 최쌤한테 간 거야 얘?! (보는)

#. 다시 치열 연구소 복도

비장한 표정의 해이, 치열과 동희, 핵인싸맨을 똑바로 보며.

해이 스캔들 아니에요. 왜냐면 저희 엄만… 실은 엄마가 아니라 이모예요.
미혼이구요. 그러니까 이건 스캔들이 아니라… 로맨스예요!

해이 얼굴 위로 채팅창 폭발하듯 빠르게 올라가고.

식빵엄마- 대애애애애애앵박/JUL- 누구임? 딸???/시바견- 무슨 말임?? 나만
이해 안 됨?/약속쿠- 헐 이쁘다…/지호아- 그럼 유부녀 아닌 거임?/Ellio84-
미친 이건 뭔 전개냐/먹시오패스- 와나 개소름/지니어스맨- 그럼 최치열은
알았던 건가.ㄷㄷ/아즈까봐- 누가 설명 좀… 이제 들어옴…/Sam02- 지렸
다…/루시킹- 뭐지 커밍아웃?/부쳐- 로맨스래… 미쳤따…/ddolio- 그럼 친엄
마 뉴규? 고아임?

치열 !!! 놀라는 표정.
화면 이분할되며 행선 !!! 놀라는 표정에서… 10부 엔딩.

S#79. 에필로그 - 행선집 거실 (N)

재우와 전화 통화하는 행선.

행선 …쌤이 아프다고? 어떻게 아픈데?

재우(F)   몰라. 근데 얼굴이 벌겋구 엄청 뜨거워. 열 많이 나는 거 같애. 어떡해
         누나?

S#80.   **에필로그 – 치열 펜트하우스 거실 (N)**
         쟁반 위에 생수와 약 올리고 주방 쪽에서 나오는 행선.
         재우는 어느새 소파에 누워 잠들어 있다.
         행선, 그런 재우 보곤 한숨 내쉬고… 쟁반 들고 치열 침실로 들어가는.

S#81.   **에필로그 – 치열 펜트하우스 침실 (N)**
         이미 먹은 약 봉지와 생수통 쟁반 위에 놓여 있고.
         열 내린 듯 조금은 안정이 된 치열의 얼굴.
         행선, 치열 이마에 손대고 다른 손으로 제 이마에 손대곤 조금 안심
         하는데
         이때, 천천히 눈을 뜨는 치열….
         행선, 놀라 얼른 손 떼고… 얼어붙은 채 그런 치열 보는데.

치열   ……. (비몽사몽 중얼거리는) 또 꿈에 나왔네… 이 여자….
행선   ……. (그런 치열 보기만)
치열   (가만히 그런 행선 보다가 손 들어 행선의 손을 조심스럽게 잡아보는)
행선   (손 잡힌 채 가만히)
치열   (손잡은 채 보다가) …한 번만 나쁜 놈 될게… 꿈이니까. (행선 끌어당겨
         키스하는)

         행선, 놀란 듯 눈 동그래지다 이내 치열 머리 안고 진지하게 키스하고.
         그렇게 키스로 마음을 나누는 두 사람 모습에서.

chapter
11

우리 사랑의

관계함수

치열 연구소 복도 (D)

비장한 표정의 해이, 치열과 동희, 핵인싸맨을 똑바로 보며.

해이   스캔들 아니에요. 왜냐면 저희 엄만… 실은 엄마가 아니라 이모예요.
             미혼이구요. 그러니까 이건 스캔들이 아니라… 로맨스예요!

해이 얼굴 위로 채팅창 폭발하듯 빠르게 올라가고.

식빵엄마- 대애애애애애앵박/JUL- 누구임? 딸???/시바견- 무슨 말임?? 나만
이해 안 됨?/약속쿠- 헐 이쁘다…/지호아- 그럼 유부녀 아닌 거임?/Ellio84-
미친 이건 뭔 전개냐/지니어스맨- 그럼 최치열은 알았던 건가.ㄷㄷ/루시킹-
뭐지 이 커밍아웃?/부쳐- 로맨스래… 미쳐따…/ddolio- 그럼 친엄마 뉴규?
고아임?

치열 !!! 놀란 표정에서.

국가대표 반찬가게 (D)

더 놀란 표정의 행선. 모니터 보며 잠시 얼음 돼 서 있다가.

행선   (멍한 표정으로) 저기… 쌤 연구실, 거기 맞지?
영주   어어… 맞는 거 같애.
행선   (상기된 표정으로 뛰쳐나간다)
재우   (놀라) 누나, 어디 가?! 남행선 누나~~
영주   아우, 이건 또 뭔 일이니. 연일 아주 핵폭탄이 터지네 아주. (안절부절
             못하고)

국가대표 반찬가게 앞 (D)

황급히 헬멧 쓰며 스쿠터에 올라타는 행선. 시동 걸고 출발하는.

S#4. 치열 연구소 복도 (D)

벙찐 표정으로 보는 핵인싸맨에게 다가가 카메라 빼앗는 해이.

핵인싸맨 어어…. (벙찐 표정으로 해이 보고)

해이 (카메라 종료시켜버리고 다시 내미는)

핵인싸맨 (얼결에 받고)

동희 (핵인싸맨에게 다가가) 가요. 나가라고 얼른! (팔 잡고 끌고 나가고)

핵인싸맨 아 알았어 알았어. 갈게요, 아 간다고~! (끌려 나가는)

치열과 해이, 두 사람만 남은 복도. 잠시 침묵 흐르고.

치열 (해이 보며) …그러니까… 엄마가 아니라 이모라고? 남행선씨가…?

해이 (고개 끄덕끄덕하곤) …저 땜에 말 못한 거예요. 제가 또 상처받을까봐. 엄마, 아니 이몬… 결혼 같은 거 한 적 없어요. 그리고 진짜… 쌤 좋아 해요.

치열 (멍한 채 그런 해이 보는)

해이 (다시 한번 강조) 쌤도 이모 좋아하잖아요. 맞죠…? (치열 보면)

치열 (그런 해이 보다가… 황급히 뒤돌아 나가는)

해이 (말하고 나니 차라리 후련하다. 잘했어. 잘한 거야… 손등으로 고인 눈물 닦 아내고)

S#5. 치열 연구소 건물 앞 (D)

주차장에서 나온 치열의 차, 우회전 해 빠져나가고.
잠시 후, 스쿠터를 탄 행선이 들어와 끼익~ 건물 앞에 선다.

행선	(헬멧 벗으며 스쿠터에서 내려 입구로 들어가는데)
해이	(터덜터덜 나오다 행선 보고 멈칫, 서는)
행선	(역시 멈칫, 서곤 해이 보며 울컥한 톤으로) 남해이… 너 진짜….
해이	……. (울컥한 채 보기만)
행선	왜 그랬어 너. 니 발로 여기까지 와서… 대체 뭐하러어~
해이	(보며) 나도… 나도 양심이란 게 있어야 되잖아. 이모가 엄마만 아니면 아무 문제 없는데. 말도 안 되는 그 스캔들도 그렇고, 쌤이랑 이모 마음도…
행선	(o.l/ 마음 아파) 걸 왜 니가 상관해! 건 어른들 문제고, 넌 그냥 니 공부만…
해이	(o.l) 아니 싫어. 이제 그만 염치없을래. (보며) 난 이모 이제… 이모도 이모 인생 살면 좋겠어. 좋아하는 사람한테 좋아한다고 하고, 좋아하는 사람이랑 연애도 하고.
행선	(울컥하는)
해이	진작 용기 냈어야 했는데, 이제야 말해서 미안해. 정말 미안해. (눈물 흘리면)
행선	(감정 누르고) 뭐가 미안해 기지배… 나 희생한 거 아냐, 그냥 선택한 거야. 그게 더 맘이 편해서. 힘내서 살 명분이 필요해서. 나한테 너랑 재우는…
해이	(o.l) 알아. 다 아는데… 이제 그만. (미소로 보며) 이모 쌤 좋아하잖아. 쌤도 이모 많이 좋아해. 오늘 가게 건너편에서 한참 동안 이모 보다가 그냥 가셨어.
행선	!!
해이	그러니까 쌤 잡아. 나도 쌤 좋단 말이야.
행선	(본다. 눈빛 흔들리며 고민하는)

S#6. 거리 인서트 (D)

다다다다~ 소리를 내며 달리는 행선의 스쿠터.

차들 사이를 마구 가로지르며 달리는 모습 부감으로 타이틀 뜬다.

일타 스캔들 chapter 11. 우리 사랑의 관계함수

S#7.　국가대표 반찬가게 앞 (N)

어느새 해가 기운 저녁, 끼익~ 반찬가게 앞에 와 서는 치열의 차.

차에서 치열이 내려 국가대표 반찬가게로 서둘러 들어간다.

S#8.　국가대표 반찬가게 (N)

영주 반찬팩 대충 정리하고,

재우 따라붙으며 각 잡아 팩 다시 정렬하는데.

이때 치열 들어오는.

영주/재우	(치열 보고) 어머! / (동시에) 어, 치열이 형! (하는데)
치열	누난? (영주 보며) 어딨어요 남행선씨?
영주	아 행선이 아까 나갔는데. 핵인싸맨인지 똥싸맨인지 방송 보고 바로….
치열	(휴대폰 꺼내 전화 걸어보려는데)
재우	남행선 누나 폰 놓고 갔어요, 치열이 형. (하며 행선 폰 들어 보이는)
치열	하아…. (이 여자를 어디서 찾지? 초조한데)
영주	저기 최쌤. 저랑 잠깐 얘기 좀. (하곤 재우에게 자리 피해달라고 눈짓하는)
(컷)	영주와 치열 마주 앉아 있다. 치열 대충 얘기 들은 분위기.
영주	…그렇게 십몇 년을 해이 엄마로 산 거죠. 가끔은 참, 대단하다 싶기도 하고 뭘 저렇게 지 인생을 던져 희생하고 사나 친구로서 짜증도 났는데… 옆에서 보니까 참 서로가 서로를 의지하더라구요. 가족이

√ **107**

라고, 셋이 아주 똘똘 뭉쳐서.

치열   ……

영주   그래서 쌤한테 말하는 게 힘들었을 거예요. 중학교 때 엄청 상처받았었거든요 해이가.

치열   (행선의 살아온 삶을 생각하니 더 가슴이 아려온다…)

영주   최쌤. 우리 행선이… 진짜 좋은 애예요. 걔가 남자 땜에 우는 거, 찐친 입장에서 맹세하는데 진짜 첨이에요. 행선이 좀 잡아주세요. 에? (하면)

치열   (당장 행선을 보고 싶다. 대체 어디 있는 거야… 싶은데)

해이   (문 열고 들어오다 치열 본다. 놀라며) 쌤…. (왜 여기 있냐는 표정에)

(E) 치열 집 초인종 벨

S#9.   **치열 펜트하우스 앞 (N)**

경황없어 헬멧 쓴 채 현관 벨 누르는 행선. 반응 없자 다시 돌아서 가는.

S#10.   **치열 주상복합 단지 내/ 치열 차 안 (N)**

치열의 차, 단지 내로 들어서 주차장 쪽으로 가는데.
건물 입구에 스쿠터 세워져 있고, 행선이 그 옆 화단 턱에 헬멧 손에 든 채 무릎 세우고 앉아 있는 모습이 보인다.

치열   …!!!

S#11.   **치열 주상복합 건물 앞 (N)**

헬멧 만지작거리며 앉아 있는 행선,
밤기운에 한기가 드는 듯 몸 움츠리는데
어깨로 툭, 걸쳐지는 재킷. 보면 치열이다.

행선	(벌떡 일어나) 쌤⋯.
치열	⋯⋯.
행선	(이렇게 기다려놓고⋯ 막상 치열을 보니 무슨 말을 해야 할지 모르겠다. 횡설수설) 아니 난, 혹시라도 길이 엇갈릴까봐⋯ 아까 너무 정신이 읇어서 휴대폰을 가게에 놓구 왔거든요. 알잖아요 나 폰 잘 놓구 다니는 거⋯ 참 고칠라 그러는데 잘 안 되네 그게. 내 몸처럼 달고 다녀야 급할 때 연락이 되는데⋯ 태생이 덤벙인가봐요 난. 그러니까 내 말은⋯ 그래서 전화도 못하고, 근데 오늘 보긴 해야겠고 그래서⋯ (하는데)
치열	(행선을 확 껴안는다)
행선	(치열에게 안겨 놀란 표정⋯ 이내 감정이 밀려오고⋯)
치열	(안은 채) ⋯말하지 진작⋯ 뭔 벌을 이렇게 줘 사람을. 그런 줄도 모르고 맘 비워내느라 얼마나 힘들었는데⋯ 진작 좀 말하지 좀.
행선	⋯⋯. (치열의 마음이 그대로 느껴진다. 울컥한 채 미소 지으면)
치열	⋯⋯. (힘주어 더 꽉 행선 안는데)
행선	(찡그리곤) 근데 힘을 쫌만⋯ 헬멧이 껴서⋯. (보면 가슴팍에 헬멧이 껴 아픈)
치열	아⋯ 아아 쏘리. (놀라 얼른 떨어진다. 그러고 보니 본인도 아팠다⋯ 배 쓰다듬는)

S#12. 선재집 거실 (N)

식탁의자에 앉아 휴대폰으로 핵인싸맨 개인방송에 해이 나온 장면 보는 선재.
해이가 걱정된다. 휴대폰 꺼내 전화하려는데
이때, 현관문 열리는 소리와 함께 다급하게 선재모가 들어오는.

선재	엄마⋯. (일어서면)
선재모	(선재는 본체만체 희재 방으로 가 방문 열어본다. 희재 없는 거 확인하고 선

재 보며) 형은. 형 못 봤어? 너 올 때부터 없었던 거야? 그래?

선재   (어리둥절) 네, 없었어요….

선재모   하아. (휴대폰 꺼내 전화 거는데… 꺼져 있다. 신경질적으로 끊고, 위치추적
        앱을 본다. 전화기가 꺼져 있어 희재의 위치가 잡히지 않는다. 다시 신경질적
        으로 앱 끄면)

선재   (보다가) 무슨 일이에요 엄마…? 형은 왜….

선재모   (대답 없이 한숨 내쉬곤 선재 보며) 수학 수행평가… 잘 본 거야?

선재   형한테 무슨 일 있는 거죠. 뭔데요?

선재모   수행평가 잘 봤냐구.

선재   지금 수행평가가 중요한 게 아니잖아요. 제가 찾아볼게요 형. (나가려
        는데)

선재모   (선재 잡는다) 됐어, 별일 아냐. 넌 학원이나 가. (하곤 다시 휴대폰 들어
        전화 걸어본다. 역시 전원이 꺼져 있다. 불안한 듯 입술 깨무는)

S#13. 거리 (N)

전원이 꺼진 휴대폰 손에 쥔 채 뛰어가는 희재.
한 상가건물의 동물병원으로 다급하게 뛰어 들어가는.

S#14. 동물병원 (N)

수술대 위에 하얀 천으로 덮인 길고양이(꼬리 부분이 삐져나와 있는)
보이고.
아직도 숨이 찬 희재, 망연자실한 채 그 앞에 서 있다.

수의사   …지난번에도 말씀드렸지만 쇠구슬 맞고 떨어져 막 왔을 때 수술 통
        해서 폐출혈은 잡고 비장은 파열이 너무 심해서 적출을 했었거든요.
        그렇게 고비는 넘겼었는데, 지난주부터 SAA, 아 고양이 염증수치요.
        그게 다시 올라가더라구요. 그래도 잘 버티고 있었는데 갑자기 오늘

급성폐수종이 생기는 바람에⋯ (한숨 내쉬며) 저도 너무 안타깝습니다. 태어난 지 6개월도 채 안 된 거 같은데⋯.

희재   ⋯⋯.

수의사   (화 못 감추고) 대체 어떤 미친놈이 길고양이들한테 이런 짓을 하는지⋯.

희재   ⋯⋯.

수의사   속상해서 어뜩해요. 다 죽어가는 앨 이때껏 케어해주셨는데⋯.

희재   (떨리는 손으로 하얀 천 걷어보고 충격에 눈 질끈 감고)

S#15. 반려동물 장례식장 (N)

통유리 바깥쪽에서 막 화장하는 기계로 들어가는 고양이 관을 보는 희재.
화장기계에 빨간색 불이 들어온다.

희재   ⋯⋯. (불 속으로 들어가는 관을 보자니 슬프고 참담하다. 눈물 그렁그렁해지고)

S#16. 한강 변 (N)

나란히 주차되어 있는 치열 차와 행선 스쿠터 보이고.
카메라 팬하면, 치열과 행선 강변(치열이 행선 좋아한다 자각했던 곳)에 앉아 있다.

치열   (그때가 생각나 혼자 피식, 행선 보며) 진짜 내가 여기서 그때⋯ 와⋯.

행선   (보며) 왜요⋯?

치열   왜요? 차! 왜요래⋯ 여기 어딘지 몰라요?

행선   한강.

치열   아 그냥 한강? 서울 시민 다 알고 지나가는 개도 아는 한강? 이 한강이 그냥 그런 한강이라고? (하다) 그래 모를 수 있지. 모를 수 있어. 나만 애탔다 나만.

행선 　(그제야 눈치채고 배시시)

치열 　(힐끗 보고) 그러는 남행선씬… 큼. 언제부턴데 그럼. 나… 그런 거.

행선 　뭘 그런 거… (하다) 아… (알아듣고 피식) 글쎄요….

#. 회상 인서트

1부. 재우 폰 들고 뛰는 치열을 이 악물고 쫓아가는 행선.

행선(E) 　첨엔 뭐 저런 또라이가 다 있나 했다가…

#. 회상 인서트

3부. 학원 복도에서 도시락 싸온 행선 밀어내던 치열.

행선(E) 　또라인데 재수까지 없네… 사람이 왜 이렇게 차갑나… 그랬다가…

#. 회상 인서트

6부. 혼자 낚시하던 치열을 보는 행선 모습에.

행선(E) 　아, 차가운 사람이 아니라 추운 사람이구나… 했다가…

#. 회상 인서트

9부. 치열 차 안, 편의점에서 행선 먹을 거 사오던 치열.

행선(E) 　근데 어라, 이 사람 은근 따뜻하네. 이 온기는 뭐지…? 했다가…

다시 현실. 행선 다시 한강물 보며 고백하듯.

행선	…걱정했다가, 마음이 아팠다가, 원망스러웠다가, 애틋했다가… 그리곤 이러고 있네, 여기서. (웃곤) 쌤은요? 언제부터였는데요, 나 좋아한 거.
치열	아… 나는… (잠시 생각하다) 어쩌면 첨부터…?
행선	에이, 말두 안 돼. 추격전부터 해서 웬수로 만난 거나 다름없는데.
치열	그랬죠. 근데… 이상하게 거슬렸어 그쪽 보면서. 신경 쓰이고 답답하고. 화도 나고.
행선	(본다. 근데 첨부터 좋아했다고?)
치열	근데 그러더니… 인생이 좀 재밌어졌어요. 진짜 지루했었는데.
행선	에. 재밌어서 좋아했다구요?
치열	어. 왜요. 난 재밌는 여자 좋은데.
행선	아니 그럼 개그우먼을 만날 일이지… 어머, 재밌어서 좋아했대. 열일곱 살 때 운동 잘해 나 좋단 남자 이후로 두 번째 고백인데… 와 깬다 진짜.
치열	(자조적으로) 1조원의 남자라고 잘난 척했지만… 실은 사는 게 재미없었거든. 정신없이 일 끝나고 집에 와 누우면… 뭔가 굉장히 중요한 걸 잃어버리고 사는 기분이 들고… 잠도 안 오고…. (보며) 근데 찾아줬어요 남행선씨가. 내가 잃어버렸던 거. 어머니에 이어서 두 번째 은인이에요 나한테. 첫 번째 은인만큼 아주 귀한.
행선	어머. 무슨 말 달콤하게 하는 학원을 다니시나. 별꼴이야. (하면서도 기분 좋다)
치열	(그런 행선 손을 쓱 잡는다)
행선	(가만히… 이내 잡은 손에 저도 힘을 준다)
치열	(그렇게 손 맞잡은 채 먼 강물 보며 행복한)

S#17. 선재집 거실 (N)

거실로 들어서는 희재.

소파에 앉아 기다리던 선재모, 희재를 본다.

선재모   (날카롭게) 어디 갔다 오는 거야 너.

희재   (초점 없는 눈으로 선재모를 한 번 보곤, 대답 없이 방으로 들어가려는)

선재모   거기 서! (벌떡 일어서는)

희재   (멈칫하면)

선재모   (다가와) 너 9월 28일 밤에 새암 아파트, 거기 왜 간 거야?

희재   ! (본다. 그걸 어떻게?)

선재모   어물쩍 넘어갈 생각하지 마. (휴대폰 들어 앱 보여주는)

희재   (본다) !! (하다하다 이제 위치추적 앱까지… 경악한 표정으로 선재모 보면)

선재모   사람이 죽었어. 경찰들이 사건을 캐고 있다고, 범인 잡으려고. 말해 봐. 왜 하필 그때… 니가 거기 있었는지. 내가 알아야 뭐든 할 거 아냐?!

희재   (엄만 날 의심하는구나… 원망하는 표정으로 보는)

선재모   희재야!! (하는데)

희재   (무시하고 방으로 들어가 문 쾅! 닫는)

선재모   (바로 문 열어보지만 잠긴. 문 두드리며) 거긴 왜 갔냐구 이희재! 대체 무슨 짓을 하고 다니는 거야 너~?!! (방문 마구 두드리다 힘 빠지는… 미끄러지듯 주저앉아 간헐적으로 문 두드리며) 대체 왜… 왜 이러는 거야 나한테… 왜…. (흐느끼는)

S#18. 선재집 희재방 (N)

방문 앞에 선 희재.
고양이의 죽음과 어머니에 대한 원망, 배신감에 가슴이 아프다.
주머니에서 휴대폰을 꺼내 폰을 초기화해버리고 침대에 눕는 희재.
몸을 벽 쪽으로 돌린다. 이내 어깨 들썩이며 흐느끼는.

나란히 국가대표 반찬가게 앞에 와 서는 치열의 차와 행선의 스쿠터.
치열 차에서 내리고, 행선도 스쿠터에서 내려 헬멧 벗는.

행선   (괜히 몸이 꼬이는) 어차피 따로 올 걸 뭐하러 같이 와요. 그냥 가지.

치열   그래도. 밤길이잖아요.

행선   (또 좋다. 배시시) 가요….

치열   응 들어가요….

행선   (손 휘이 저으며) 가요. 난 집 앞이잖아.

치열   오케이. 그럼 가요. (손 들어 보이곤 차에 다시 올라탄다)

행선   (수줍게 손 흔들어 보이는데)

치열   (차창 내리고 손 내민다)

행선   (머쓱하게 손 잡아주곤, 얼른 가라는 듯 손 휘이 저으면)

치열   (차창 올리고 출발해 가는)

행선   (다시 손 흔들곤 차 멀어져가자 돌아서다) !! (멈칫하는) 아 깜짝야… 냇장.

가게 안쪽, 통창 유리에 나란히 붙어 이 광경 구경하던 영주, 재우,
해이.
히죽 웃으며, 놀리듯 손잡고 흔드는 행선 흉내 내는.

행선, 빈 도시락통 정리하고 영수증 챙기고 들어갈 준비하는데.
그런 행선 졸졸 따라다니며 질문 퍼붓는 세 사람.

영주   …그래서, 그래서 어쩌기로 했는데? 둘이 사귀기로 한 거야? 어? 어?

행선   (쑥스) 아 몰라. 뭐가 그렇게 궁금한데.

영주   야 궁금하지 그럼. 이대로 들어가면 나 잠 못 자거든? 어쩌기로 했

	는데. 사귀자까지 간 거야? 사귀자 하고 막 손잡고? 막 포옹하고? 아
	님… 바로…?
행선	야, 애들 있는데 진짜. (눈으로 욕하는)
재우	나도 궁금해. 영주 누나가 치열이 형이 매형이 될지도 모른다는데,
	진짜야?
해이	건 좀 앞서간 거 같은데… 나도 궁금은 하다. 어쩌기로 했어… 둘이?
행선	아 너까지 왜 그래. 나도 개인적인 후라이버시가 있거등?
해이	후라이버시가 아니라 프라이버시 엄마.
재우	(얼른) 후라이는 계란.
행선	아 애니웨이. 니들 올라가 빨리. 해산해산. (하고 주방으로 내빼듯 들어
	가면)
영주	(따라 들어가며) 야 일단 사귀기론 한 거지? 그치?
재우	(따라 들어가며) 그럼 난 치열이 형이라고 불러 매형이라고 불러?
해이	(따라 들어가며) 넘 앞서가지 마 삼촌.
행선(E)	아 쪼옴~!!

쫓겨 나오는 영주, 재우, 해이.

영주	(다시 들어가며) 결혼은 언제 할 건데?
재우	(다시 들어가며) 남행선 누나 결혼하면 같이 살아 우리?
해이	(다시 들어가며) 그럼 난 독립할래. (다시 떠밀려 나오며 장난치길 반복
	하는)

S#21. 치열 펜트하우스 거실/ 행선집 행선방 (N)

집으로 들어서는 치열, 소파에 털썩 앉는다.

긴 하루였고… 특별한 하루였다.

행선 생각하며 미소 짓는데 징~ 문자벨 울리고.

치열 폰 꺼내 확인하면 행선에게 온 문자다. "잘 들어갔어요?"

치열   (피식, 웃고 답장 친다. "잘 들어왔어요." 보내면…)

이내 울리는 문자벨. "잘 자요. 내일도 파이팅" "커피는 좀 줄이고"
치열 답장 치려는데 또 징~ 벨 울리고. 보면 귀여운 굿나잇 이모티콘
이다.

치열   아… 진짜 안 어울려. (하면서도 좋아죽는. 저도 보내보려고 이모티콘 찾
아보는데 너무 많다) 아 뭐가 이렇게 많아. 싹 다 사버릴까? 음…. (심각
하게 고민하는)

#. 행선집 행선방
답 기다리는 행선.
징~ 문자벨 울려 보면, 치열답지 않은 애교스런 이모티콘.

행선   어머, 이게 뭐야. 왜 이래 진짜~~ (역시 좋아죽는다. 폰 안고 데굴데굴 구
르며 재밌어하는)

S#22. **다음 날/ 국가대표 반찬가게 건물 외경 (D)**
해이(E)   엄마, 나 학교 가~~

S#23. **행선집 현관 앞 (D)**
교복 입은 해이 나오는데 뒤따라 나오는 행선.

행선   야야, 해이야 이거. (이만 원 주며) 까먹으면 달라고 좀 해, 이틀이나
지났구만.

해이	남았어 지난주 꺼.
행선	고깟 게 남을 게 어딨니? 팍팍 좀 써라 짠순아. 애들한테도 좀 쏘고.
해이	알았어 땡큐. (받고) 갈게. (가려는데)
행선	해이야.
해이	응? (보면)
행선	(걱정스럽게 보며) 괜찮겠어? 니네 학교 애들도 봤을 거 아냐 어제… 그거.
해이	(순간 표정 굳었다 이내 웃으며) 괜찮아. 신경 끌 거야.
행선	그게 쉽니…? (예전에도 그 문제 때문에 전학까지 한 건데…)
해이	아 괜찮아 진짜. 그땐 어렸구 지금은 컸잖아 더. 어떤 책에서 봤는데… 개인이 가진 내적 트라우마는 마흔 살 전에 극복이 돼야 된대. 그래야 성숙한 인간이래. 난 한 이십 년 확 끌어올려서 올해 졸업할 거야. (웃으며) 진짜 간다. 안녕. (내려가는)
행선	(그런 해이가 대견스럽기도 하고 걱정되기도 한다. 보는)

S#24. **우림고 교문 앞 (D)**

교문 앞에 선 해이.
행선에겐 큰소리쳤지만 막상 들어가려니 긴장된다.
후우… 심호흡하고 결심이 선 듯 용기 내 애써 더 씩씩하게 들어가보는.

S#25. **우림고 복도 (D)**

해이 복도로 걸어가는데
삼삼오오 복도에 서 있던 학생들, 해이 힐끗거리며 수군거린다.
"뭐야, 그럼 이몬데 엄마라고 뺑친 거야?" "헐. 구라쟁이네." "가식 쩐다. 그럼 쟨 고아냐?" 예전에 들었던 말들이 환청처럼 들리는 듯하고….

해이, 교실 문 앞쪽에 멈칫 선 채 들어가지도 못하고 움츠러들어 있는데.

단지(E)	해이야~~
해이	(뒤돌아보면)
단지	(뛰어와) 야 너 어제 완전 대박 멋있었어. 진짜 대단해 너. 와 진짜 리스펙.
해이	(단지 말에 울컥해) 단지야… 미안. 너한텐 진짜 말하고 싶었는데.
단지	아 됐어. 나 같애두 못해. (하곤) 니 탓두 아니잖아 솔직히, 어른들 탓이지.
해이	(이해해주는 단짝이 있어 너무 다행이다. 안심과 함께 미소 도는데)

이때, 교실 문 열리고 나오던 건후. 해이 보더니

건후	헤이, 남해이. 너 화면 잘 받드라? (어깨 토닥 치고 화장실 쪽으로 가고)
선재	(뒤이어 나오다 해이 보곤, 미소와 함께 엄지척 해주며 어깨 토닥 치고 가는)
해이	(용기 얻고 교실 문 확 열면)
학생들	(해이 보곤 박수와 함께) 와 남스타~ / 반장 어제 멋있었어~ / 짱, 짱!! (환영해주는)
해이	(감동해 반 친구들 보다가 쑥스럽게 브이 해 보이고)

S#26. 우림고 교무실 (D)

교무실로 들어서는 종렬, 휴대폰 들여다보고 있다.

#. 기사 인서트

'불륜일타에서 로맨티스트 된 일타강사 최치열, 벼랑 끝에서 날다'
제목의 치열 기사.

종렬   (피식, 자리에 앉으며 휴대폰 열어 문자치는)

        동희와 함께 연구소 쪽으로 걸어가는 치열.
        징~ 문자벨 울리자 폰 확인하는.

        #. 문자 인서트
        "벼랑 끝 꽃길 축하 – 종렬"

치열   (피식) 얜 안 하던 짓을. (그래도 친구로부터 응원문자를 받으니 기분은
        좋다)
동희   (쫓아가며) 새벽부터 제 휴대폰에 불이 났습니다. 각종 언론 인터뷰
        요청에 방송출연 요청까지. 핵인싸맨 방송이 핫한 건 맞나봐요.
치열   여론이란 게 참…. (어이없는)
동희   각종 커뮤에서도 쌤한테 희대의 로맨티스트라고…
치열   (o.l) 로맨티스트는 냉장, 집어치라 그래. 언젠 불륜일타래더니. (들어
        가는)
동희   (머쓱해 따라 들어가고)

        치열과 동희 들어오면, 효원과 나갔던 조교들 앉아 있다 벌떡 일어
        난다.
        치열, 조교들 보고 멈칫하면.

효원/조교들 (면목 없는 표정으로) 쌔엠….
치열   (보며) 잘 쉬었나보네. 아주 얼굴들이 폈다?
효원   (치열 앞에 무릎 꿇으며) 쌤. 저희가 잘못했어요.

조교들	(당황한 듯 같이 무릎 꿇으며 합창하는) 잘못했습니다.
치열	아 왜 이래. 당황스럽게.
효원	저희가 경솔했어요. 제가 쌤을 너무 리스펙해서, 그래서 너무 실망을 해가지구… 쌤이 그럴 분이 아니신 거 누구보다 잘 알면서… 죄송해요 쌤. 한 번만 더 기회 주시면 진짜 목숨 바쳐 충성할게요. 저희 좀 다시 받아주세요, 에?
치열	아 불편해 일어나. 이깟 일에 뭔 목숨을 바치고 무릎을 바치고 참.
효원/조교들	(일어나고) / (따라 일어나면)
치열	실망시켜서 미안하다 나도. 다시 잘해보자. 효원아. (어깨 툭툭 쳐주고 들어가는)
효원	(멍) 방금… 쌤 효원이라 그런 거 맞지? (울컥) 효원이라 그랬어. 효원이라 그랬다구.
조교들	(사무실 향해 합창하는) 감사합니다 쌤~ 열심히 하겠습다~
동희	(흐뭇하게 보고 따라 들어가는)

S#29. 치열 연구소 내 사무실 (D)

치열과 동희 들어오는데
테이블 위에 꽃바구니와 과일바구니가 여러 개 올려져 있다.

치열	뭐야 이건 또.
동희	아. 이건 트리플탑 학원 원장님이 보내신 거고, 이건 어썸베스트 학원 쪽에서 보낸 겁니다. 꽃은 협회 쪽에서 보낸 거구요, 토크 콘서트 인사 겸 뭐.
치열	챠. 꽃 같은 건 왜 주나 몰라. 먹지도 못하는 예쁜 쓰레기. (하다 뭔가 생각난 듯) 아, 아니다. 거기 둬봐.
동희	예. 그리고 트리플탑 학원 쪽에서 계속 미팅 제안 오는데, 어떻게 자릴 잡을까요? 제가 보기엔 어썸베스트보단 트리플탑 쪽이 조건도 좋

√ **121**

고 더 맞을 거 같은데.

치열   그래, 그럼 잡아보든지. (하는데)

이때 똑똑, 노크 소리 들리는.

동희   어 들어와. (하는데)

원장   (문 빼꼼 열고 얼굴 들이민다) 최 선생… 나 왔어….

동희/치열   (놀라고) / (뜻밖의 등장에 떨떠름한 표정에)

(컷)   뻘쭘한 분위기로 마주 앉아 있는 치열과 원장.

원장   (치열 힐끗 보곤) 거두절미하고, 솔직하게 말할게 내가. 최 선생. 다시 우리 더프라이드로 컴백 좀 해주라. 응?

치열   왜요?

원장   왜라니, 최 선생이 너무 필요하니까. 너무 간절하니까 그러지 이 사람아.

치열   아니, 이해가 안 돼서 그래요. 스카웃해온 송준호도 있고 진이상 선생도 있는데. 수학 강사가 왜 셋이나 필요한지.

원장   그게… 송준호가 퍼펙트엠하고 해결이 다 된 줄 알았는데, 위약금을 더 내놓으라고 내용증명을 보냈나 보드라고. 소송까지 가면 골치 아플 거 뻔하고, 우리 쪽에서 돈을 더 쓰는 것도 무리고. 그리고 진이상 선생은… (하고 주저하는)

치열   ? (보면)

원장   (목소리 줄이며) 이건 진짜 기밀사항인데… 실은… 진이상 선생이… (하다 눈 질끈 감으며) 아 왜 자꾸 이런 일이 생기는 건지 참….

치열   무슨 일… 있어요? 진이상 선생?

원장   (은밀하게) 진이상 선생이… 죽었어. 타살인 거 같대 경찰에선.

| 치열 | !!! (놀라 눈 똥그래지는) |

S#30. 경찰서 형사과 (D)

바쁘게 돌아가는 사무실. 송 형사, 답답한 듯 일어나 근처 형사들에게.

송형사	야 도겸아, 기지국서 받은 번호선 특이사항 없어?
형사1	(번호목록 검토하며) 아파트 단지라 잡힌 번호가 너무 많아요. 우선, 주민들 번호부터 따로 추리고 있습니다.
송형사	(답답한, 다른 형사에게) 피해자 휴대폰이랑 컴퓨터, 포렌식 결관?
형사2	아직요. 비번이 쉽게 안 풀리나봐요.
송형사	더 좨. 과수사에 니 동기 있잖아. 동기찬스 좀 써봐라 좀.
형사2	많이 바쁘…(눈치 보여)겠지만, 일단 전환 해볼게요. (시선 피하는)
송형사	아 답답하네. DNA도 안 나와 지문도 없어, 새끼, 미친놈치곤 빈틈이 없어. (하는데)
배형사	(프린트 여러 장 들고 달려와) 선배!! 이거 봐요! (송 형사 앞에 프린트 늘어놓는)
송형사	(보면, CCTV에 찍힌 검은 후드 쓴 희재 뒷모습, 위에서 찍힌 모습 등등이다)
배형사	(상기된) 그놈 맞죠? 검은 후드티!
송형사	(맞다) 어디… 피해자 아파트 CCTV에 잡힌 거야?
배형사	네, 근데 아쉽게… 앞모습이 없어요. 이놈 얼굴만 드러나면 뭐 좀 풀릴 것도 같은데.
송형사	(맞는 말이다) 그 시간대 주차차량 블랙박스 확보해서 살살이 찾아봐.
배형사	넵! (서둘러 가고)
송형사	(CCTV 사진을 현황 칠판에 붙인다. 칠판에 붙은 희재 모습 줌인되며)

S#31. 로펌 내 (D)

들어오며 통화 중인 선재모.

선재모	네, 그럼 ESTA 허가증은 언제 나와요? 3, 4일이요? 알겠어요. 그럼 나오자마자 가장 빠른 비행기로 예약해줘요. 네, 이희재요. 네 연락 주세요. (끊으면)
비서	(일어나 선재모 보며) 변호사님, 두 시에 접견 있는 거 아시죠?
선재모	알아요. (제 사무실로 가려다) 아, 올해 내가 쓸 수 있는 휴가가 며칠이죠? (묻는)

S#32. 브런치 카페 (D)

수아모와 단지모, 올케어 엄마들 커피 마시며 회의 중인.

엄마1	아까 정 실장한테 들었는데, 송준호가 퍼펙트엠이랑 정리가 덜 된 거 같던데. 내용증명 날아오구 아주 난리도 아닌가 보드라구요?
엄마2	정리가 돼도 문제예요. 우리 호성인 송준호 수업 맘에 안 든다구, 수업 방식도 그렇고 레벨도 그렇고⋯ 걘 올케어 같은 상위 클래스 맡을 수준은 아닌가봐 아직.
수아모	아니 수아도 징징대긴 하던데⋯ 그럼 어뜩해. 대안 있어요?
엄마1	실은 원장이 최치열 다시 데려오려고 물밑 작업 중이래요. 만약에 그렇게 되면, 우리 올케어도 최치열이 다시 오는 게 젤 이상적인 거 아닌가? 스캔들 오해도 풀렸고.
수아모	(지은 죄도 있고 불편) 큼. 뭐 최치열이 오겠어요 다시?
엄마2	모르죠. 원장이 또 울고불고 매달리면.
단지모	(케이크 먹으며) 근데 더프라이드에 와도 올케어는 안 할 거 같은데. 아니 그렇잖아요. 자기가 누구 땜에 스캔들에 휘말렸는데. 최치열이 보살두 아니구. 아우, 나라도 안 오겠다. 올케어라면 아주 징글징글 할 거 같애.
수아모	(째려본다. 안 그래도 뻘쭘한데⋯ 얜 대체 적이야 동지야?)
엄마1	저기⋯ 수아 엄마. 수아 엄마가 해이 엄마한테 사꽐 하면 어때요? 사

과할 건 하고, 최치열이 더프라이드 다시 오면 우리 올케어 잘 좀 봐 달라고…

수아모 (발끈/o.l) 미쳤어요? 아니 그 여자한테 내가 왜 사과를 해? 결과적으로 둘이 부적절한 관계는 아니었지만, 그런 오해를 하게 만들었잖아요. 그리구 해이 엄마도 그래. 그럼 그렇다고, 자긴 이모고 미혼이라고 톡 까놓던지 사람이 어쩜 그렇게 응큼해.

단지모 아니 나도 건 좀 놀라긴 했는데… 근데 우리한테 피해 준 건 없잖아? 사연 들어보니까 해이도 짠하고 해이 엄마, 아니 해이 이모도 진짜 대단하다 싶두만.

수아모 (뭐? 다시 째리면)

단지모 걍 언니가 사과해요. 나도 그 집 반찬 좀 다시 사먹게. 괜히 불편해서 마트 반찬가게 가는데 간이 너무 쎄. 우리 단지가 밥을 한 그릇밖에 안 먹는다니까 요새?

수아모 아 시끄럽고. 최치열 문젠 내가 원장한테 오면 올케어에 붙여달라고 압력 넣을 테니까. (가방 들며) 밥이나 먹으러 가요. 떠들었더니 배고프다, 내가 쏠게.

엄마1/2 (싫다) 아… 난 아침을 좀 많이 먹어서. / 나도 약속 있는데.

단지모 (눈치채고) 그럼 밥은 담에 먹고. 나도 어디 좀 들렀다 가야겠다. 흐흥.

S#33. 국가대표 반찬가게 (D)

예전보다 더 늘어난 손님들로 문전성시를 이루는 가게 안.
행선과 영주 손님 상대하고, 재우 계산하느라 정신없다.

손님1 (반찬팩 내밀며) 저 이거랑, 비지찌개 하나요.

영주 네, 비지찌개요. (보다가) 아 담아놓은 게 떨어졌네. 잠깐만요. (주방으로 가고)

손님2 저는 이거 세 개요. (반찬팩 내밀면)

√ **125**

행선	네. 삼색나물 하나, 계란말이 하나, 오징어채 하나요. (비닐에 넣는)
재우	삼색 하나, 계란말이 하나, 오징어채 하나. 만오천 원이요.
손님2	(갸륵하단 표정으로 행선 보며) 근데 어떻게 조카를 딸로 키울 생각을 다 했어요. 얘기 듣고 진짜 놀랐어요. 정말 대단해요 사장님.
행선	아우, 아니에요. 대단한 거 아니에요 진짜.
손님1	(거든다) 대단하지 왜 안 대단해 요즘 세상에. 것두 모르구 사람들이 불륜녀네 뭐네 누명을 씌웠으니 얼마나 억울했어 그래.
행선	네 뭐, 인생이 그런 거죠. 억울할 때도 있고 행복할 때도 있고. (웃는데)

이때 문 열리고, 단지모와 엄마1, 2가 쭈뼛쭈뼛 들어온다.

행선	(보고) 아 어서 오세요 단지 엄마. (엄마들 보며) 안녕들 하셨어요?
단지모	(면목 없는) 어… 너무 오랜만이지 해이 엄마.
엄마1/2	(멋쩍은 표정으로 고개 인사하는)

S#34. 국가대표 반찬가게 주방 (D)

주방 한켠, 간이의자에 앉아 있는 단지모와 엄마1, 2.
행선, 쟁반에 커피잔 세 개 올려와 내밀며 간이의자에 앉는.

행선	죄송해요. 얘기할 만한 데가 여기밖에 없어서.
엄마1/2	아니에요. 바쁜데 우리가 미안하지. / 잘 마실게요 커피. (인사하는)
행선	(보며) 근데 하실 말씀이….
단지모	아니 실은, 나도 그렇고 여기 올케어 엄마들도 그렇고 해이 엄마한테 사괄 해야 될 거 같아서. 까놓고 얘기해서, 맞아. 나도 거들었어 저번 그… 스캔들. 그땐 진짜 너무 오해를 해가지고 내가, 단지랑 해이 사이를 봐서라도 그러면 안 되는 거였는데. 미안해요 해이 엄마. 잘 알지도 못하면서 나서서.

엄마1/2	저희도 미안해요. / 맘 많이 상했죠? 화 풀어요.
행선	됐어요. 다 지나간 일이고, 오해할 만한 상황이기도 했고. 저 단순해서 금방 잊어버려요. 그러니까 계속 단골 해주세요. 그거면 돼요.
엄마1, 2/단지모	그럼요. / 그럴게요. / 당연하지 그건.
엄마1	저기 그리고… (눈치 보다) 치열 쌤 더프라이드로 올지도 모른다는데… 쌤한테 올케어반 얘기 좀 잘 해주면 안 될까? 애들이 치열 쌤을 너무 간절하게 바래서. 응?
행선	(당황하는) 아… 글쎄요, 제가 뭐라고…. (더운 듯 손부채질하면)
엄마2	어머, 더워요? 이렇게 해봐요. (빈 도시락통 집어 부채질해주고)
단지모	아우 걸론 안 되지. (큰 쟁반 집어 부채질 경쟁하는)

S#35. 치열 연구소 내 사무실 (D)

창가에 서 있는 치열. 진이상 소식으로 마음이 무겁다.
동희 다가와 아이스 아메리카노 내밀면.

치열	(받다가) 아 아냐. 나 그냥 물 마실게. (책상 위에 커피 놓고 생수통 드는)
동희	(왜? 하는 표정으로 보면)
치열	아니 그냥. 커피 좀 줄일려구. 남행선씨가 줄여보래 넘 많이 마신다구.
동희	아. (기분 별로인)
치열	(눈치 못 챈 채) 진이상 선생 일… 알고 있었어?
동희	아뇨. 원장님이랑 부원장님만 알고 쉬쉬했나 보더라구요. 이영민 건도 있고 진쌤 일까지 알려지면 이미지 타격이 너무 커지니까. (말하곤 책상 위에 버려지듯 덩그러니 있는 아이스 아메리카노를 본다)
치열	왜 자꾸 이런 일이 참….
동희	그러게요. 진짜 마음이 무겁네요. (계속 본다. 눈빛이 씁쓸하다)
치열	애들은 또 어쩌냐. 중간고사가 코앞인데 수학 과목이 둘 다 벼서.
동희	(아메리카노 다시 들고) 어떻게든 대탈 구하시겠죠 원장님이. 참, 트리

플탑이랑 월요일에 미팅 잡았어요. 두 시, 제럴드 호텔. 괜찮으시죠?
(하곤 돌아서 나가는)

S#36. 선재집 희재방 (D)

선잠에서 깬 희재, 일어나 앉아 창 쪽을 본다.

아직 낮이구나… 비몽사몽인 채 화장실 가려고 일어나 문 열고 나가는.

S#37. 선재집 거실 (D)

희재 방에서 나오다 놀란 듯 멈칫, 멈춰 선다.

식탁 앞에 선재모가 노트북 올려놓고 문서를 치다가 기척에 희재 보는.

선재모	(별일 아니란 듯) 며칠 휴가 냈어. 집에서 일할 거야. 그러니까 나갈 생각하지 마. 그리고… 서류 신청해놨으니까 나오는 대로 미국 현주 이모네 가 있어.
희재	(또 이런 식이다. 일방적으로 결론 내고, 계획하고… 반감에 쏘아보면)
선재모	이게 내가 널 위해 할 수 있는 최선이란 것만 알아. (다시 키보드 치는)
희재	(그런 선재모 보다가 다시 방으로 들어가 문 쾅 닫아버린다)
선재모	(멈추고 선재 방 쪽 보고 한숨 내쉬는)

S#38. 밤 거리 인서트 (N)

S#39. 치열 차 안 (N)

운전해 가는 치열. 보조석엔 아까 받았던 꽃바구니 놓여 있고.

신호에 잠시 서는데, 더프라이드 학원 앞이다.

학원 간판을 가만히 보는 치열, 치열했던 몇 년간의 시간이 주마등처럼 지나가는.

#. 회상 1 - 더프라이드 학원 원장실

어리둥절한 표정의 치열과 손 맞잡은 더프라이드 학원 원장.

치열   (표정 상기된 채) 진짜요? 진짜 이 조건에 절, 계약하시겠다구요?

원장   어 나도 손 떨려. 근데, 최치열 가능성 보고 일타 한번 만들어보겠다고. 나 당신한테 더프라이드의 미래를 건 거예요. 알지? (하며 웃던)

#. 회상 2 - 더프라이드 학원 소강의실/대강의실

소수의 학생 앉혀놓고 열강하는 치열.

(diss)   세 배가 넘는 학생들 앉아서 치열 강의 듣고.

(diss)   급기야 대강의실. 꽉 찬 학생들 앞에서 열정적으로 강의하던 치열 모습에.

다시 차 안.
복잡한 감정으로 학원을 보고 있던 치열, 신호 떨어지자 다시 출발해 가는.

S#40.   **국가대표 반찬가게 앞 (N)**

국가대표 반찬가게 셔터 내려져 있고. 그 앞에 와 서는 치열의 차.
차에서 내린 치열, 뒷좌석 문 열고 아까 받은 꽃바구니를 꺼낸다.
어색하게 꽃바구니 들곤, 주위 의식 않고 당당하게 어깨 펴고 입구로 들어가는.
(E) 행선 집 초인종 소리

S#41.   **행선집 주방 (N)**

도시락 박스 옆에 놓고 바쁘게 버터에 전복을 볶는 행선.

식탁 위에는 치열이 들고 온 꽃바구니 놓여 있고.

행선, 전복 볶다 말고 식탁 쪽으로 몸 돌려 꽃바구니에 코를 갖다 댄다.

흡~ 꽃향기를 만끽하며 만족스러운 미소 짓곤 얼른 다시 부지런히
전복 볶는.

S#42. 행선집 해이방 (N)

오랜만에 다시 만나 수업 중인 치열과 해이. 감회가 새롭다.

치열   (해이 풀이한 거 보고) 오케이. 실력이 줄진 않았네. 열심히 했나본데
       혼자?

해이   반복해서 풀었어요. 그거밖에 할 수 있는 게 없어서.

치열   잘했어. 반복학습만큼 확실한 공부 방법은 없어. (하곤) 다른 과목은
       어때?

해이   국어 영언 괜찮은데 생명과학이 좀.

치열   생명과학 어렵지. 올케어 수업 들었으면 도움이 꽤 됐을 텐데.

해이   할 수 없죠 뭐. 인강 위주로 다시 들어볼려구요.

치열   (끄덕끄덕하곤, 해이 보며) 넌. 괜찮아…?

해이   괜찮아요. 털어놓고 나니까 넘 별거 아니어서… 좀 무안할 지경이에
       요. 진작 말할걸.

치열   니 마음이 가벼워졌으면 됐어. (하곤 해이 머리 쓰담쓰담 해주는)

S#43. 행선집 거실 (N)

치열, 수업 끝나고 해이와 방에서 나오는.

재우   (소파에 앉아 있다가 발딱 일어나며) 어 치열이 매형, 수고했어요.

치열   아… 매… 매형…? (당황한 표정 지으면)

해이   (무안해 눈치 보며) 아직 아니라니까 삼촌. 앞서가지 마.

재우	왜, 영주 누나가 그렇게 될 가능성 엄청 크댔는데. 그렇게 부름 안 돼 요 치열이 매형?
치열	아… 난 뭐 상관없는데… 오케이, 그래. 그렇게 불러.
재우	거봐. 치열이 매형도 좋대잖아. (해이한테 으쓱한 표정 짓는)
해이	(어이없어 웃는데)
행선	(주방에서 오며) 끝났어요? 여기 도시락. (도시락이랑 보온병 주며) 요건 모과찬데 기관지에 좋아요. 커피 대신 드시라고.
해이/재우	올~ (행선 보면)
행선	(당황) 야 뭐어. 니들한테도 끓여주잖아.
해이/재우	누가 뭐래? / 우리 암말도 안 했는데. (행선 놀리는)
치열	(피식, 웃곤) 근데 이 도시락 꼭… 집에 가서 먹어야 되나?
행선	에?
치열	아니 식으면 또 데워야 되니까. (행선 보며) 먹고 갔으면 좋겠는데, 여 기서.

S#44. 행선집 주방 (N)

식탁에 앉아 도시락 펼쳐놓고 먹는 치열. 행선 마주 앉아 먹는 거 봐 주는.

행선	(나물 반찬 밀어주며) 골고루 좀 먹어요. 입에 맞는 것만 먹지 말고 좀.
치열	(미소로) 더 해봐요.
행선	뭐를?
치열	잔소리. 밥 먹으면서 잔소리 들으니까 좋네. 태블릿 보면서 혼자만 먹다가.
행선	(살짝 짠해져) 별게 다 좋대 진짜.
치열	아님 한 입, 먹여줘 보던지.
행선	(해이 재우 쪽 의식하며) 어머, 어머 왜 이래. 미쳤어 진짜. (치열 등짝 때

리면)

치열   (아프다) 아 거, 핸드볼 선수 출신이면 손 쓰는 걸 자중해야지, 아….

행선   그르니까 손 안 나가게 해줘요 좀. 제발. (하곤 다른 반찬 또 쓱 미는)

치열   (피식, 기분 좋다. 골고루 먹는)

행선   그래서, 학원은요? 정했어요 얼루 갈지?

치열   (물 한 모금 마시곤 진지하게) 고민 중이에요, 몇 군데 콜이 와서. 닐 젤 조건 좋은 데 미팅 약속도 돼 있고. 근데 맘이 좀 편치가 않네. 아까 더프라이드 원장님 다녀갔는데 다시 와달라고… 내칠 땐 참 인정사 정없더니. 근데 생각해보면 또 나 땜에 피해 본 것도 없지 않아 있고, 그동안 내 비위 맞추느라 애써준 것도 있고, 나 첨 알아봐준 인간이 기도 하고. 또 가르치던 애들이 맘에 걸리기도 하고.

행선   (그런 치열 보다가) 답 나온 거 같은데요 뭐 벌써.

치열   ? (보면)

행선   그렇게 여러 가지가 맘에 걸리는데 어떻게 딴 델 가. 한 번 정도 기획 더 줘도 괜찮다고 봐요 난. 그래도 또 같은 상황이 반복되면, 그땐 얄 짤없이 짤라내도 맘 편할걸? 운동경기도 봐요, 옐로카드로 경고 주 고, 그리고 레드 때리잖아요. 쌤 말대로 그 정도 아량은 베풀어도 될 사이라고 하니까.

치열   음… 옐로카드. (행선 말 곱씹는데)

행선   올케어 엄마들이 말 잘 해달래서 되려 아는 체 안 할라 그랬는데. 근 데 쌤 돈 많이 받고 옮겨도 맘 불편할 게 보여요. 그냥 더프라이드 가 요. 그래야 맘 편해.

치열   (행선의 말이 맞다. 젓가락 든 채 곰곰이 제 마음 들여다보는)

S#45.   호텔 외경 (D)

S#46.   호텔 미팅 룸 (D)

트리플탑 학원 원장 먼저 와 앉아 있고, 동희 들어와서.

동희	곧 도착하실 겁니다. 선생님이 댁에서 바로 오시겠다고 해서.
원장	아 신경 쓰지 마요. 내가 좀 일찍 왔어 맘이 급해서.
동희	네.
원장	유명하던데 우리 실장님도. 최 선생이 유일하게 믿는 존재라고. (보며) 잘 좀 부탁합니다. 나 이거 성사 안 되면 진짜 클나. 딜 하던 거 다 캔슬하고 나온 자리야.
동희	네, 걱정 마세요. 미팅 잡으란 건 맘 정하셨단 얘기예요. (웃는데)

이때, 똑똑 노크 소리와 함께 문 열리며 치열 들어오는.

원장	(일어서며) 아이고 최치열 선생. 어서 오십시오. (손 내미는)
치열	(잡으며) 늦은 거 같진 않은데… 일찍 오셨나봐요.
원장	예. 제가 최 선생 만날 생각에 설레서 서둘렀습니다. 앉으세요 앉아요. (하는데)
치열	(선 채 원장 보며) 아뇨. 인사만 드리고 가려고 나왔습니다.
원장	예? (치열 보고)
동희	? (무슨 소린가? 치열 보는)
치열	거취에 대한 다른 결심이 서서요. 그래도 얼굴은 뵙고 말씀드리는 게 예의일 거 같아서. 죄송합니다. 바쁘실 텐데 시간 허비하시게 해서.
원장/동희	(당황) 아니 그게 무슨…. / 선생님. (하는데)
치열	건승하십쇼. 그럼. (깍듯하게 인사하고 나가는)
원장/동희	저기 최 선생! 최철 선생!! / (당황한 표정으로 서둘러 쫓아나가는)

S#47. 호텔 로비 (D)

치열 나오고, 동희 쫓아 나오는.

동희	거취에 대한 다른 결심이 서다뇨. 무슨 얘기세요?
치열	말 그대로야. 밤새 고민했는데… (보며) 그냥 더프라이드에 복귀하려고.
동희	(당황) 아니 왜… 더프라이드는 결정적인 순간에 선생님께 등을 돌렸어요. 왜 굳이 거기로… 트리플탑이 맘에 안 드세요? 조건은 얼마든지 협의 가능하다고… (하는데)
치열	(멈춰 서 보며/o.l) 그게 편할 거 같아, 내 맘이.
동희	(멈춰 서서 보면)
치열	한 번 실수에 내치기엔 그동안의 세월도 있고. 옐로카드 한 번은 주고 레드카들 내밀어야 후회도 없을 거 같아서.
동희	(옐로카드 레드카드?) 혹시 또… 남행선 사장님이 조언하신 건가요?
치열	뭐 그렇기도 하고. 처음 날 알아봐준 사람이잖아. 찝찝하게 계속 남을 거 같애.
동희	(뭐라 대꾸 못한다… 행선의 조언에 더 영향을 받는구나 이제…)
치열	아 이따 끝나고 국가대표 가야 돼. 너도 같이 오래, 치킨데이야.
동희	선생님…!
치열	그리고 더프라이드랑 협의할 때 해이 올케어 다시 들어가는 것도 조건에 넣어. 원래 해이 자리였으니까. 여기 마무리 잘하고. (동희 어깨 툭툭, 치고 가는)
동희	……. (인상 찌푸리며 서 있는데)
원장	(나온다. 씩씩거리며) 아니 뭐 이런 경우가 있냐고! 미팅까지 잡아놓고 사람 농락하는 것도 아니고 말야, 또 돈이지? 돈이겠지. 아무리 돈독이 올라도 그렇지, 이런 식이면 나도 가만 못 있어! 협회에도 말하고 언론 플레이도 하고 할 거 다 해 나도!!!
동희	아니 원장님… 일단 진정을 좀 하시구요…. (쩔쩔매는 모습에)

(E) 수업 시작 알리는 벨소리

S#48. 우림고 2-1 교실 (D)

수학 수업시간.

종렬, 팔짱 끼고 서 있고… 건후가 칠판 앞에서 문제 푸는.

칠판 위의 문제 "0이 아닌 두 실수 a, b에 대하여 $\frac{1}{a} - \frac{1}{b} = \frac{1}{3}$ 일 때, $10^a = 5^b = k$ 를 만족하는 실수 k의 값은?" 비교적 쉬운 기본 문제다.

건후	($10^a = 5^b = k$ k를 기준으로 $10 = k^{\frac{1}{a}}$, $5 = k^{\frac{1}{b}}$까지 풀곤 막힌 듯 멈칫…)
해이	(간절한 마음으로 건후가 풀어내길 기원하며 보고)
종렬/아이들	(그래도 제법 풀어내네…? 흥미진진하게 보는 / 오~ 하는 표정)
건후	(이내 다시 판서. $\frac{1}{a}$ 이랑 $\frac{1}{b}$ 의 식을 나눠주면 2^3. 답은 8. 쓰고 종렬 보면)
종렬	(씩 웃으며) 맞았어. 정답.
아이들	우와~~ (박수 치는)
건후	(브이 해 보이곤 해이 보며 씩 웃는)
종렬	서건후가 아주 불가능은 없다 정신을 제대로 보여주네. 많이 늘었어.
건후	맞아요 늘었어요. (으쓱해) 제가 이제 기출문제도 1번부터 6번 정도 까진 다 풉니다.
종렬	오 훌륭하네. (웃고) 좋다, 내가 이 자리에서 약속하는데… 너 대학 붙으면 원하는 거 한 가지, 뭐든 들어줄게.
아이들	오~~ (부러운 표정으로 건후 보는)
건후	아뇨. 저 선생님 말고 다른 사람하고 딜을 좀 하고 싶은데.
종렬/아이들	(누구? 보면)
건후	(앞쪽 보며) 남해이. (해이와 눈 맞추며) 나 대학 붙으면… 너 나랑 사귀자.
아이들	우와~~ / 대박~~ (박수 치고, 책상 치고, 책 던지고 난리나는)
해이/단지	(너무 놀라 얼음이고) / (해이보다 더 당황, 해이와 건후 번갈아 보는)
종렬	(웃으며) 그 딜은 그럼 둘이 알아서 하는 걸로 하고. 자 오늘 수업 여기까지. 남은 수업 졸지 말고. (나가는)
아이들	야 남해이 대답 안 하냐? / 사귀는 거야 마는 거야? / 사겨라! 사겨

라! 사겨라!!

해이	(당황) 아 야. 왜 그래…. (하곤 건후 살짝 째려보면)
건후	(하트 만들어 보이고)
선재	하…. (뒤통수 맞은 기분이다. 한숨이 절로 나오는)

S#49. 우림고 복도 (D)

잰걸음으로 가는 해이를 쫓아가는 건후.
지나가던 남학생들 두 사람 보고 올~/엄지척/하이파이브 등 리액션
보이고, 건후 하이파이브 등 반응해주며 해이 부지런히 쫓아가는.

해이	(화난 채 가며) 정상 아닌 건 알았지만 넌 진짜 구제불능이야. (보며) 아님 안 하던 공부하니까 스트레스가 너무 쌓이니? 그래서 미친 거야?
건후	아니 나 멀쩡해. 멀쩡하니까 넌 좋아하지.
해이	걸 왜 수업시간에 얘길 하냐고! 담임 쌤이랑 애들 다 있는 앞에서!
건후	아. 수업시간에 해서 화난 거야? 그럼 쏘리.
해이	(어이없어 보며) 내가 너랑 무슨 얘길 하니. 말자 말어. (가면)
건후	(쫓아가며) 당장 사귀자는 거 아니잖아. 합격 확률도 솔직히 대단히 높진 않고. 넌 이거 밑질 거 없는 딜이라니까?
해이	아 시끄러. 쫓아오지 마.
건후	남해이. (잡는다)
해이	(보며) 쫓아오지 말라고. 화장실까지 같이 갈래? (여자화장실 들어가는)
건후	(아… 뻘쭘한 표정, 끄덕끄덕하곤 남자화장실로 들어가는)

S#50. 우림고 남자화장실 (D)

볼일 보고 세면대 앞으로 오는 건후, 손 씻는데.
건후 뒤통수를 탁, 치는 누군가. 건후 보면 다름 아닌 선재다.

건후	뭐야~
선재	뒤통술 너무 씨게 맞아서, 나도 한번 때려봤다.
건후	(알아듣고) 뒤통수는 아니지. 내가 말했잖아, 남해이 좋다고.
선재	(보면)
건후	주저하면 골 먹히는 거야. 나 공부 겁나 열심히 할 거다~ (씩 웃어 보이곤 나가는)
선재	……. (심란하다. 하아… 주저하면… 골은 먹힌다…)

S#51. 경찰서 형사과 (D)

프린터에서 연속으로 나오고 있는 희재 앞모습 찍힌 상반신.

배 형사, 프린트 한 장 들고 만족스러운데, 송 형사 밖에서 들어온다.

배형사	(다가서며) 선배. 차량 블랙박스에 그놈, 검정 후드티 앞모습이 잡혔어요!
송형사	그래? (사진 보는) 됐어 이 정도면.
배형사	(기쁜 듯 손 들면)
송형사	(하이파이브 하고) 수배 중인 놈은 아니라는 거지?
배형사	예, 없어요 이렇게 생긴 놈은.
송형사	오케이. 피해자 아파트 주변 CCTV로 동선 파악해. 추적 안 되면 수배 띄우자고.
배형사	예썰. (호기롭게 가는)

S#52. 국가대표 반찬가게 앞 (N)

가게 환하게 불 켜져 있고, 가게 앞에 치열 차 주차되어 있는.

S#53. 국가대표 반찬가게 (N)

치킨 여러 마리 앞에 놓고 맥주파티 중인 행선, 재우, 해이, 영주, 치열, 동희.

행선과 치열은 나란히 앉아 있다.

영주	아 진짜 이렇게 북적북적하니까 너무 좋다. 치킨데이 할 맛 난다. 그치?
재우/해이	어 너무 좋아. / 좋아요.
치열	다들 좋다니까 좋네요 저도. (동희 보며) 지 실장, 이거 일인 일닭이니까 할당량 책임지고 먹어야 돼. (행선 보며) 맞죠?
행선	그럼요. 남기는 만큼 지옥 가서 다 먹게 돼 있거등요?
영주	아우, 둘이 쿵짝 맞는 거 봐. 진짜 꼴사납고 좋네. 그쵸 지 실장님?
동희	네? 아 네. (웃곤 이내 떨떠름한 표정. 학원 일로 아직 마음이 안 좋다)
행선	(눈치 못 채고) 자 이쯤에서 거국적으로 짠 한번 하죠. 잔들 드시고.
일동	(맥주 또는 음료수 잔 들면)
행선	자 오늘 하루도 수고하셨습니다~
일동	수고하셨습니다~ (합창하고 서로 짠 하고 마시는)
영주	어, 근데 그러고 보니까 이 멤버, 그때 그 멤버네. 왜 족구!
치열	아 족구… 아슬아슬하게 우리가 졌던….
행선	아슬아슬하게라뇨? 수학 쌤이 왜 이렇게 셈이 흐려? 일방적이었지 거의.
재우	21 대 3으로 우리가 졌어요, 치열이 매형.
치열	큼. 정확히 말하면 패가 아니라 기권이지. 내가 다치는 바람에 중단된 거니까.
영주	거 쿨하지 못하시긴… 좋아요. 그럼 모인 김에 오늘 설욕전 한 판?
재우	아… 근데 치킨 먹고 올라가서 영화 봐야 되는데. 오늘 꺼 나의 문어 선생님인데.
해이	(툭 치며) 삼촌, 눈치 챙겨. 오늘 그 분위기 아니거든?
영주	그래. 영화는 담에 보고, 땀 좀 빼자. 대신 커플끼리 팀 하면 눈꼴시니까 최쌤팀이랑 행선팀으로 나눠서. 종목은 뭘루 할까?

(E) 탕~!!! (볼링공에 핀 맞는 소리)

S#54. 볼링장 (N)

치열과 영주, 재우가 한 팀. 행선과 동희, 해이가 한 팀으로 볼링 경기
중이다.
치열 한껏 폼 재고 볼링공 굴리는데… 도랑으로 빠지는.

일동	아…. (탄식하면)
치열	(무안, 자리로 오며) …볼이 세니까 이게 각도가 쫌만 안 맞아도 빠지네 이게.
재우	(갸웃) 아닌데. 속도 영주 누나보다 안 나왔는데.
치열	큼. (딴청하며 괜히 수건으로 손 닦고)
동희	(공 들고 출발선에 선다. 자세 취하고 공 던지면… 스트라이크 되는!)
일동	와~~~ (탄성 지르고)
영주	와 실장님은 거의 선수네. 브라보~~ (박수 치고)
행선	잘한다 우리 지 실장님~~ (하며 손 올리고)
해이	(행선 옆에서 손 올리는데)
동희	(행선은 무시하고 해이와만 하이파이브 하는)
행선	(못 봤나? 뻘쭘한 표정으로 손 내리고)
영주	실장님. 나 폼 좀 가르쳐줘봐요. 이게 스텝이 어뜨케 되는 거예요?
해이	저두요. (서면)
동희	아. (공 들고) 공을 붙이구요, 왼발부터. 하나, 둘, 하나, 둘. (친절하게 가르쳐주는)
행선	(얼른 붙으며) 어 나두요. 나두나두. (따라 해보는)

(컷) 결국 행선팀의 승리로 경기가 끝났다.
휴게의자에 다들 편하게 앉아 신발 벗고, 치열과 재우 음료수 사와

내미는.

(동희는 살짝 떨어진 의자 끝에 앉아 신발 벗고 있는)

재우 음료수 왔습니다~

치열 오늘도 아주 아슬아슬하게 졌네. 담엔 진짜 안 봐준다 진짜.

행선 네, 그러시던지요. (웃곤 좀 먼 의자에 앉아 있는 동희 보고 음료수 하나 더 들고 다가가는) 실장님. 여기요.

동희 아 네… 감사합니다. (음료수 받는)

행선 (옆에 앉아 음료수 따며) 확실히 쌤보단 운동신경이 좋으신 거 같애요. 전에 족구할 때도 그렇구, 실력이 아주 월등하세요.

동희 실력이야 뭐, 우리 사장님이 더 좋으시죠 다방면으로. 설득도 잘하시고.

행선 ?

동희 선생님이 더프라이드에 남겠다 그러시드라구요. 쉽게 바뀔 맘 아니셨는데, 사장님 덕분이잖아요. 해이는 좋겠어요 유능한 이몰 둬서. (하곤 신발 들고 가는)

행선 (무슨 뜻이지? 분명 칭찬은 아닌데… 가는 동희 보다 테이블 보면)

행선이 건넸던 음료수가 그대로 놓여 있다.
선의가 버림당한 듯한 쎄한 기분.

S#55. **다음 날/ 국가대표 반찬가게 외경 (D)**
가게 문 앞에 오늘의 스페셜 '가자미조림' 붙어 있고.

S#56. **국가대표 반찬가게 (D)**
한차례 피크타임이 지나간 듯 행선, 앉아 있고 영주, 커피 내미는.

영주	야 마시고 정신 좀 차리자. (앉곤) 아우, 헬스를 끊든 피틸 좀 받든 해야지. 오랜만에 운동했더니 또 삭신이 쑤신다 야.
행선	그니까. 평소에 운동 좀 해줘야 되는데. 너 러닝 동호횐 왜 안 나가니 요새.
영주	아 됐어. 별루야.
행선	너 따지. 그래서 나가기 싫은 거지. 맞지?
영주	아니거든요? 물이 별로라서 그런 거거든요? 우리 지 실장님 같은 남자 한 명만 있어도 내가 나갈 맛이 날 텐데 진짜.
행선	(지 실장 얘기가 나오니 어제 일이 생각난다. 표정 굳는)
영주	어떻게 그렇게 응? 뛰는데 땀도 별로 안 나고 응? 참 사람이 깔끔해. 정갈해 아주.
행선	저기 영주야. 지 실장님… 성격은 어떤 거 같아?
영주	성격도 더할 나위 없지. 매너 좋고, 스윗하고, 쓸데없는 말 안 하고. 짱 아니냐?
행선	그치? 니 눈엔 그런 스탈로 보이지…?
영주	왜. 아냐?
행선	아니, 아니라기보다… 그냥 좀. 됐어.
영주	아 뭔데? 왜 얘길 하다 말어 사람 궁금하게. 뭔데. 뭔데뭔데에.
행선	아니 뭔가 느낌이… (하는데 가게 전화벨 울린다)
영주	(얼른 가서 받는) 네, 국가대푭니다. 네… 네… 아 50개요 도시락? (행선 보는)
행선	(50개? 대박이다. 벌떡 일어나는)

S#57. 우림고 매점 (D)

매점 테이블에 앉아 소시지며 음료수 먹는 해이, 단지, 선재.

단지	(소시지 마이크 삼아 내밀며) 공개고백 받으신 남해이씨. 지금 심정이

어떠신지요? 나 정도 미모에 지성이면 놀랄 일도 아니지 않나, 그렇게 생각하시나요?

해이　(야리곤) 하지 마라 그 얘긴.

단지　야 왜 하지 마. 학교에 지금 우리 빼고 싹 다 그 얘긴데. 난리났어 아주 여자애들. 난 몰랐는데, 건후가 인기가 꽤 많나봐. 1학년 여자애가 울고 난리났대. 너 완전 나쁜 년 됐어.

해이　아…. (골치 아프게 됐다. 고개 저으며 먹는)

선재　(그런 해이 보고)

단지　(눈치 보며) 그래서 넌 어떤데? 사귈 거냐? 아님 썸만 탈 거야?

해이　야, 우리 고3이 코앞이거든? 쓸데없는 소리 작작해. (하며 끈 풀어 다시 머리 묶는데 머리끈이 툭, 끊어진다) 아… 앤 또 왜 이래. 아끼는 건데 이거.

단지　우리 학교 여자애들의 한이 니 끈에 가 닿았나부다. 원한인 거지.

해이　아우, 별 진짜…. (일어서며) 나 담임 쌤한테 가봐야 돼. 먼저 간다. (나가고)

단지　해이야, 째려보는 애들 있어도 무시해. 너 지금 되게 재수 없어~

선재　(시선 나가는 해이 쫓는)

S#58.　**우림고 교정 (D)**

선재 남은 소시지 든 채 걸어가고,
단지 옆에서 그런 선재 눈치 쓱 보곤.

단지　(훅) 넌 왜 고백 안 하는데?

선재　어? (놀라 보면)

단지　놀라긴. 너두 해이 좋아하잖아. 근데 왜 고백 안 하냐구.

선재　(당황한 표정. 어떻게 알았냐는)

단지　야, 해이만 모르지 웬만하면 다 알걸? 해이랑 있을 때 너랑, 나랑 있을 때 너랑, 표정이 완전 천지차이다. 어떻게 모르냐?

선재　　…그랬어? (더 부정할 수도 없어 피식 웃는)

단지　　(보며) 왜, 고백했다 까이면 친구도 못할까봐?

선재　　……

단지　　서건후 매력 있다 너. 저렇게 열 번 찍으면 해이도 넘어갈 수도 있다고. 너도 되든 안 되든 일단 고백은 한번 해봐야 되지 않아?

선재　　……

단지　　아 난 고민되네. 서건후도 괜찮고, 너도 좋고. 누구 편을 들어줘야 되나?

선재　　(가만히 있다가 쓱, 소시지를 내민다. 뇌물이다)

단지　　(소시지 받고) 오키. 난 지금부터 이선재 편! (소시지 까서 먹는)

선재　　(단지 말에 더 생각이 많아진)

S#59.　국가대표 반찬가게 앞 (D)

막 50개의 도시락을 들고 나오는 행선과 영주.
스쿠터에 실으려는데… 치열의 차가 와 선다. 치열 내리는.

치열　　배달 가요?

행선　　아. 갑자기 단체주문이 들어와서요… 근데 웬일이에요 이 시간에?

치열　　내일부턴 또 엄청 바쁠 예정이라서 시간 될 때 잠깐 볼려고.

영주　　어머 세상에~~ 이렇게 좋아죽는 걸 그동안 어케 참으셨대? 해이가 커밍아웃 안 했으면 상사병 나셨겠어 우리 최쌤.

치열　　지옥문 앞까지 갈 뻔했죠. (하곤 미소로) 내 차에 실어요. 차로 가게.

행선　　됐어요. 스쿠터 타고 얼른 갔다 오면 돼요.

영주　　야 실어 실어. 데이트 하자시잖냐, 배달 데이트. (찡긋~)

선재모(E)　피해자 측은, 연락 됐어요?

S#60.　선재집 거실 (D)

식탁 앞에서 노트북 놓고 일하다 휴대폰 통화하는 선재모.

선재모   합의 의사는요? (노트북 접으며) 알겠어요. 바로 나갈게요. (휴대폰 끊는)

급히 노트북과 서류들을 가방에 챙겨 넣고 나갈 준비하는 선재모.

희재 방 쪽을 본다.

나가보긴 해야겠는데… 희재가 마음에 걸린다. 뭔가 골똘히 생각하는.

(컷)   선재모 나가고 없는 빈 거실.

카메라 희재 방 쪽으로 줌인해 들어가면 닫힌 문 바깥쪽으로 외부잠

금장치(시중에 파는 심플한 것)를 해놓은 모습 보이는.

S#61. 거리 (D)

하교 중인 선재. 생각 많은 표정으로 혼자 걸어가는.

단지(E)   너도 되든 안 되든 일단 고백은 한번 해봐야 되지 않아?

선재   (단지 말이 맞다. 나도 이제 진짜… 해이에게 마음을 전해야 하나?)

주얼리 숍 앞을 지나는 선재. 멈칫, 발길을 멈춘다.

#. 회상 플래시백

동일 회차 57신. 끊어진 머리끈 잡고 내가 아끼는 거라던 해이.

선재   ……. (주얼리 숍 보다가, 결심한 듯 안으로 들어간다)

(컷)   머리끈 포장된 상자를 들고 나오는 선재.

후우… 심호흡하곤 휴대폰 꺼내 통화목록에서 해이 찾아 누르려고

하는데.

이때 휴대폰 벨이 울린다. '엄마'다.

선재	(표정 굳으며 잠시 망설이다 받는) 네….
선재모(F)	어디야?
선재	학교 근처요. 스터디카페 바로 가려구요.
선재모(F)	그냥 집에 가. 엄마 회사에 급한 일 생겨서 방금 나왔어. 집에 가서 공부하고 형 좀 지켜. 일단 못 나가게 해놨으니까 가서 락은 풀어주고.
선재	(?!!) 엄마 대체 뭘 해놓고 나가신 거예요? 왜 이렇게까지…
선재모(F)	그럴 만해서 그래. 시키는 대로나 해. (툭, 끊어버리는)
선재	하아…. (항상 이런 식이다. 늘 일방적이고 강압적이고… 고민되는 듯 선물 상자 보다가 결국 주머니에 넣으며 집으로 향하는)

S#62. 희재 꿈 (N)

몽환적 분위기-극도의 공포로 사색된 진이상의 얼굴 플래시백!
누군가에게 쫓기는 희재 플래시백!
희재, 다급하게 엘리베이터로 들어가는데… 닫히는 문 사이로 희재
손을 턱 잡는 어떤 손! 경악하는 희재 모습에서.

S#63. 선재집 희재방 (D)

눈 뜨는 희재. 악몽에 얼굴이 온통 땀범벅이다.
천천히 일어나 심호흡하곤 밖으로 나가려는데… 문이 안 열린다.

희재	!! (다시 문 열어보지만 역시 안 열린다. 표정 굳으며 문 열어보려고 거칠게 계속 돌려보는데 꼼짝도 안 하고… 얼굴 하얗게 질리며 호흡이 가빠온다) 하아… 하아…. (가쁜 숨 몰아쉬며 어떻게든 열어보려고 버둥거리는)

S#64. 선재집 거실 (D)

선재, 서둘러 거실로 들어오는데

희재 방 쪽에서 쾅! 쾅! 문 두드리는 소리와 거칠게 문 돌려대는 소리
가 나는.

얼른 희재 방 쪽으로 가 외부잠금장치 풀고 문 열자,

온몸이 땀으로 젖은 희재가 하얗게 질린 얼굴로 뛰쳐나온다.

하악… 하악… 호흡은 더 가빠져 있는.

선재	(놀라) 형! 형, 괜찮아…? 괜찮아? 어?
희재	(하악… 하악… 숨 몰아쉬며 선재를 본다. 눈에는 공포가 가득한)
선재	…괜찮아. 이제 괜찮아. 숨 쉬어 형. 천천히….
희재	(천천히 숨 쉬어보려고 애쓰는)
선재	(그런 형 보며 안타깝고 마음 아프다. 왜 이렇게까지… 울컥한 채 보는 모습에)
행선(E)	도시락 왔습니다~~

S#65. 임페리얼 아파트 관리실 (D)

도시락 내려놓는 행선. 관리실 직원들이 와서 받는다.

행선	행사 있나봐요 오늘.
직원	네. 노인정 행산데 주문한 도시락업체에서 냉장고가 고장났다고.
행선	어머 당황스러우셨겠다. 드셔보시고 맛 괜찮으면 또 이용해주세요. (하곤) 아 그럼 노인정으로 가야 되겠네요. 여기 4층이죠? 옮겨드릴 게요. (다시 드는)

S#66. 임페리얼 아파트 단지 입구 (D)

송 형사와 배 형사 희재 사진 프린트 들고 걸어오며.

송형사	임페리얼 아파트로 들어가는 것까진 확인이 됐다 이거지?

배형사	네. CCTV 상으론 그래요.
송형사	통과해 갔거나 거주하거나 둘 중 하나란 소린데. 아파트 CCTV 영장은 신청했어?
배형사	네. 요즘은 영장 없이 관리실에서 협조 잘 안 하니까.
송형사	호시절 다 간 거지. 영장 나오기 전까지 사진 들고 탐문을 해보자고 일단.

S#67. 임페리얼 아파트 단지 내 (D)

송 형사 두리번거리며 희재 찾고.
경비원에게 프린트 보여주며 물어보던 배 형사. 송 형사 쪽으로 다가오는.

송형사	뭐래. 모르겠대…?
배형사	네. 세대가 워낙 많아서 일일이 얼굴은 알 수가 없다고.
송형사	(둘러보며) 단지가 크긴 크네. CCTV부터 확인하는 게 빠르겠어.
배형사	영장 나왔는지 확인해볼게요. (폰 꺼내 전화 걸려는데)

약국 봉지(희재 청심환 사온) 들고 걸어오던 선재, 두 사람 지나쳐 가려는데.

배형사	저기 학생!
선재	(돌아본다) 네?
배형사	(다가서 희재 사진 보여주며) 혹시 이 아파트에서 이런 사람 본 적 없나?
선재	(보면, 희재 사진이다) ?!! (놀라 눈빛 흔들리는)
송형사	(그 순간 캐치하는)
선재	(이내 표정 관리하며) 잘… 모르겠는데요. (꾸벅, 인사하곤 서둘러 집 쪽으로 가는)

배형사	(눈치 못 채고) 아… 지나가는 사람 일일이 붙들고 확인할 수도 없고 참.
송형사	잠깐만. (가는 선재 본다. 분명히 눈빛이 흔들렸다… 뭔가 감지하고 쫓아가는)
배형사	(왜 저래? 하는 표정으로 송 형사 쫓아가고)

S#68. 선재집 거실 (D)

약봉지 들고 다급하게 들어오는 선재.

좀 진정이 된 듯 소파에 앉아 숨 고르던 희재, 선재를 본다.

선재	형, 대체 무슨 일이야? 누가 형 사진 들고 찾고 있어. 아무래도 형사들 같애.
희재	? (눈빛 흔들리는)
선재	무슨 일인데? 어? 내가 알아야 형을 돕든지 할 거 아냐! (하는데)

(E) 현관 초인종 소리

선재	!! (얼른 인터폰 화면 본다. 송 형사와 배 형사다. 놀라) 형 들어가 있어. 얼른!!
희재	(당황한 표정. 들어가 문 닫고)
선재	(현관문 쪽 보며 크게 심호흡하는)

S#69. 선재집 현관 앞 복도 (D)

문 열리고. 선재 애써 침착한 얼굴로 두 형사 보면.

배형사	(신분증 보여주며) 우리 강현서에서 왔는데, 사건 수사 때문에… 학생 혼자 있나?
선재	아 네….

송형사   (운동화 두 켤레 있는 거 보고) 뭐 좀 확인할 게 있는데… 잠깐 들어가도 될까?

선재   (잠시 고민하다가 어쩔 수 없이) 네…. (비켜서는)

S#70. 선재집 거실 (D)

집 안으로 들어서는 송 형사와 배 형사.

선재 들어오다 장식장 위에 있는 가족사진 보고 얼른 옷 안쪽으로 사진 감추는.

배형사   가족이 어떻게 돼 학생? 형이나 누나 없나? 동생이나.

선재   (보며) 네… 없는데요….

배형사   그래? (하는데 소파 위에 있는 약봉지가 보인다. 이내 집 내부 둘러보는데 안방, 선재 방 문 다 조금씩 열려 있는데 희재 방 문만 닫혀 있고 잠금장치 뜯어낸 흔적이 보인다. 쓱 다가서곤 빠르게 확 문 여는)

순간, 방에서 튀어나오는 희재. 냅다 밖으로 도망쳐 나가고.

배형사/송형사   뭐야, 거기 서! (뛰어나가고) / (역시 뛰어나가는)

선재   (놀라) 형… 혀엉…!! (어쩔 줄 모르고 서 있다가 쫓아나가는)

S#71. 임페리얼 아파트 관리사무소 앞/ 치열 차 안 (D)

음료수 마시며 운전석에 오르는 치열.

행선 몫의 음료수 챙겨 기다리고.

마침 관리사무소에서 나오는 행선. 차에 타는.

치열   아 왜 이렇게 오래 걸려? 심심해 죽는 줄 알았네.

행선   노인정까지 올려다 주느라구요. 온 김에 홍보도 하고. 아후. (숨 고르면)

치열   (음료수 따서 내민다) 자 마셔요.

행선   고마워요. (음료수 마시는)

치열   (보며) 아우 잘 마신다. 목말랐네 우리 남 사장님.

웃어 보이곤 시동 걸고 출발한다.

행선   (시원하게 음료수 들이켜고 캔 보다가 문득 어제 생각난) 저기 지 실장님
       이요.

치열   (단지 안이라 서행한다) 어.

행선   보기보다 성격이 좀… 까칠한 데가 있어요?

치열   까칠? 건 주로 내 얘기할 때 나오는 단언데. 동희는 까칠이랑은 거리
       가 멀지. 누구한테나 친절하고 나이스하고. 너무 그래 갠. 것도 병이
       야. (보며) 근데 왜요?

행선   아니, 나도 그렇게 생각했는데… 사람이 또 한 면만 있는 건 아니니까.

치열   무슨 일 있었어요?

행선   아니 어제… (하다가 말할 일 아닌 것 같아 멈칫하고) 아니에요. 어쨌든
       좀 그래요. 나 대하는 것도 뭔가 좀 쎄한 거 같고.

치열   쎄해? 뭐 어떻게?

행선   그냥 뭐… 촉이. 설명은 못하겠는데 뭔가 느낌상.

치열   글쎄, 대놓구 그럴 애가 아닌데… 잘못 짚은 거 아니에요?

행선   뭐 그럼 다행이구.

치열   아니면… (보며) 혹시 뭐 또 오바한 거 있어요 행선씨?

행선   에?

치열   아니 걔가 좀 개인주의라, 훅 들어오는 거 별로 안 좋아하거든요. 행
       선씨가 워낙 사교적이라 안 친한 사람하고도 경계가 없잖아요. 뭐 그
       런 게 있었던 거 아닌가 해서.

행선   (살짝 기분 나쁘다) 저기요 최치열 쌤. 제가 오지랖이 좀 넓은 건 사실

인데요, 그렇게 사람 안 가리구 아무한테나 주책 부리고 그 정돈 아니거든요?

치열   아니 내 말은, 동희가 그럴 애가 아니니까…

행선   (더 기분 나쁘다/o.l) 뭘 자꾸 그럴 애가 아니래. 난 뭐 그럴 사람이구요?!

치열   (당황) 아, 난 그런 뜻이 아니라…

행선   맞는데 뭐 그런 뜻. 실장님은 이유 없이 절대절대 그럴 사람 아니고, 난 시도 때도 없이 선 막 넘는 사람이고. 그러니까 내가 뭔가 원인 제공을 했을 거다….

치열   아 뭘 또 그렇게 극단적으로….

행선   (말하다 보니 더 서운하다…) 나도 알아요, 두 분 각별한 거. 같이한 세월도 길고, 나보다 훨씬 더 서롤 잘 알겠죠. 그래도… 나도 잘 지내고 싶어서, 신경 쓰여서 말한 건데… 왜 사람을 이렇게 꽁하게 만들어요? 같은 말도 기분 나쁘게 하는 거 그거 쌤 재준 거 알아요?!

치열   아니 내가 뭘 또 그렇게 기분 나쁜 말을 했다고.

행선   나쁘지 그럼 좋겠어요? 맨날 선을 넘네, 오바하네, 오지랖이네 그러는데?!

치열   아니 그건… (변명하려는데)

이때 아파트에서 뛰어나오는 희재, 치열 차 앞으로 돌진하고.
놀라 급브레이크 밟는 치열!
(E) 끼이익~~~

치열   !!! (놀란 표정)

행선   !!! (놀란 표정)

희재   !!! (놀라 쳐다보는 모습에서 스틸되며… 11부 엔딩)

희극과 비극의

교차점

임페리얼 아파트 단지 외경 (D)

(E) 경찰차 사이렌 소리 요란하게 울리고

S#2. 임페리얼 아파트 단지 내 (D)

삐딱하게 정차된 치열 차 앞으로 경찰차 와 서 있고.

수갑 찬 채 배 형사와 송 형사에게 잡혀 경찰차에 태워지는 희재.

놀란 치열과 행선, 옆에 서서 보고 있고.

아파트 주민들 무슨 일인가 웅성웅성 모여든다.

지나가던 수아모도 무슨 일인가 싶어 다가서는데…

이때 아파트에서 뛰어나오는 선재.

선재	(형사들 잡으며) 왜 이러세요? 우리 형이 뭘 잘못했는데요? 형~~
행선	!!! (형?? 놀라고)
수아모	!!! (역시 놀란다. 선재 형은 분명히 외국에 있댔는데…)
희재	(겁에 질린 표정으로 선재 보며 안 타려고 버티고)
선재	(그런 희재 보며) 형~ 혀엉~~ (어쩔 줄 몰라 하며 잡고 버티는데)
배형사	(뭐라 설명하려다, 선재 손 떼어내며 희재 밀어 태우고 뒷자리에 같이 타는)
송형사	(앞으로 타고)
선재	혀엉~~!! 소리치는데)
행선	선재야. (선재에게 다가서며 아는 체하고)
선재	…아줌마…. (울먹이며 행선 쳐다보는)

그사이 경찰차 출발하고, 선재 망연자실한 얼굴로 멀어져가는 차를
본다.

| 행선 | 선재야, 어떻게 된 거야? 형…이라니…? |
| 선재 | (행선 보며) …우리 형 맞아요. 어떡해요 아줌마. 형 어떡해요? (울먹 |

이고)

행선/치열   (일단 그런 선재 어깨 토닥이며, 치열 본다) / (보는)

수아모   (놀란 채 보다가 슬쩍 돌아서 잰걸음으로 가는)

S#3.   임페리얼 아파트 일각 (D)

잰걸음으로 걸어가는 수아모, 단체톡 방에 글 쓰는.

충격! 미국 가 있다던 선재 형… 집에 은둔하고 있었나봐요. 방금 무슨 일인지
경찰에 잡혀감. 선재 대성통곡하고;;

수아모, 엔터 치고!

어머. 그게 진짜예요?
어쩐지. 밖이 시끌벅적하더라니… 어머 심장 떨려, 세상에ㅜ
그럼 미국 유학 갔단 말은 다 뭐예요? 아이비리그는??
뭐긴 뭐야, 다 뻥이지. 완전 대박사건.

S#4.   로펌 선재모 사무실 (N)

징~징~ 선재모 주머니 속 휴대폰 울려대고.
막 상담 마치고 일어서는 교무부장을 배웅하는 선재모.

교무부장   선재 어머니, 아니 장 변호사님 덕에 살았어요 저. 꼼짝없이 형사로
갈 거랬는데, 우리 장 변호사님이 소년처분으로 깔끔하게 정리해주
셔서.

선재모   제 할 일을 한 건데요 뭐.

교무부장   아니죠, 장 변호사님이라 가능했던 거지. 진짜 어떻게 보답을 해야
지…. 혹시나 앞으로 제가 도움 드릴 일 있으면 말씀하세요. 앞뒤 안

가리고 도와드릴게요.

선재모   (가볍게 웃으며) 말씀만으로도 든든하네요.

교무부장 그냥 하는 얘기 아니에요. 제가 그래도 명색이 교무부장인데, 선재
         입시문제든 뭐든요. (하곤) 아. 폰 계속 울리던데 일 보세요. 이만 가
         볼게요. (인사하고 나가는)

선재모   조심히 가세요. (하곤 이내 주머니에서 휴대폰 꺼내 확인하는)

         선재로부터 부재중 전화 7통이 와 있다.

선재모   !! (뭔가 불길하다. 표정 굳으며 선재에게 전화 거는) 왜, 무슨 일이야?

S#5.   **경찰서 복도 (N)**

         안절부절못하며 서 있는 선재와 같이 있어주는 행선과 치열.
         이때, 선재모가 다급하게 뛰어온다.

선재   (선재모 보고) 엄마! (다가서는)

선재모   (선재 보곤, 그 옆에 서 있는 행선과 치열을 보는)

행선/치열 (고개 까딱, 인사하고) / (행선 따라 인사하는)

선재모   (이런 상황을 행선에게 보이는 게 싫다. 대충 눈인사하곤 선재 보며) 넌 왜
         여깄어 집에 가 있으라니까. 중간고사 낼모렌 거 몰라? (나무라듯 말
         하면)

행선   (덧붙여 선재모에게 뭐라고 말하려는데)

치열   (행선 팔 잡는다. 아니라는 듯 눈짓하고 이제 우린 가자는)

S#6.   **경찰서 조사실 (N)**

         송 형사와 배 형사 앞에 앉아 있는 희재.
         수갑 찬 손 여전히 떨고 있고, 얼굴도 아직 겁에 질린 채 창백한.

배형사	이희재. 2002년 10월 24일생. 맞아요?
희재	…….
배형사	(진이상 사진 보여주며) 이 사람, 알죠?
희재	(사진을 본다. 그날의 악몽이 생각나는 듯 눈빛 또 흔들리는) …….
송형사	(거든다) 이렇게 입 다물고 있다고 유리한 거 없어요 본인한테. (다시 사진 들이밀며) 이 사람 본 적 있어요 없어요? (재차 묻는데)

이때, 똑똑 노크와 함께 문 열리고 다른 경찰과 함께 선재모가 들어선다.
희재, 선재모의 얼굴을 보자 안도하는 듯, 그러나 이내 다시 두려운 듯 모호한 표정 되고.

배형사	(누구? 표정으로 물으면)
경찰	(눈짓으로 희재 가리키며) 어머님 되시는데 직접 변호하시겠다고.
선재모	(가방에서 명함 꺼내 내밀며) 영장은요?
배형사	(눈으로 명함 훑고 아… 하는 표정) 긴급으로 체포했고 영장은 이제…
선재모	(o.l/날카롭게) 주거지에서 긴급체포 했다구요? 긴급체포는 증거인멸의 염려나 도주의 우려가 있어야 되는데, 집에만 있던 아이가 도주하거나 증거인멸을 할 상황이었다고 입증할 수 있나요?
배형사	(약간 당황해) 아 근데 이 친구가 저흴 보고 바로 도망을…
선재모	(o.l) 애초에 영장 없는 수색이 문제 아닙니까? 탐색적 수색은, 위법인 거 아시죠?
송형사	(옆에서 가만히 지켜보다 나서는) 저 어머… 아니 변호사님. 보통 이런 경우… 긴급체포 혐의가 뭔지부터 묻는 게 순서 같은데… 혐의를 이미 알고 오신 겁니까?
선재모	(살짝 당황한다. 이내 표정 관리하고) 그럴 리가요. 혐의 관계없이 체포의 불법성이 명백해 보여서 항의한 거뿐입니다. (보며) 혐의가 뭐죠?

송형사	…살인입니다.
선재모	(놀란 표정 지어 보이는)

S#7. **치열 차 안 (N)**

어색한 침묵 속에 운전 중인 치열. 행선도 말없이 보조석에 앉아 가는.

행선	고마워요. 경찰서까지 가줘서.
치열	…….
행선	(또 오지랖이라 생각할까봐 변명하듯) 같이 가줘야 할 거 같았어요 선재가 너무 놀란 거 같아서… 우리 해이랑 베프거든요. 그래서….
치열	알아요. 해이가 여러 번 얘기해서.
행선	아…. (잠시 침묵 흐르다, 힐끗 치열 눈치 보곤) 저기 그리고… 아까 지 실장님 얘기는, 쓸데없이 내가 흥분을 좀 하긴 했는데, 사실… (하는데)
치열	(o.l) 그 얘긴 그만하죠. 오늘은.
행선	(단호한 치열의 말에 뻘쭘해진다. 치열 보다가 기분 상한 채 창밖 보는)

S#8. **도로 (N)**

적막만 흐르는 치열의 차가 도로 위 달리는 모습 부감으로…

타이틀 뜬다.

일타 스캔들 chapter 12. 희극과 비극의 교차점

S#9. **행선집 거실 (N)**

행선, 씻고 나온 듯 수건으로 얼굴 닦고.

얘기 들은 해이, 걱정스러운 표정으로.

해이	그럼 선잰, 아직 경찰서에 있는 거야?
행선	몰라. 선재 엄마 오는 거 보고 쌤이랑 난 먼저 나왔어.

해이   (그렇구나… 보며) 괜찮겠지? 선재 형?

행선   글쎄. 뭔 오해가 있는 거 같기도 하고. 선재가 얼마나 형을 걱정하든지…. 하긴 난 여러 번 겪은 일인데두 재우 유치장 있단 소리 듣구 손발이 바들바들 떨리든데… 눈앞에서 지 형이 잡혀갔으니 얼마나 무서웠겠어. 근데 넌… 언제부터 알고 있었던 거야?

해이   ……. (행선 말에 대답 않는다. 선재가 걱정되는)

S#10. 행선집 해이방 (N)

방으로 들어온 해이, 바로 선재에게 전화 거는데…
역시나 받지 않는다.
"선재야. 괜찮아? 전화 좀." 문자치는 해이 모습에.

S#11. 행선집 행선방 (N)

막 씻고 들어온 행선, 화장대 앞에 앉아 로션 바르려다 멈칫한다.
눈앞에 있는 휴대폰에 시선 던지곤, 혹시라도 전화나 문자가 왔나 열어보는데… 없다.
그냥 전화해볼까? 치열 번호 띄우고 통화 버튼 누르려다

치열(E)   그 얘긴 그만하죠. 오늘은.

행선   (냉정했던 그 모습 생각하니 다시 부아가 난다. 에잇, 휴대폰 내려놓는)

S#12. 치열 펜트하우스 거실 (N)

샤워한 후인 듯 수건으로 머리 털며 냉장고에서 생수 꺼내 마시는 치열. 다시 거실 쪽으로 오다 테이블 위 휴대폰을 본다.

치열   …너무 까칠했나…. (시간 지나고 생각하니 살짝 후회가 된다. 휴대폰을 들어 통화 누르려다 멈칫…) 아 뭐라 그래. 내가 그만하재놓고. (막상 전

화하려니 또 그렇다)

/화면 분할. 행선 방의 행선, 화면 밀고 들어오고.

행선   (다시 휴대폰 들어 침대로 들어가며 문자친다. "잘 들어갔어요?")

치열   (소파 앞에 앉아 문자친다. "자요?")

행선   (잠시 보다가 고개 저으며 문자를 지운다)

치열   (갸웃, 역시 문자 지우는)

행선   (이번엔 "아깐 내가 너무 오바…"까지 썼다가 오바 지우고 다시 고민한다)

치열   ("아깐 내가 너무 예민…" 썼다가 예민… 지우고 까칠… 썼다가 다시 까칠 지운다)

행선   …아 몰라. 분위기 싸하게 만들어놓고 전화도 안 하는 거 봐. 나도 안 할 거야. 안 해 안 해. (짜증난다. 휴대폰 휙 던지고 눕는 데서 화면 아웃되고)

/치열, 계속 뭐라고 해야 하나 고민하는데 이때 휴대폰 울린다.

치열   (얼른 보면 '지 실장'이다. 실망하고 받는) 어 왜.

동희(F)   내일 포스터 촬영이요 쌤, 수정 컨셉이 왔는데 좀 보셔야 될 거 같은 데요?

치열   왜, 이상해? 잠깐만 있어봐. (태블릿PC 꺼내 여는 데서)

S#13. 다음 날/ 시장 (D)

아침 장 보는 행선. 여기저기 넉살 좋게 아는 체하며 지나가는.

행선   (생선가게 앞에서) 사장님. 저번에 전복 진짜 좋던데. (가격 보고) 아 근 데 비싸다 오늘. 담에 사야겠다. 많이 파세요~ (채소가게 앞으로 가) 이 모님, 오이 어때요?

사장	괜찮아. 가져가 싸게 줄게.
행선	음 그럼…. (고르는데 주머니 속 휴대폰 벨 울린다. 혹시 치열인가? 오이 놓고 얼른 휴대폰 꺼내 보는데 1588-××××다. 실망한 표정으로 받는) 네. (그래도 친절하게) 아뇨 기기변경 필요 없습니다. 네~ (끊고 폰 집어넣는데)
사장	저기… 나도 남 사장 얘기 나오는 영상 봤어. 그런 사연이 있는 줄 몰랐네. 대단해.
행선	(해이 얘기구나…) 아 아니에요. 대단할 거 하낫두 없어요.
사장	아니긴. 조카 거둬 딸처럼 키우구, 이렇게 바지런하게 살구. 오이 반 값에 줄게.
행선	안 돼요, 이모두 남는 게 있어야지. 그냥 몇 개 더 넣어줘.
사장	아 알았어. (오이 넣으며) 근데 얼굴이 확 폈어 요새. 애인이 호강시켜 주나봐.
행선	예… 뭐. (대충 웃어넘기고 휴대폰 힐끗 본다. 혼잣말) …호강을 시키긴, 말도 안 시키는구만 냅장. (하곤 심통난 채 휴대폰 다시 주머니에 넣는)

S#14. 스튜디오 (D)

고급진 슈트 입은 치열, 포즈 잡으며 촬영 중이다.
촬영감독 "네, 좋습니다~" "좋아요~" 하며 계속 찍고, 조감독 보조하는.

촬영감독	잠깐 쉬어가겠습니다~
치열	(자리로 오며 동희에게) 전화 온 거 없었어? (하며 손 내밀면)
동희	(치열이 맡겨두었던 폰 건네며) IBS 섭외전화랑 탑앤탑 쪽 연락 왔었는데 제가 적당히 거절했구요, 원장님이 촬영 궁금해서서 잘하고 계시다 말씀드렸습니다.
치열	어 그래. (자리 앉아 폰 열곤, 잠깐 고민하다 행선에게 "바빠요? 어제는 내가…" 문자치다가 또 멈칫, 동희 보며) 사과를 문자로 하는 건… 좀 아

닌가?

동희　네? 아… 글쎄요.

치열　(혼자 결론 내는) 그래. 최소한 통활 하든지 얼굴 보고 말하는 게 맞지.

동희　(치열을 본다. 아 남행선씨랑 싸웠구나… 눈치챈)

촬영감독(E)　선생님, 촬영 다시 시작하겠습니다!

치열　오케이. 가봅시다! (동희에게 폰 맡기고 다시 가는)

동희　(치열 휴대폰 들곤… 왜 싸웠을까? 싶은데)

조감독　(그런 동희를 연신 갸웃하며 보는)

촬영감독(E)　고생하셨습니다~!

S#15. 스튜디오 앞 (D)

촬영 마치고 나오는 치열과 동희.

동희　고생하셨어요. 모니터 봤는데 잘 빠졌더라구요.

치열　그럼. 모델이 누군데. (하곤 손 내민다)

동희　아. (휴대폰 주는)

치열　(휴대폰 본다. 행선으로부터 문자는 없다. 잠깐 전활 걸까? 번호 뒤적이는데)

동희　(얼른) 열한 시에 시작하기로 한 운영팀 회의, 좀 땡기는 게 어떨까요? 최대한 빨리 오셨으면 좋겠다고 아까부터 계속 독촉문자가 와서. 결정할 게 많은가봐요.

치열　그래? 그러지 뭐 그럼. (다시 폰 보려 하면)

동희　(다시 얼른) 열 시는 어떠세요?

치열　오케이. 대신 중언부언 안 하게 정리 좀 잘해노라고 하고. 가자. (서둘러 가는데)

조감독(E)　(o.l) 저기 혹시, 정성현…?

동희　(반사적으로 멈칫하고 보면)

조감독　(다가서곤) 맞지 너, 정성현! 이야~ 너 진짜 오랜만이다. 나 못 알아볼

뻔했어.

동희/치열 !! (당황하는) / (누군가 해서 보는)

조감독 너 살 엄청 빠졌네. 대체 몇 키롤 뺀 거야, 어? (아는 척하는데)

동희 (차갑게) 사람 잘못 보신 거 같은데요.

조감독 아… 아닌데. 성현이 맞는데. (하다) 니 입장에선 좀… 안 반가울 수도 있겠구나. 이해해. 근데 궁금했어 어떻게 사나. 애들하고도 종종 니 얘기하…

동희 (말 자르는/o.l) 잘못 보셨다니까요.

조감독 (갸웃하며) …대선중학교 나온 정성현, 아니에요…? 왜 2학년 때 3반.

동희 (단호하게) 아닙니다. 저기, 선생님 다음 스케줄 이동하셔야 해서.

조감독 아 죄송합니다. 친구랑 너무 닮아서. 죄송합니다. (하곤 맞는데… 힐끗 보며 가는)

치열 아니라는데 계속 저러는 거 보면, 진짜 많이 닮았나보다. 도플갱어 아냐?

동희 그러게요. 제가 워낙 흔한 얼굴이라. (하곤 뒤돌아보며 표정 쎄하게 바뀌는)

S#16. 우림고 외경 (D)

(E) 수업 종료를 알리는 종소리

S#17. 우림고 2-1 교실 (D)

쉬는 시간. 마주 앉아 있는 해이와 단지, 걱정 가득한 표정이다.

단지 (빈 선재 자리 보며) 점심시간 다 돼가는데… 선재 아예 안 올 건가. 전화?

해이 (역시 빈자리 보며) 안 받아….

단지 에고… 나 어제 울 엄마 말 듣고 진짜… 멘붕이었다? 해이 니 일도 그렇고 선재 일도 그렇고, 겉으로 보이는 것만 다가 아니구나… 뚜껑

열어보면 저마다 사연도 있고 힘든 것도 있고 그렇구나. 솔직히 좀
반성되더라. 내가 티는 안 냈는데 니들 본투비 완벽인 거 좀 질투했
었거든? 재들은 뭔 복을 타고나 저렇게 완벽하나. (하다) 아니 니들이
부족하단 뜻은 아니구… (제 입 때리며) 아 난 역시 국어도 딸려….

해이   (피식) 걱정 마. 뭔 말인지 알아.

단지   근데 순간 또 그런 생각도 들더라? 혹시 나도… 내가 모르는 출생의
비밀 같은 게 있는 건 아닐까. 너도 봐서 알겠지만, 울 엄마랑 나랑 유
난히 안 닮았잖아.

해이   아냐 닮았어. 키 빼고 쌍까풀 빼고 다 닮았는데?

단지   우기지 마, 안 닮았어. 그래서 이런 시나리을 한번 생각해봤어. 나 태
어났을 때 말야… 산부인과에서 딴 애랑 나랑 바뀐 거야. 그런 채로
이때까지 난 우리 엄마 아빠가 친엄마 아빤 줄 알고 산 거지. 그리고
나랑 바뀐 애는…

건후   (두 사람에게 오며) 야, 근데 이선재 왜 안 온 거야?

단지   (손가락으로 건후 가리키며) 바로 얘야!

건후   (어리둥절) 내가 뭐. 뭔데? 야 뭔데. (단지한테) 뭔데뭔데. (티격태격하
는데)

해이 피식, 웃고 다시 휴대폰 들여다본다.
"선재야, 전화 좀 받아." "학교 안 와?" 등 보낸 문자에 답이 없다.
걱정되는 듯 한숨 쉬며 또 문자친다. "너… 괜찮아?"

S#18.   선재집 희재방 (D)

형이 없는 빈방에 들어오는 선재. 방을 둘러보는데 문자벨 울린다.
보면 해이가 보낸 문자다.
뭐라고 답장을 해야 할지 모르겠어서 보기만 하고 넣는 선재.
책상 앞으로 가 책상 위 문제집들을 펴본다.

√ 164

이어 책상서랍도 천천히 열어보는데… 쇠구슬이 눈에 띈다.
이건 또 뭘까…? 쇠구슬을 들어서 보며 의아하고 불안한.

S#19. 경찰서 조사실 (D)

희재와 선재모 나란히 앉아 있고. (이 신부터 희재 수갑은 안 찬 상태)
맞은편에 송 형사, 배 형사 앉아 있다.
테이블 위로 서류들(정신과 소견서, 처방전, 성년후견인 신청서 등) 내미
는 선재모.

선재모	…정신과 소견서, 처방전, 성년후견인 신청서, 정신병원 보호입원 신청섭니다.
송형사	(서류 눈으로 훑으며) 지금… 심신미약 주장하시는 겁니까?
선재모	아이가 조사를 받을 수 있는 상태가 아니란 걸 애기하려는 겁니다. 일 년 넘게 방에만 처박혀 있었어요. 중증의 조울증, 불안장애, 환각 증세까지… 정신병원 보호입원과 성년후견인 지정 신청 중에 있었습니다.
희재	(선재모 본다. 언제 이런 걸 다… 충격받은 표정)
송형사	(그런 희재 표정 보는)
배형사	(반격) 그렇게 불안한 아들을 미국에 보내요? 이희재씨 미국 비자 신청하셨던데.
선재모	(흔들림 없이) 그건… 해외에서 다른 치료방법을 알아보려고 했던 건데요. (하며 꼿꼿하게 버티는데 테이블 위 선재모 휴대폰 문자벨 울린다. 슬쩍 보면)

#. 문자 인서트

"선재 담임입니다. 선재가 결석을 해서요. 연락 부탁드립니다."

선재모   ! (미간 찌푸리곤 다시 형사들 보며) 지금 당장 석방조치하고 불구속 수
        사로 진행해주시죠. 이 정도면 피의자가 어떤 상탠지, 충분히 설명드
        린 거 같은데요.

배형사   (발끈해) 아니 그건 안 되죠. 다른 범죄도 아니고 살인인데, 조울증 정
        도로 풀어달라니. 아까도 말했지만 두 번이나 도주 시도를 했다구요,
        아드님이.

선재모   (난감하다. 선재가 맘에 쓰여) 알겠습니다. 대신 좀 쉬어가죠.

배형사   (뜻밖의 제안에) 에?

선재모   (시계 보곤) 잠깐 일이 있는데… 저 돌아오면, 그때 재개하시죠.

배형사   아니, 구속영장 신청 기한이 있는데 그걸 변호사님 맘대로…

송형사   (배형사 제지하며) 예 그러시죠. 잠깐 쉬어가시죠. (눈짓하며 일어나는)

배형사   (못마땅하지만 어쩔 수 없이 따라 나가고)

선재모   (희재에게 바짝 얼굴 대고) 나 올 때까지 입 꾹 닫고 있어. 절대 어떤 말
        도 어떤 리액션도 하지 말고. 알았어?

희재   (겁먹은 표정으로 보며) 어, 엄…(마… 하려는데)

선재모   (히스테릭하게/o.l) 입 닫고 있으라고! …뻥끗도 하지 마. 넌 심신미약
        으로 지금 함구증 상탠 거야. 나머진 엄마가 알아서 해. (하곤 가방 들
        고 나가는)

희재   (어머니조차 자신을 범인이라 생각하는 게 원망스럽다. 이래저래 불안하고
        서글픈)

단지모(E) 어쩐지… 그러고 보니까 선재 엄마, 그동안 좀 수상하긴 했어.

S#20.   **브런치 카페 (D)**

        커피 마시며 얘기 중인 수아모, 단지모와 올케어 엄마들.

단지모   같은 동에 살잖아. 가끔 뭐 갖다줘도 커피 한잔 하고 가란 말을 안 하
        더라구. 그게 다 이유가 있었어. 아니 멀쩡하게 집에 있는 앨, 왜 미국

√ 166

에 있다고 뻥을 쳤을까?

수아모 멀쩡하게가 아니니까 그랬겠지.

엄마1 그게 뭔 뜻이에요?

수아모 내 동창 남편이 강현서 수사과장으로 있어서 슬쩍 물어봤는데, 자세한 말해줄 순 없지만 경범죄는 아니래요 혐의가. 중범죄란 얘기지.

단지모 어머, 중범죄면… 강도, 살인 이런 거 아냐?

엄마들 어머어머. / 너무 무섭다. / 소름 끼쳐. (호들갑 떠는)

수아모 그런 애가 우리 아파트에 있었다니… 아으, 끔찍해 생각할수록. 혹시라도 소문나면 집값 떨어지니까 다들 입조심해요. 입주자회의를 한번 하든지 해야지.

단지모 맞다, 언니 동대표지? 암튼 완장도 많아. 완전 완장 콜렉터야.

수아모 (발끈해) 콜렉터는 무슨. 남들이 꺼리는 일 성격상 도맡다 보니까 그렇게 된 거지. 나 같은 사람이 있어야 세상이 돌아가는 거야. 알아?

단지모 아 예, 알아 모시겠습니다 언뉘~

수아모 (괜히 달고 왔다. 큼. 커피 한 모금 홀짝 마시는데)

엄마1 아 맞다, 수아 엄마 그거 알죠? 아침에 학원 앞에서 정 실장님 만났는데, 최치열 더프라이드로 복귀한다면서요?

엄마2 어머 잘됐다. 그럼 우리 올케어는? 올케어는요? (수아모 보는데)

수아모 (금시초문이다. 당황한 티 안 내며) 아… 뭐 듣긴 했는데… 아직 조율 중인 거 같던데.

엄마1 (이상하단 듯) 근데 정 실장님 얘기로는 올케어 맡는 문제까지 얘기가 된 거 같던데. 대신 해이도 다시 올케어 들어오게 해달랬다고.

수아모 (발끈해) 말도 안 돼. 너무 웃기는 거 아냐 최치열? 애인 딸이라고 챙기는 거야 뭐야?

엄마1 근데 솔직히 말하면 첨부터… 해이 자리긴 했잖아요 하나는.

엄마2 맞아. 수아 엄마가… 레벨 안 맞다구 딴 애 넣자 그래가지구 밀린 거지.

단지모 레벨이 충분히 맞지 이젠. 해이 9모도 일등 했구.

수아모	(더 이상 반대할 명분이 없다) 그럼 뭐… 다들 그렇게 생각하면 나도 반대할 이윤 없고. 여튼 학원에 알아볼게요. (다시 커피 쪽 마신다. 목이 탄다)

(E) 현관문 열리는 소리

S#21. 선재집 거실 (D)
선재, 희재 방에서 나오는데 선재모 들어온다.

선재	(보고 얼른) 엄마. 형은요. 어떻게 됐어요? 형 괜찮아요?
선재모	너 왜 여깄어? 학교 안 가구 왜 여깄냐구?!
선재	너무 걱정이 돼서… 저기 형은…
선재모	(o.l) 그렇다고 학교를 안 가? 너 지금 제정신이야? 내일이 중간고사야!
선재	(표정 일그러지며) 엄마… 지금 시험이 문제가 아니잖아요.
선재모	그럼 뭐가 문젠데? 너 2학년 내신 중요한 거 몰라? 이번에 국어 일등급 놓치면 수시 물 건너가! 정시만으로 붙을 자신 있어? 형 땜에 니 인생도 망치고 싶냐구?!
선재	(원망하듯 보며) 내일 시험 망치면… 제 인생도 망쳐요?
선재모	그럼 망치지! 형을 보고도 몰라?
선재	아뇨. 형은 그래서 망친 게 아니에요. 그렇게 몰고 간 엄마 때문에… (하다 멈춘다)
선재모	(보며) 원망을 해도 대학 붙고 하고, 나 미워하는 것도 대학 붙고 해. 그럼 다 받아줄 테니까. (시간 보고) …학교는 글렀구 들어가서 공부해. 그게 니가 할 일이야.
선재	엄마….
선재모	정신 똑바로 차려! 이십사 시간도 안 남았어 시험. (하곤) 뭐하고 있어? 들어가 공부하라니까! (선재 등 떠민다) 들어가! 들어가 얼른~!!

| 선재 | (무기력하게 선재모에게 등 떠밀려 방으로 들어가는) |

S#22. 우림고 2-1 교실 (D)

수업이 다 끝난 텅 빈 교실. 남아 건후 멘토링 중인 해이.

건후, 열심히 문제를 푸는데… 해이는 심란한 얼굴로 휴대폰 들여다

보는.

건후	(고민해서 푸는) a_4랑 a_6은 a_5를 중심으로 대칭이니까… a_4+a_6은 $2a_5$ 그럼… 22… 맞나? (해이 반응 없자) 틀렸어?
해이	(답이 없는 선재와의 카톡창만 보고 있는)
건후	(해이 앞에 핑거스냅하며) 헤이, 남해이!
해이	어… (책 보며) 다 풀었어?
건후	(보며) 이선재, 많이 걱정되냐?
해이	(폰 내려놓으며) 미안. 집중할게 이제.
건후	(진지하게) 그럴 때 있잖아. 심란해서 아무하고도 연락 안 하고 싶을 때. 나 부상 땜에 아이스하키 못한다 선고받았을 때 딱 그랬거든. (보며) 좀 기다려줘봐, 선재.
해이	(건후 말이 맞다. 고개 끄덕끄덕하는)
건후	아 근데 선재 이 자식… 고의는 아니겠지만 타이밍 절묘하네 진짜.
해이	뭐가?
건후	아니, 그런 게 있어. 선재랑 나랑만 아는 거. (하곤 다시 문제 풀려다가 멈칫, 펜을 탁 내려놓는다) 아 안 되겠다. 나도 영 집중이 안 된다.
해이	그만하게?
건후	(책 접으며) 가자. 이럴 땐 몸을 좀 혹사시켜야 돼. 딴생각 안 나게. (씩 웃는)

S#23. 실내 스케이트장 (D)

스케이트화 신은 해이 펜스 잡고 한 발 한 발 조심스럽게 떼고.
건후는 그 앞에서 여유롭게 스케이트 타며 해이 보는.

건후   잘한다. 이제 겁먹지 말고 손 떼고.

해이   (손 떼고 걷는)

건후   (다가가 그런 해이 손잡고 끌어주는)

해이   어어~ (신기하고도 재밌다. 표정 밝은)

건후   (그런 해이 표정에 기분 좋은) 거봐, 오길 잘했지? 머릿속에 아무 생각
       안 들지?

해이   어. 넘어지면 안 돼… 그 생각밖에 없어 지금.

건후   (웃고) 자, 발을 어깨너비로 딱 벌리구. 무릎 살짝 굽히구. 얼음을 스
       윽 밀면서 가봐. 넘어지는 거 무서워하지 말구. 안 넘어지겠다구 몸
       에 힘주면 오히려 다쳐.

해이   (시키는 대로 하는)

건후   어때? 되지?

해이   (고개 끄덕끄덕하며 전진해보는)

건후   (스윗하게 해이 손잡은 채 보조 맞춰 백스텝 해주고)

해이   (그런 건후 힐끗 본다. 얘한테 이런 자상한 면이 있었구나…)

건후   (보고) 어? 지금 나한테 살짝 설렜다 너. 그치?

해이   아니거든. (하곤 건후 손 확 놓는)

건후   아 알았어. 알았으니까 잡아. (손 내미는데)

해이   (건후 째리곤 집중해 혼자 전진해보는)

건후   오 된다. 야 잘 타네~ 혼자 연습 좀 해봐. (하곤 해이 두고 혼자 바람 가
       르며 타는)

해이   (그런 건후 보며 감탄하는) 와 잘 탄다 서건후.

(컷)   펜스 쪽으로 나와 스케이트화 벗는 건후와 해이.

건후	(보며) 어때. 몸 혹사시키니까 좋지. 이제 공부할 수 있을 거 같지.
해이	어. 인정. (마저 벗는)
건후	(벗으며) 실은… 한번은 보여주고 싶었어. 나 스케이트 타는 거.
해이	(보면)
건후	계속 바보 같은 모습만 보였잖아, 공부는 뭐 내가 비기너니까. 근데 나도 잘하는 게 있다, 그동안 허투루 시간 보낸 건 아니다, 어필이 좀 될까 해서. (보며) 됐냐?
해이	(보며) 어필 안 해도 돼. 너 충분히 멋있어.
건후	뭐야. 칭찬인데 왜 희망적이지가 않지? 아 공부만큼 어렵네, 연애. (툴툴대며 벗는)
해이	(그런 건후 보고 피식, 웃다가 다시 표정 굳는다. 여전히 선재가 걱정된다)

S#24. 국가대표 반찬가게 저녁 외경 (N)

S#25. 국가대표 반찬가게 주방 (N)

간이 테이블에 둘러앉아, 늦은 저녁 먹는 행선, 영주, 재우.

영주	에휴~ 선재가 많이 심란하겠네. 여리여리하니 맘두 여린 거 같든데.
행선	반찬이라도 좀 갖다줄까? 그 집 지금 애 밥 챙길 여유도 없을 텐데.
영주	(숟가락으로 밥그릇 탕탕 치며) 아서라 어? 그 엄마 경찰서에서도 니 쌩 깠다며. 너한테 그런 꼴 보인 거 싫었을걸? 그 콧대에?
행선	차… 아주 돗자리 깔지. 그놈의 개똥심리학은 족보가 어딘지 참.
영주	족보를 왜 따져 맞추면 장땡이지. 최 선생 멜로눈깔, 누가 알아봤더라?
행선	(치열 말이 나오자 또 휴대폰을 힐끗 본다. 아무리 바빠도 전화 한 통을 안해? 싶은데… 징~ 문자벨 울린다. 얼른 확인하면 "진심을 다하는 ○○ 택배입니다. 고객님께서 주문하신 상품이 발송되었습니다." 안내문자다. 실망해서 덮는)

영주	(눈치채고) 누구, 최쌤 전화 기다려?
행선	아니. 그냥 본 거야.
영주	아닌 거 같은데. 하루 죙일 휴대폰에서 눈을 못 떼던데. 그치 재우야.
재우	어. 울리지도 않는데 총 17번 봤어 휴대폰.
영주	근데 왜 오늘따라 한 통이 안 왔을까? 남자가 연락 안 하는 건 옥중, 상중 아니면 아웃오브안중이라는데… 혹시 둘이 싸웠냐?
행선	(발끈) 싸우긴 무슨, 우리가 애냐? 다 큰 숙성한 어른들인데.
재우	(먹으며) 성숙. 숙성은 숙성회.
행선	(무안해) 애니웨이 자식아. 숙성이나 성숙이나.
영주	싸웠네 싸웠어. 야 그렇게 폰만 보지 말고 숙성한 니가 먼저 연락해 그냥.
행선	싸운 거 아니라니까! 남의 말을 안 들어 애가. (일어나 밖으로 나가려다 다시 들어와 테이블 위 휴대폰 들고 나가는)

S#26. 국가대표 반찬가게 (N)

행선	(나와서 휴대폰 보며) 아… 진짜 너무하네 이 남자. 내가 아무리 승질이 급하고 이런 찝찝한 상황 못 견뎌도… 안 꺾여 내가. 안 해 안 해. 절대 먼저 안 해. (하다) 아 근데 너무 답답하네. 아 씨… (다시 폰 본다) 그래. 내가 십 대도 아니고, 밀당은 무슨 얼어죽을. 쿨하게, 성숙하게. (끄덕끄덕하고곤 폰 들고 치열에게 문자 뭐라 쓸까… 고민하는)

S#27. 치열 연구소 내 사무실 (N)

회의 시작 전, 효원은 샌드위치와 과자, 음료수 세팅하고.
동희는 치열 의자 앞에 문제지 놓고, 제 필통에서 만년필(6부 12신/19신의 만년필) 꺼내 '2차 수정본'이라 적는다.
옆에 와 세팅하던 효원 문제지 글씨 보며.

효원	와. 만년필 색깔 완전 특이하다. 이쁜데요?
동희	오렌지 브라운. 내가 요새 꽂힌 색. (하곤 주요 문제 앞에 체크하는)

(컷)	막 시작된 인강 준비 회의. 치열과 동희, 조교들 둘러앉아 있는.

치열	내일 인강 파트 합성함수도 나가지? QnA 게시판 보니까 애들이 함수의 그래프 많이 어려워하는 거 같던데. 합성함수 하면서 그래프 이용하는 문제풀이를 한번 제대로 해주는 게 어떨까 싶은데.
효원	네. 애들이 식이랑 그래프를 같이 보는 걸 어려워하긴 해요.
치열	오케이. 그럼 그래프 활용한 함수 문제를 몇 개 뽑아서 활용 문제를 유연하게 받아들이게 개념을 좀 잡아주자고.
조교1(연경)	네. 문제 배치 다시 해볼게요. (체크하고)
치열	자, 그럼 함수의 그래프 문제만 다시 뽑고 바로 시뮬레이션 해보자. 그리고… (프린트 내밀며) 여기 이건 오타냐, 오류냐?
조교들	뭐요? (같이 들여다보는데)

이때, 치열의 폰 징~ 울리며 행선 문자가 뜬다.

동희	(바로 앞에 놓여 있는 치열 폰 힐끗, 행선 문자 보는)

#. 문자 인서트

"많이 바빠요? 목소리 듣고 싶은데 ^^ – 남행선 사장"

동희	(치열이 조교들과 프린트물 보며 "오타 같은데요?" "그럼 어떻게 되는 거야?" 논의하는 사이 얼른 알고 있던 비번 찍고 문자 삭제해버리는)

S#28. 선재집 선재방 (N)

책상 앞에 앉아 있는 선재.

선재모의 강요에 의해 억지로 앉긴 했지만… 책이 눈에 들어오질 않는다.

괴로운 듯 마른세수하는데… 이때 징~ 휴대폰 문자벨 울리고 확인하면.

#. 문자 인서트

"연락 올 때까지 기다리려고 했는데 걱정돼서. 잠깐 얼굴만 보여줘. 니네 집 앞 놀이터야 - 해이"

선재   ……. (해이의 문자를 본다. 계속 그렇게 보기만…)

S#29. 임페리얼 아파트 놀이터 (N)

벤치에 앉아 선재 기다리는 교복 차림의 해이.

폰 열어보면 보낸 문자에 숫자 1은 없어져 있다.

톡은 봤는데 끝내 안 나오려나? 한숨 쉬며 입구 쪽 보는데…

막 들어서는 후드티 차림의 선재.

해이   (반가워) 야 이선재! (벌떡 일어나는)

선재   (해이 보고 천천히 다가오는)

해이   (다가서며) 너 내가 오늘 몇 번을 전화했는지 알아? 문자도 다 씹구….
          너 힘든 거 다 아는데, 그래도 걱정되니까 답장 한 번은 좀 해주지…
          (하는데)

선재   (해이 어깨에 얼굴을 툭, 묻는다)

해이   ! (놀라서 보면)

선재   (그렇게 해이 어깨에 얼굴을 묻곤 흐느끼는)

해이   (당황해 보다가… 꾹 누르고 참고 있었구나… 상황 이해하고 그대로 가만히

있어주는)

선재   (점점 어깨 들썩이며 더 격하게 울고)

해이   (맘껏 울라는 듯 선재 옷의 후드를 머리에 씌워주곤 어깨 토닥토닥 해주는)

S#30. 경찰서 복도 (N)

조사실 쪽에서 걸어오는 선재모.

걱정이 되는 듯 또 선재에게 전화를 걸어본다.

전화를 받지 않는 선재. "고객님이 전화를 받지 않아 음성사서함으로…" 안내음성 나오고… 선재모, 전화를 끊어버린다.

선재모   …공불 하는 거야 뭐하는 거야… 하아…. (아무래도 불안하다. 내일이 시험인데… 뭔가 골똘히 고민하다 이내 결심한 듯 누군가에게 또 전화 거는) …네 교무부장님, 저예요. 늦은 시간에 죄송합니다. 다른 게 아니라… 지난번에 하신 말씀, 아직 유효할까요? 필요하면 뭐든 도움 주시겠다는 말.

S#31. 행선집 주방 (N)

행선과 해이 마주 앉아 행선은 캔맥주, 해이는 아이스크림 퍼 먹는.

해이   …나 선재 우는 거 첨 봤어. 맘이 아프더라….

행선   형 일은 어떻게… 잘 해결될 거 같대?

해이   몰라. 일단 선재네 엄마가 나서서 해결해보시려고 하는 거 같던데.

행선   아니 그럼 그 형은, 이사 와서부터 내내 그렇게 방 안에서만 지낸 거야?

해이   한 번씩 나가기도 하고 그랬는데… 선재네 엄만 것도 못마땅해 하셨대. 유학 가 있는 걸로 아는데 혹시라도 사람들이 볼까봐.

행선   헐. (고개 절레절레 흔드는)

해이   가족이란 게 말야. 뭔지 잘 모르겠어. 엄마에 아빠에, 심지어 두 분 다 변호사시구. 형도 있구. 근데도 선재가… 너무 외로워 보이더라구.

행선 인생이란 게 원래 혼자지… 누가 옆에 있어도 외롭고 없어도 외롭고.

해이 ? (보는)

행선 왜.

해이 외로워? 너무 행복해야 정상 아냐 지금?

행선 (애써 웃으며) 어 뭐, 난 행복하지. 아주 행복해 죽지. 흐흥.

S#32. 행선집 행선방 (N)

방으로 들어온 행선. 다시 휴대폰을 보는데 치열에겐 답이 없다.

행선 …하… 내가 존심 다 버리고 성숙하게 응? 먼저 문자까지 보냈구만 씹어…?? (생각할수록 화난다. 씩씩거리며) 그래 관두자. 아직 제대로 시작도 안 했는데 안 봄. 그만이지. 그래. 뭐 언제부터 보고 살았다고. 차…. (열 받아 휴대폰 알람 맞춰놓곤 침대에 누워 눈 감는다. 씩씩거리며 잠 청하는)

S#33. 치열 연구소 건물 주차장 (N)

차 쪽으로 같이 걸어오는 치열과 동희.

치열 휴대폰 보는데, 새벽 3시다. 하루 종일 행선에게서도 연락이 없다.

치열 (너무 늦긴 했는데 지금이라도 전화 해야 되나… 고민하는데)

동희 (그런 치열 표정 눈치채곤 얼른) 너무 늦었죠?

치열 어? 어. 시간이 이렇게 된지 몰랐네. 쉬다 달릴래니까 더 죽겠다 야. (하곤) 아 너 피곤할 텐데 그냥 택시 타고 가. 내가 운전해서 갈게.

동희 아니에요. 모셔다드릴게요.

치열 됐어. 지금 택시 콜해도 한참… (하다) 야 그러고 보니까 내가 니네 집도 모른다. 말도 안 돼, 야 너 타. 오늘은 내가 델다줄게. (운전석 문 열

려는데)

동희	(얼른 먼저 열며) 됐어요. 제가 모셔다드릴게요. (운전석에 타는)
치열	아 그냥 타지⋯ 집은 안 갈켜줄라 그래. 은근 신비주의야 보면. (뒷자리에 타는)

치열, 휴대폰 손에 쥔 채 창밖 본다. 이래저래 행선이 맘에 걸린다.

동희	(그런 치열 표정 살피며) 낼 오전 열 시엔 출발해야 될 거 같아요. 거리가 좀 있어서.
치열	뭔 스케줄을 이렇게 여백 없이 짜냐. 낼은 뭐라고?
동희	인천 동구 쪽 예비 고3 학부모 대상 특강이요. 학원협회 주관이구요. 전 그때 말렸는데 쌤이 지방과 서울의 교육기회 불균형 해소를 위한 공익적 목적에 공감하신다고.
치열	아 또 허세 부렸었네. 담엔 제대로 말려. 말 안 들으면 화내, 아냐 때려.
동희	네. 그럴게요. (웃는)
치열	(보며) 그래. 넌 좀 웃어야 돼. 그래야 사람이 좋아 보여.
동희	? (무슨 얘긴가 해서 룸미러 보면)
치열	(진지하게) 저기 혹시 남행선씨랑⋯ 뭐 불편한 거 있냐?
동희	(의외인 척) 아뇨⋯ 왜, 사장님이 뭐라 그러세요?
치열	아니, 그런 건 아니고⋯ 그냥 잘 지냈으면 해서. 니가 안 웃고 가만있으면 좀 싸늘해 보이는 데가 있거든. 상대가 오해할 수도 있고 하니까, 좀 많이 웃어주라고.
동희	네⋯ 알겠어요. (행선한테 뭔가 들었구나⋯ 눈치채곤) 많이 좋아하시나 봐요⋯ 남 사장님.
치열	응? 음⋯ (멋쩍게 웃으며) 마음이 안정이 돼. 뭔가 그 사람 생각하면.
동희	그러고 보니까 요샌⋯ 그 여학생 꿈도 잘 안 꾸시나봐요.

치열	그런가? 아 그러네. 신기하네. (머쓱하게 웃고)
동희	(그런 치열 보며 미소 지어 보이곤, 다시 앞쪽 보며 표정 굳는)

S#35. 치열 주상복합 엘리베이터 (N)

지하주차장에서 엘리베이터 타고 올라오는 치열과 동희.
엘리베이터 일층에 서면.

치열	고생했다. 가서 얼른 자.
동희	네. 선생님도 고생하셨어요. 내일 시간 맞춰 올게요. (인사하고 내리는)
치열	(문 닫히고, 다시 휴대폰 본다. 새벽 3시 24분이다. 뭔가 골똘히 생각하는 데서)

(E) 휴대폰 알람 소리

S#36. 행선집 행선방 (N)

비몽사몽 일어나 휴대폰 알람 끄는 행선.
잠시 멍하니 있다가, 이내 새벽 장 보러 가기 위해 일어나는.

S#37. 행선집 거실 (N)

식탁 위에 유부초밥 접시와 물컵, 수저, 차리고 랩으로 씌워놓는 행선.
쪽지까지 올려놓고 부랴부랴 나간다.
쪽지엔 "해이 시험 잘 봐라. 엄마 장 보러 간다"라고 쓰여 있고.

S#38. 국가대표 반찬가게 건물 앞 (N)

행선, 집 쪽에서 막 나오는데 빵빵! 클랙슨이 울린다.

행선	! (놀라 보면)
치열	(차에서 내린다. 행선 보고 양손 펼쳐 보이며 어깨 으쓱하는)

행선   (멍한 채 치열 보다가 속도 없이 슬며시 입꼬리 올라가는)

S#39. 시장 (N)

행선 옆에 딱 붙어 같이 장 보는 치열. 카트 밀고 가는.

행선   (야채 사장님에게) 사장님, 오늘 무어때요?

사장   좋지, 뭘 물어. 하나 주까? (하다 옆의 치열 본다) 누구, (하다) 아 혹시…?

행선   (쑥스럽지만 자랑하듯) 네, 맞아요.

사장   어무나 잘생겼다. 세상에, 키도 훤칠하니 크구~ 응? (치열 스캔하는)

치열   (미소로) 네, 감사합니다. (스윗하게 인사하고)

사장   아우 목소리도 좋구. 애들 가르치는 선생님 맞어? 내가 보기엔 딱 연예인 같은데. 씻은 배추줄기같이 아주 훤칠하구만.

행선   (좋으면서도) 아우 배추줄기는 무슨. 아, 말 나온 김에 배추도 좀 주세요.

사장   어어. (무와 배추 비닐봉지에 담아 내밀면)

치열   (얼른 받아 카트에 싣는)

행선   (돈 건네곤, 머슴 거느린 마님 마냥 의기양양하게) 많이 파세요 사장님~ (가는)

(컷)   시장 한켠 - 장 본 카트 옆에 놓고 믹스커피 마시는 행선과 치열.

치열   음… 낚시터에서 마시던 거랑은 또 다르네. 완전 좋은데요?

행선   그쵸? 나도 장 보고 나면 꼭 한잔해요 그래서. 맛있어.

치열   (고개 끄덕끄덕하고 또 한 모금 마시는)

행선   …근데 진짜 한 시간 반을 기다렸어요? 새벽 세 시 반에 와서?

치열   응. 지은 죄가 있으니까.

행선   (치…) 죄 지은 건 아시네. 아니 아무리 썅이 나도 그렇지, 존심 죽이고 보낸 문자를 어떻게 그렇게 씹어요? 너무했어 진짜.

치열 문자를 보냈다구 나한테? 아니, 안 왔는데.

행선 어머, 이 양반이 진짜. (휴대폰 보여주며) 봐요. 이래도 아니에요? 아니에요?

치열 아… 진짜 안 왔는데. (휴대폰 보여준다) 봐요. 안 왔잖아.

행선 (보고) 어 그러네. 내 껀 갔는데 왜 여긴 안 왔지?

치열 통신 오류가? 와 나 완전 찍힐 뻔했네. 오늘 안 기다렸으면, 아우. (아찔하다는)

행선 (웃으며) 그러게. 하늘이 도왔네. 내가 또 한번 돌아서면 얄짤없는 사람이라, 찬바람 쐭쐭 불구 아주, 난리나요 아주. 뒤도 안 돌아봐 내가.

치열 (피식 웃고) …그저껜 내가 잘못했어요. 난 그냥 행선씨가 내 사람이랑도 잘 지냈으면 하는 마음에서… 중재를 해본다는 게 말이 그렇게 나와서.

행선 (그 말에 마음 누그러져) 알아요. 나도 넘 예민했어요. 괜히 말꼬리 잡구.

치열 (보며) 바쁜 거 좀 지나면 바람 쐬러 가요 우리. 어디 가고 싶어요?

행선 글쎄… 이 동네만 벗어나면 어디든 좋을 거 같은데. 바다도 함 가보고 싶고.

치열 오케이. 갑시다 바다. 동해? 남해? 아님 서해? (하다가) 아 잠깐.

행선 왜요?

치열 (좋은 생각난 듯) 인천에도… 바다가 있지? (하며 행선 보는)

S#40. **고속도로 (D)**

고속도로를 쌩하니 달리고 있는 치열의 차 보이고.

S#41. **치열 차 안 (D)**

떨떠름한 동희 얼굴에서 줌아웃하면

동희 운전 중이고 뒷좌석엔 치열과 행선이 같이 타고 있다.

행선	(좋으면서) 아니 갑자기 무슨 인천을 가자구 진짜.
치열	바다 보고 싶다면서. 인천이 서해안 드라이브 코스 유명한 거 몰라요?
행선	아니 그건 아는데… (동희 눈치 보며) 쌤 일하러 가는데 괜히 꼽사리 껴가지구… 지 실장님도 불편하실 텐데.
동희	아닙니다. 전혀요. 선생님이랑 둘이 가는 거보단 안 지루하고 훨씬 좋은데요? (가식 미소 짓는) 히타 좀 틀어드릴까요? 안 추우세요?
행선	아뇨, 딱 좋아요. 혹시 졸리시면 제가 운전 체인지 해드릴게요. 저 운전 잘해요.
동희	아뇨. 컨디션 좋습니다. 그냥 편하게 가세요. (룸미러 보며 웃는)
치열	(그런 두 사람 분위기에 흐뭇하고)
행선	근데 진짜 이래두 되나 모르겠네. 가게두 걱정되구.
치열	가겐 오늘 그냥 까먹어요. 반찬 다 만들어놓구 왔잖아요. 영주씨랑 재우도 갔다 오라고 했고. 어련히 알아서 잘 할까. 사장님 없어서 더 좋을걸?

S#42. 국가대표 반찬가게 앞 (D)

'오늘 스페셜 없습니다' '소고기뭇국, 밑반찬 있음' 등등 붙어 있고.

영주(E)	에휴~ (큰 한숨 내쉬는)

S#43. 국가대표 반찬가게 주방 (D)

영주, 꼬막 껍데기 까며 투덜거리는.

| 영주 | …에휴, 누군 바닷가 가서 조개껍질 묶어 그대의 목에 걸고 놀 텐데, 난 비린내 나는 꼬막이나 따고 있고 말야. 연애 고파서 진짜 못 살겠다 진짜. 내가 많은 걸 바래? 어? 그냥 인간성 좋고, 나보다 딱 2cm만 크면 오케인데 말야. (투덜거리는데) |

재우	(행주 들고 들어와 싱크대에서 빠는)
영주	에요. 에요에요. (하곤 손 닦고 찬장 위에 쌓아놓은 반찬통 내리려는데 손이 안 닿는) 아 이건 또 왜… 이렇게 높이 올려놔서…. (낑낑거리는데)
재우	(보곤 아무렇지 않게 영주 뒤에 붙어 반찬통 내려주는)
영주	(생각지도 못한 상황에 놀라 재우 보는)
재우	(물러나며) 여기. (반찬통 주면)
영주	어어…. (받아 챙기는)
재우	(빤 행주 들고 다시 나가는)
영주	(그런 재우 보며) 쟤가… 꽤 컸네 키가? 옛날엔 나보다 쪼꼬맸는데. (새삼 재우가 달리 보인다) 내가 너무… 동생으로만 봐서 몰랐나? (다시 보는)

S#44. 우림고 2-1 교실 (D)

칠판에 '2학기 중간고사' '1교시: 수학 2, 2교시: 생명과학 I' 적혀 있고. 학생들 문제 풀고, 종렬 뒷짐 지고 아이들 사이 왔다 갔다 하며 감독하고 있는.
수아, 집중해 수학 문제 푸는데… 시험지 숫자들이 막 튕겨져 나온다. (C.G)

수아	!!! (당황해 눈 비비고 다시 보지만 또 튕겨져 나오는 숫자들. 얼굴 하얗게 질리는)
(컷)	멘붕 돼 넋 나간 채 앉아 있는 수아. 다시 시험지 보면 숫자들이 정상적으로 보인다. 그러나 결국 시험지의 반밖에 문제를 풀지 못했다. 울 듯한 표정인데.
단지(E)	야 진짜? 남해이 진짜 수학 다 맞은 거야? 대박.

수아	?! (해이를 본다)
해이	(답 맞춰본) 운이 좋았어. 직전에 푼 것두 하나 나오고.
수아	(그런 해이 보며 괴롭고, 화도 나고, 분노도 일고… 부들부들)

S#45. 카페 앞 (D)

카페 통유리 너머로, 마주 앉은 교무부장과 선재모가 보인다.

긴장한 듯 진지한 표정의 두 사람.

선재모가 교무부장으로부터 밀봉한 종이봉투를 은밀하게 건네받는

모습에서.

S#46. 경찰서 앞 (D)

경찰서 쪽으로 걸어오는 교복 차림의 선재.

손에는 며칠 전에 희재 주려고 사왔던 청심환 약봉지가 들려 있다.

경찰서 건물 올려다보곤 걱정스런 표정 짓는 선재 모습에.

S#47. 경찰서 조사실 (D)

희재 혼자 앉아 있고, 송 형사와 배 형사가 약봉지를 들고 들어온다.

희재 앞 테이블 위에 약봉지에서 꺼낸 청심환(액상형) 올려놓으며.

배형사	…동생이 전해주라네. 형 괜찮냐면서.
희재	…….
송형사	동생이 형 걱정을 엄청 하던데. 빨리 나가야 되지 않겠어요?
희재	(청심환을 가만히 본다. 걱정하는 선재의 마음이 느껴진다…)
배형사	(그 표정 읽고, 이때다 질문하는) 모친이 입 닫고 있으라 그런 거 아는데… 그럴수록 이 사건 길어져요. 딴 건 됐고 딱 하나만 물읍시다. (다시 진이상 사진 내밀며) 이 사람 알죠? 그날 새암 아파트에 갔었죠?
희재	(사진 뚫어져라 보다가… 천천히 고개 끄덕이려는데)

선재모(E)   지금 뭐하시는 거예요?!

송, 배형사/희재   (본다)

선재모   (문 앞에서 들어와 희재 옆으로 오며) 제가 자리 비운 사이에 이렇게 조
사하는 거, 변호인 조력을 받을 권리에 대한 침해인 거 모르세요? (따
지는)

송/배형사   (서로 보며 이 여자 못 당하겠네, 난감한)

S#48.   경찰서 복도 (D)

사무실 쪽으로 걸어가며 얘기 나누는 송 형사와 배 형사.

송형사   그냥 영장청구 신청하자.

배형사   조사 더 안 하구요? 아직 열두 시간 정도 남았는데.

송형사   저 변호사엄마 붙어 있는 이상 더 나올 거 없어. 우리 진만 빠지지.

배형사   그렇긴 한데… 아 되게 빡빡하네 그 여자. 아무리 변호사래지만 참.

송형사   …좀 이상하긴 해 엄마 태도가. 지 자식이 죄가 없으면 자초지종을
따져서 오해부터 풀려고 해야 정상인데… 계속 아들 입만 막고 있잖
아. 심신미약 핑계 대면서.

배형사   그니까요. 엄마가 뭐 별로 속상한 기색도 없고. 바로 영장 칠게요 그
럼. (들어가는)

S#49.   선재집 거실 (D)

현관 쪽에서 거실로 들어오는 선재.
텅 빈 집 안이 유난히 을씨년스럽다.
주방으로 가 물 마시려는데 식탁 위에 종이봉투가 하나 올려져 있는.

선재   ? (봉투 열어 프린트된 시험지 꺼내는데 휴대폰 벨 울린다. '엄마'다. 받는)
네….

선재모(F)	집이야? 시험은?
선재	그냥… 대충 봤어요.
선재모(F)	너 지금 대충이란 말이 나오니?! (짧게 한숨 쉬고) 형 일은 엄마가 알아서 할 테니까 신경 끄고, 시험 집중해. 낼 독서 시험이지? 식탁 위에 프린트물 봤어?
선재	…네…. (시험지 보는)
선재모(F)	꼼꼼하게 풀어봐. 어렵게 구한 자료야. 아무도 보여주지 말고.
선재	…….
선재모(F)	내 말 듣고 있어? 너 혼자 풀어봐야 돼 꼭. 알았지?
선재	(피곤하다) …알았어요…. (시험지 들고 방으로 들어가는)

S#50. 평생교육관 소강당 앞 (D)

'일타강사 최치열에게 듣는다! 예비 고3 겨울방학 입시전략'
플래카드 붙어 있고.

S#51. 평생교육관 소강당 (D)

치열 무대에서 특강 중이고.
행선 관객석 맨 뒷줄에 앉아 필기하며 듣고, 동희 그 옆에 앉아 있는.

치열	…고3으로 올라가는 이 시점에서 어떻게 공부하면 되냐는 질문을 받으면, 저는 상위권 학생이든 아니든 똑같이 답합니다. 방학 전까지는 빈틈없이 실전 개념들을 다지고 그다음부터 N제나 실모를 최대한 많이 풀어보는 게 중요하다….
행선	(적으며) N제… 실모… (하는데 손 들다 다른 쪽 손에 펜 확 그어버린다. 아…)
동희	(얼른 주머니에서 물티슈 꺼내 뽑아 건네는)
행선	(내가 그동안 뭔가 오해했구나. 미안함과 고마움에) 감사해요. (받으며 미

소 짓는)

동희 　천만에요. (하며 미소 지어 보이는)

치열 　……. (그런 둘, 흐뭇하게 보며) 그럼 고3이 딱 됐다, 그땐 어떤 전략으로 가야 하나….

행선(E)　(감탄하는) 와아~~

S#52. 선착장 (D)

감탄하는 행선 얼굴에서 줌아웃하면
선착장에 대기 중인 럭셔리 요트. 치열 그 옆에서 흐뭇하게 웃고 있는.

행선 　이런 건 티비에서만 봤지, 실물은 첨이에요. 와 대박… 이거 타는 거예요 진짜?

치열 　타지 그럼 구경만 해라, 그럴까봐? (흐뭇한 미소) 내가 럭셔리 프리미엄 코스로 대접한다고 예고했잖아요. 타봅시다. 나도 이번에 딱 두 번째예요.

동희 　(먼저 요트에 오르고 미소로 손 내민다)

행선 　(동희 손잡고 오르는) 아 고마워요 지 실장님.

치열 　뭐야. 난 너무 안중에도 없는 거 아냐? 어이, 나 유령인가? 어?

행선 　아으 질투는. 지 실장님. 한번 잡아줘요 그냥.

동희 　그럴까요? (웃고 치열 잡아주는)

치열 　(동희 손잡고 오르고) 땡큐 오빠. (농담하곤 행선 에스코트 해 들어가는)

S#53. 요트 안 (D)

반짝이는 바다를 시원하게 가로지르는 하얀 요트.
선상에서 치열과 행선, 바닷바람 맞으며 즐거워하고 있고.
동희, 조타석에서 키를 잡고 그런 둘을 바라보는.

행선	(들떠 팔 벌리고 바닷바람 맞으며) 와~~~ 바다다아아아.
치열	(흐뭇하게 보며) 참… 바다 첨 봤나, 왜 저렇게 좋아해 귀여워 미치게.
행선	와 진짜 가슴이 뻥 뚫리는 거 같애요~ 근데 이거 진짜 쌤 꺼예요? 빌린 거 아니구?
치열	이제 내 싸이즈에 대해 파악을 할 때도 되지 않았나? 누누이 말하지만, 나 1조원…
행선	(o.l) 알아요. 1조원의 사나인 거. 근데 실감이 안 났는데… (요트 다시 둘러보며) 와 부자는 부자구나. (하다) 근데 지 실장님은 언제 또 요트 운전은 배우셨대?
치열	이거 살 때 급하게요. 나 보필하려면 운송수단별로 자격증 하나씩은 갖구 있어야겠다구, 경비행기 자격증도 따겠대요 곧.
행선	와. (하곤 큰 소리로) 지 실장님~ 운전 짱이에요~ (엄지척 해 보이는)
동희	(웃으며 오케이 사인 해 보이고)
행선	(치열에게) …내가 오바했나봐요. 지 실장님.
치열	그렇다고 했잖아요. 둘이 오해 풀린 거 보니까 좋네 나도. (기분 좋은데)
행선	(바람이 쌀쌀하다. 으~ 어깨 움츠리면)
치열	(어깨 잡으며) 왜, 추워요?
행선	아니, 견딜 만해요.
치열	에이, 춥구만 뭘. 잠깐 있어요. 안에 담요 있어. (선실로 들어가는)
행선	(바다 본다. 바다색도 예쁘고, 동희와 오해도 풀린 거 같아 마음도 편하고 행복하다. 휘 둘러보다 다시 조타실 쪽 동희 얼핏 보는데)
동희	(순간 표정 싸늘하게 변하며 키를 한쪽 방향으로 확 꺾는)

그 바람에 선채가 한쪽으로 기울어지고!
바다 쪽으로 빠질 뻔하는 행선, 순발력을 발휘해 난간 잡으며 넘어진다.

치열   (놀라 선실에서 뛰어나오는) 행선씨~~!!!

S#54.   병원 외경 (N)

S#55.   병원 응급실 (N)
        상처 치료 중인 행선. 치열과 동희 옆에서 안절부절 보는.
        의사 드레싱 후 반창고 붙여 마무리하곤 보며.

의사   가벼운 타박상이라 간단하게 드레싱 했구요, 혹시 모르니까 주사 한
        대 맞고 가세요. 오늘 댁에 가셔서 소독만 한 번 더 해주시구요. (인사
        하고 가는)
치열   (인사하고)
동희   (행선 보며) 정말 너무 죄송해요. 제가 좀 더 주의를 해서 운전을 했어
        야 되는데, 갑자기 파도가 확 몰아치는 바람에.
행선   …네… 괜찮아요…. (하는데 뭔가 석연치가 않다. 분명히 의도적으로 꺾었
        는데…)
동희   아 진짜, 바보같이. 중심을 잡았어야 되는데…. (자책하는 척하면)
치열   (동희 어깨 토닥이며) 괜찮아. 일부러 그런 것도 아니고, 사람이 실수할
        수도 있지.
동희   그래도… 음식 하시는 분 손에 상처나 나게 하고 진짜…. (괴로운 척
        하는)
행선   (그런 동희 힐끗 본다. 저게 진짤까. 아니면…)
치열   됐으니까 그만 넌 가봐. 행선씬 내가 데려다줄게.
동희   아뇨. 제가 모셔다드릴…
치열   (o.l) 가 쉬어. 너도 놀랐잖아. 고생했다 오늘.
동희   (어쩔 수 없이) 네, 그럼…. (행선 보며) 죄송해요 진짜. 얼른 나으세요.
        (인사하는)

행선	(고개 까딱, 인사하고)

S#56. 임페리얼 아파트 단지 내 (N)

노트 들고 기다리고 있는 해이, 아파트에서 선재 나오자 생긋 웃는.

해이	오, 이제 바로 나온다 너. 그럼, 그래야지.
선재	(피식) 웬일이야?
해이	(노트 건네며) 이거. 너 수업 빠진 날 독서 정리한 건데 보라구. 시험 직전에 짚어주신 거니까 나올 확률 구십구퍼야.
선재	(노트 펼쳐보면 단정한 글씨로 빼곡히 정리가 되어 있다) 고맙다….
해이	고마우면 시험이나 잘 봐. 너 이번에 국어 잘 봐야 되잖아.
선재	(감동해 보다가 뭔가 생각난 듯) 아 남해이. 잠깐만 여기 있어봐. (다시 들어가는)
해이	(왜 그러지? 보는)

S#57. 선재집 선재방 (N)

뛰어 들어오는 선재. 책상 위에 있던 시험지(선재모가 줬던) 집어 나가려다가 멈칫하곤, 가방에서 해이 주려던 머리끈 선물상자 꺼낸다.

선재	(잠시 고민하다) 아냐… 이건 시험 끝나고. (선물은 다시 넣어두고 나가는)

S#58. 행선집 해이방 (N)

방에 들어와 책상에 앉는 해이, 선재가 준 시험지 펼쳐본다.

선재(E)	엄마가 나만 보라고 준 거니까, 분명 좋은 자룔 거야. 난 다 봤어, 너 풀어봐.
해이	(후… 깊은 숨 한 번 쉬곤 샤프 들고 집중해 풀어 내려가는)

국가대표 반찬가게 앞 (N)

영주 셔터 내리려고 애쓰는데, 한 번에 훅~ 내리는 손. 재우다.

영주   (농담 반 진담 반인) 올~ 듬직한데? 아주 잘 컸다 우리 재우.

재우   고생했어 누나. 잘 가. (들어가려는데)

영주   야. 야야. (재우 팔 잡는)

재우   ? (보면)

영주   사장도 없는데 우리 직원끼리 (술잔 꺾는 손짓하며) 한잔 어때. 국가대
       표 반찬가게의 향후 영업방향에 대해서도 논의를 좀 하고 말야.

재우   난 술 못하는데.

영주   건 내가 하지 야. 넌 안주만 먹고.

재우   근데 국가대표 영업방향은 남행선 누나랑 같이 얘기해야 될 거 같은데.

영주   거 참 생각을 깊이도 하네. 직원끼리 회의해서 사장님한테 보고하면
       되지. (재우 어깨에 팔 두르고) 야 가가, 김 이사가 쏜다 오늘~~ (끌고
       가는)

재우   아 허리 아파 누나. 아아~~ (기울어진 채 끌려가고)

       (E) 소주잔 부딪히는 소리

포장마차 (N)

원샷 하고 잔 내려놓는 영주.
재우, 소주잔에 사이다 채워서 홀짝거리며 마신다.
테이블 위에는 산낙지 탕탕이와 이미 비운 소주 한 병, 반 정도 남은
한 병과 재우가 먹고 있는 사이다 한 병이 놓여 있다.

재우   저기 누나… 영업회의는 언제 해? 나 사이다 너무 많이 먹어서 배부
       른데.

영주	(살짝 취한) 재우야. 누나 진짜… 마음이 허하다 요새? 솔직히 누나 정도면 괜찮은 여자 아니냐? 성격 좋지. 성격 좋고. 성격 좋잖아, 응? 안 그래?
재우	(끄덕이는) 응. 누나 괜찮은 여자야.
영주	진짜? 진짜 괜찮아?
재우	(아무 생각 없이) 어 괜찮아. (또 사이다 마시는)
영주	(그런 재우를 꿈뻑꿈뻑, 게슴츠레하게 보는)
재우	(모른 채 안주로 낙지 하나를 조심스럽게 집어 먹어보려는데)
영주	그럼 너… 그 낙지 먹으면… 나랑 사귀는 거다?
재우	어? (무슨 말인가 해서 보면)
영주	누나 괜찮다며. 그러니까… 너 그거 먹으면 나랑 사귀는 거라고. 어때?
재우	(잠시 생각해보다) 아… 싫어. 징그러.
영주	(충격받은) 징그…러? 왜, 왜, 왜…?
재우	누난 남행선 누나 친구고, 우리 누나나 다름없고, 또 우리 가족이나 다름없는데… 누나가 내 여자친구라고 생각하면… 으 징그러. 이상할 거 같애.
영주	(잠시 띵~한 듯 보다가… 상처받은 표정으로) 아 그렇구나. 난 참 괜찮은데… 그래도 여자친구로는 좀… 징그럽구나. (이내 아무렇지도 않은 척) 그래, 그럴 수 있지. 그럴 수 있어. 와하하… 와하하하하. (오버해 웃으면)
재우	(뭐가 웃기지? 보는)
영주	(다시 정색되며) 와 술이 확 깬다. 나 집에 가야겠다. (가방 들고 일어서는) 계산은 니가 하고 가라. (상처받은 표정으로 나가는)
재우	(영문 몰라) 누나, 같이 가. 누나~ (일어서며 주머니에서 돈 꺼내는)

S#61. 포장마차 앞 거리 (N)

서둘러 포장마차에서 나오는 재우. 영주는 이미 사라지고 없다.

#. 회상 플래시백

앞 신. 표정 굳으며 서둘러 일어서던 영주.

재우　…누나 그런 표정은 첨 보는데… 슬픈 거 같기도 하고… 화난 거 같기
　　　도 하고…. 내가 말을 잘 못했나? 징그럽다 그래서 화났나? 아…. (잘은
　　　모르겠지만 뭔가 실수를 한 듯하다. 두리번 영주 찾으며 마음에 걸리는)

S#62.　치열 차 안 (N)

치열 운전하고, 조수석에 탄 행선은 심란한 표정이다.

#. 회상 플래시백

동일 회차 53신. 표정 싸늘해지며 키를 확 꺾던 동희.

행선　(고개 저으며 off) …뭐지…? 분명히 의도적으로 핸들 꺾은 거 같았는
　　　데…. (의혹이 떨쳐지지 않아 머릿속이 복잡한데)
치열　(그런 행선 마음 모른 채) 괜찮아요?
행선　네?
치열　상처 괜찮냐고. 안 쓰리냐고.
행선　(애써 웃으며) 아 괜찮아요. 살짝 긁힌 건데 뭘.
치열　큰일 날 뻔했어. 운동신경이 있어 다행이지, 바다에라도 빠졌어봐요.
행선　(역시 상상하기도 싫다. 다시 표정 굳는)
치열　(그래도 걱정되는 듯) 지금은 괜찮아도 시간 지나면 또 욱신거릴 수도
　　　있어요. 약 잘 바르고. 아 의사 쌤이 자기 전에 한 번 더 소독해주랬으
　　　니까 까먹지 말구.
행선　…….
치열　내 얘기 들어요? (하곤 행선 앞에 핑거스냅 하는)
행선　에, 뭐요?

치열   소독 꼭 해주라구. 너무 놀라서 멘탈이 살짝 나간 거 아냐?

행선   아니에요. 소독할게, 걱정 마요. (하곤 다시 창밖 보며 off) …그래, 아닐 거
       야… 내가 예민한 걸 거야… 지 실장님이 왜…. (부정하듯 고개 젓는데)

치열   (그런 행선 힐끗 보며 마음이 쓰이고)

S#63. 국가대표 반찬가게 앞 (N)

가게 앞으로 와 미끄러지듯 서는 치열의 차.

S#64. 치열 차 안 (N)

브레이크 잡고 차 세우던 치열. 생각이 바뀐 듯 다시 출발하는.

행선   (치열 보며) 어디 가? 나 안 내려줘요?

치열   (운전하며) 납치요.

행선   무슨 납치… 어디 가는데요 또?

치열   우리 집이요. (보며) 안심이 안 돼서 안 되겠어요. 오늘은 내가 케어해
       야지. 소독도 해야 되고. 멘탈도 아직 안 돌아온 거 같고.

행선   아니 무슨 케어… 됐어요. 내려줘요.

치열   (이미 결심이 섰다. 들은 척도 않고 훅 밟아 운전해 가는)

S#65. 치열 주상복합 외경 (N)

불 켜진 치열 펜트하우스 보이고.

S#66. 치열 펜트하우스 거실 (N)

거실 소파에 앉아 있는 행선.
치열이 약상자 들고 앉아 행선 손 소독 다시 해주고 있다.

행선   …아. 아아.

치열	아파요? 좀만 참아요. (하곤 후~ 후~ 조심스럽게 부는)
행선	(치열이 너무 가깝다. 순간 당황)
치열	(불다가 행선과 눈 마주친다. 분위기 묘해지고)
행선	……. (침 꼴깍)
치열	……. (지그시 보는)
행선	(당황, 일어나) 갈래요 이제. 쌤 어제도 우리 집 앞에서 꼴딱 새고, 자야지 빨리. 내일도 바쁠 텐데. (가방 들고 나서는)
치열	(보다가 따라 나가는)

현관 앞. 센서등 켜지며 행선 서둘러 신발 신으려는데.

치열	(행선 잡는)
행선	(본다. 심장 쿵쾅쿵쾅)
치열	…자고 가면 안 돼요?
행선	…….
치열	자고 가요. 나랑 있어.
행선	(그런 치열 보며 망설이다가, 먼저 키스하는)
치열	(키스하는)

이내 센서등이 꺼지고.
두 사람의 격렬한 움직임에 다시 센서등 탁 켜지는.
점점 깊어지는 키스.
다시 센서등이 꺼졌다가, 움직임에 또다시 센서등 들어오고.
꺼졌다 켜졌다 하는 센서등을 배경으로 엉기며 침실로 향하는 행선과 치열.
두 사람 안으로 들어가고 침실 문 닫히며… 화이트 아웃.

S#67. 다음 날/ 치열 주상복합 외경 (D)

S#68. 치열 펜트하우스 침실 (D)

쏟아지는 햇살이 잠든 행선 얼굴을 비추고.

행선	(잠결에 불편한 듯) 아옹… 뭐야 이게. (손으로 더듬어 머리맡에 뭔가를 빼 내려는데 물컹하다. 화들짝 눈 떠보면)

행선이 베개 삼아 괴고 있던 건, 치열의 팔이다.
아 맞다… 나 어제 여기서 잤지…. 그제야 현실파악이 된 행선.
곤히 잠들어 있는 치열의 얼굴을 가만히 보며 웃는데,
이때, 요란하게 울리는 행선 휴대폰 알람벨.

행선	(얼른 알람 끄고 치열 보면, 아직 자고 있다. 안심하고 살금살금 나가려는데)
치열	(행선 손목 탁 잡아 그대로 품으로 잡아끄는)
행선	(놀란 채 보며) 깼어요?
치열	(안은 채 눈 감고) 의리 없이 도망가냐… 일어나지도 않았는데.
행선	가야 돼요. 애들 깨기 전에 들어가야지.
치열	(눈 뜬다. 보며) …싫은데. 같이 아침 먹고 싶은데. 손 괜찮아요? (손 살 펴보는)
행선	괜찮아요. 진짜 가야 돼 이제. (하고 빠져나오려는데)
치열	(팔에 힘주며) 델따줄게요. 오 분만 이러고 있자.
행선	아 진짜… 빨리 가야 되는데….
치열	(눈 감고 안고 있는)
행선	벌써 일 분 지났어요….
치열	(싫다는 듯 더 세게 껴안는다. 행복에 겨운 미소에)

국가대표 반찬가게 앞 (D)

아직 셔터 내려져 있는 국가대표 반찬가게 보이고.

조용히 와 서는 치열 차에서 내리는 행선.

휘이휘이~ 가라고 손짓하고, 치열도 손 들어 보이곤 다시 출발한다.

행선, 집 올려다보고 후우… 한숨 내쉬곤 조심스럽게 들어가는.

행선집 현관 앞 복도 (D)

행선, 조심조심 버튼키 누르려는데… 벌컥 문 열리는.

행선	엄마. (화들짝해 뒷걸음질 치면)
해이	(교복 차림으로 나오다 보고) 엄마.
행선	(당황해) 어, 해이야. 굿모닝? 뭐… 벌써 학교 가게?
해이	어. 일찍 가서 한번 쭉 훑어보고 시험 볼려구.
행선	아…. (하곤 열심히 머리 굴리며) 저기 나는… 지금 들어가는 게 아니구, 잠깐 가게에 뭐 좀 가지러 내려갔다가…
해이	(o.l) 알았어. 누가 뭐래? 나 간다~ (하고 가다가 멈칫, 뒤돌며) 근데 엄마. 옷은 갈아입구 나가. 영주 이모 백퍼 눈치채고 놀린다. (내려가는)
행선	아…. (이미 상황을 꿰고 있구나…) 쪽팔려 쪽팔려. (버튼 누르고 들어가는)

선재집 거실 (D)

선재 학교 가려는데, 선재모 주방 쪽에서 나오며.

선재모	벌써 가? 긴장해서 아침은 안 먹힐 거고. 주스 한잔 줄까?
선재	됐어요. 다녀오겠습니다. (가려는데)
선재모	선재야.
선재	(돌아보면)
선재모	엄마 이제 막다른 길이야. 무슨 일이 있어도 넌… 엄마 뜻 따라줘야

돼. 알지?

선재   (왜 굳이 이 순간에… 싫지만) …다녀올게요. (나간다)

선재모   (불안한 듯 가는 선재 나간 현관 쪽 보는)

S#72. 경찰서 유치장 (D)

유치장 안에 무릎 세우고 앉아 있는 희재.

손에는 선재가 준 액상 청심환 들려 있다.

만지작만지작 보며 생각에 잠겨 있는.

송형사(E)   동생이 형 걱정을 엄청 하던데. 빨리 나가야 되지 않겠어요?

이때, 배 형사가 유치장 문을 연다. 이제 법정으로 가야 할 시간이다.

S#73. 우림고 2-1 교실 (D)

칠판에 '2학기 중간고사' '독서' 적혀 있고.

시험 시작 전. 아이들 긴장한 채 책상 위에 시험지 엎어두고 대기 중인.

(E) 시험 시작을 알리는 벨이 울리고

종렬   자, 시험 시작!

해이   (다른 아이들처럼 시험지 뒤집어 풀어가기 시작한다. 1번 문제 오… 풀어본
건데? 자신 있게 풀고, 다음 2번 문제 푸는데… 역시 풀어본 문제다. 뭔가 이
상한 기분이 들지만 일단 풀고, 3번 문제 보는데, 또 익숙하다. 하얗게 질리
며, 황급히 마지막까지 쭉 훑어보는데… 선재가 준 프린트와 순서까지 똑같
다! 충격받아 선재 자리 보면)

선재   (고개 푹 숙이고 문제 풀고 있는데… 손이 파르르 떨리는)

해이   (선재도 눈치챘구나… 어떻게 하지… 멘붕 되는)

S#74. 법원 외경 (D)

S#75. 법정 (D)

　　　　심사가 진행되기 직전.
　　　　희재, 증인석에 앉아 있고… 선재모, 들어와 희재 옆쪽으로 온다.

선재모　　…영장실질심사는 유무죄 판단이 아니라, 계속 잡아둘지 말지 결정
　　　　하는 거야. 넌 무조건 입 다물고 있어. 내가 알아서 할 테니까. (하고
　　　　변호인석에 가 앉는)

희재　　　…….(그런 선재모 보고)

검사(E)　　…이와 같이, 피의자가 전혀 수사에 협조하고 있지 않고…

(컷)　　　한창 심사 진행 중. 방청석에는 송 형사와 배 형사가 앉아 보고 있다.

검사　　　도주 우려, 증거인멸 우려가 있어 구속수사를 요청하는 바입니다. 더
　　　　욱이, 본 영장에 기재된 피해자 진이상에 대한 살인죄뿐 아니라, 다
　　　　른 살인사건에 대한 여죄가 의심되는 상황으로 연쇄살인의 가능성
　　　　이 있어…

　　　　'연쇄살인' 발언에 술렁이는 방청객. 선재모도 살짝 당황한 표정 짓
　　　　다가 이내

선재모　　(o.l) 재판장님. 여죄 추궁을 위한 인신 구속은 영장주의의 원칙에 위
　　　　배됨을 고려해주시기 바랍니다.

판사　　　(영장 보며) 음… 영장엔 피해자 진이상에 대한 살인사건만 기재돼 있
　　　　으므로… 이 사건에 대해서만 심문을 진행하기로 하겠습니다.

검사/선재모　(미간 찌푸리고) / (승리의 표정 어리는)

판사	이희재씨. 영장에 기재된 혐의, 인정합니까?
희재	…….
판사	피해자 진이상씨를, 살해했나요?
희재	…….
선재모	(불안한 표정으로 희재 보다가 얼른) 재판장님. (뭐라 하려는데)
희재	(o.l) 봤어요.
선재모/송, 배형사	!! (놀라 희재 보는)
판사	(희재 보며) 뭘… 봤다는 거죠? 진이상씨가 죽는 모습을요? 본인이 살해해서?
선재모	(얼른) 재판장님. 현재 피의자는 정신적으로 극도로 불안한 상황으로…
희재	(o.l) 아뇨, 전 안 죽였어요. (판사 똑바로 보며) 전… 목격자예요.

S#76. 다세대 주택 계단, 옥탑방 앞 (D)

커다란 상자를 힘겹게 끌며 계단을 오르는 택배기사.
상자 위 품목에 '쇠구슬' 적혀 있고.

택배기사	(끙끙거리며 투덜투덜) 아 이 집은… 엘리베이터도 없는데 맨날 이렇게 무거운 쇠구슬을 자루로 시켜대는 거야. 대체 이거 갖다 뭐에 쓰려고. (옥탑방 앞에 도착해 상자 던지듯 내려놓고 땀 닦으며) 아 힘들어… 돈을 더 받아야 돼, 이런 건. 에이! (화풀이로 상자를 발로 퍽 차는데)

찌그러져 놓인 상자에서 카메라 팬해 옥탑방 안으로 들어가면.

S#77. 옥탑방 안 (D)

살림살이라 할 만한 게 거의 없는 단출한 집 안.
빛이 바랜 오랜 기사부터 최근 사진까지 치열과 관련한 사진과 기사,

포스터, 광고지 등이 특별한 질서 없이 벽면 빼곡히 붙어 있고. 바닥
엔 '섭식장애', '불면증', '스트레스'에 관련한 책들과 치열의 교재들,
'일타강사 되는 법', '스카이 서바이벌', '한국 사교육 시장 백서' 등
학원 강사 관련한 책이 가득 쌓여 있다.
카메라 집 안 더 깊숙이 들어가면… 구석에 쇠구슬이 가득 든 주머니
가 있고, 다양한 쇠구슬총(고무줄 새총부터 한 알씩 장전하는 총, 연발로
나가는 총까지)들이 가지런하게 정렬되어 있는.

희재(E) 그 사람을 죽인 사람은… 따로 있어요.

S#78. 국가대표 반찬가게 앞 (D)

가게 통유리에 '오늘의 스페셜 – 김치제육볶음' 붙이는 행선 모습이
멀리 보이고.
그런 행선을 조준하는 쇠구슬 새총에서 줌아웃하면
새총을 조준하고 있는 남자, 동희다.
무표정하면서도 섬뜩한 눈빛으로 행선을 향해 쇠구슬을 조준하는
동희 모습에서… 12부 엔딩.

미제謎題에 대처하는

우리의 자세

S#1. 국가대표 반찬가게 앞 (D)

가게 통유리에 공고문을 붙이고 있는 행선의 모습이 멀리 보이고.
그런 행선을 조준하는 쇠구슬총에서 줌아웃하면
새총을 조준하고 있는 남자, 동희다.
무표정하면서도 섬뜩한 눈빛으로 행선을 향해 쇠구슬을 조준하는데
이때 치열의 차가 와 서고.
도넛 박스를 들고 운전석에서 내리는 치열.

동희   ……. (어쩔 수 없이 쇠구슬총을 다시 내리고)

치열, 뒤에서 행선을 툭 치면 돌아보는 행선. 반색하며.

행선   뭐야아. 웬일이에요 이 시간에?
치열   아니 지나가다 줄이 서 있길래, 간식으로 먹으라고. (도넛 박스 내민다)
행선   와 안 그래도 달달한 거 땡겼는데. 맛있겠다~ (받고 좋아라 하는)
치열   (행선이 좋아하니 저도 좋다. 미소 짓고)

달달하게 서 있는 두 사람을 보다가, 굳은 표정으로 돌아서는 동희
모습 위로.

희재(E)   죽인 사람은… 따로 있어요.

S#2. 법정 (D)

계속 진술 이어가는 희재. (전 회 75신과 이어지는 상황)

판사   (차분히 묻는) 사건을 목격했다는 말인가요?
송/배형사   (긴장해서 보는)

선재모	(희재가 무슨 말을 할지 걱정돼 다급히 마이크 켜며) 재판장님 잠깐 휴정을…
희재	(o.l) 네, 제가 쫓아갔어요.
선재모	(말 멈추고 보는)
희재	제가 먹이를 주는 길고양이들이 있었는데… 언제부턴가 걔들이 죽거나 다치기 시작했어요. 누군가가 쏜 쇠구슬에 맞아서.
송/배형사	(쇠구슬? 놀란 표정으로 보는)
희재	그 범인을 잡으려고 주변을 계속 왔다 갔다 했었는데….

S#3.   회상 몽타주 (N)

#. 골목

고양이 밥 놔주고 돌아 나오는 희재.
빠른 걸음으로 희재를 스쳐 지나가던 동희(모자 꾹 눌러쓴)와 부딪힐 뻔하는.

동희	(슬쩍 돌아보곤 미안하단 듯 까딱, 목례하고 가는)
희재	(개의치 않고 가는데… 앞서가는 동희의 주머니에서 쇠구슬총의 고무줄이 삐져나온 게 보인다) !! (얼른 동희 다시 보고 쫓아가기 시작하는)

#. 거리

빠른 걸음으로 앞만 보고 가는 동희. 그 뒤를 조심스럽게 쫓아가는 희재.

#. 진이상의 아파트 앞

주민 한 명이 들어가자, 재빠르게 뒤따라 들어가는 동희.
희재 역시 그 앞에서 지켜보다가, 누군가 안에서 나오자 얼른 들어가는.

#. 비상계단

하얗게 질린 채 쫓겨 올라가는 진이상. 무표정하게 그 뒤를 쫓아 올라가는 동희.
잠시 후, 지켜보고 있었던 듯 계단으로 나오는 희재. 위쪽 올려다보는.

#. 옥상 문 앞

10cm쯤 열린 문틈으로 보이는 옥상 광경.
뒷걸음질 치는 진이상에게 쇠구슬이 든 개조 비비탄 총을 겨누고 쥐몰듯 몰며 다가서는 동희. (희재의 시선으로는 뒷모습만…)
진이상, 발에 차이는 빈 화분을 들어 동희에게 던지고 동희 피하는.
동희, 그 틈을 타 내빼는 진이상의 등을 향해 슉! 슉! 쇠구슬총을 쏴댄다. 도망가던 진이상, 결국 뒤통수 쪽에 쇠구슬을 맞고 쓰러지고.
놀라는 희재. 뒷걸음질 치다 소화기를 건드려 팅! 소리가 나고 돌아보는 동희.
희재 놀라 황급히 도망치고.

#. 엘리베이터 앞/안

달려 나온 희재, 버튼을 눌러 타고 올라온 엘리베이터에 오르는 순간, 닫히는 문틈 사이로 동희의 손이 쑥 들어와 희재의 손목을 잡는다.
순간 엘리베이터 문이 다시 열리고, 동희의 모습이 보이려는 순간 손을 빼내며 발로 냅다 동희를 차버리고 닫힘 버튼을 다다다, 누르는 희재.
그대로 문 닫히고. 희재 가쁜 숨 몰아쉬는 모습에서.

판사(E)   그래서, 범인의 얼굴을 봤나요?

S#4.   법정 (D)

희재	(고개 젓고) 얼굴은 못 봤어요. 모자를 눌러쓰고 있어서. 근데… 내 손목을 잡은 손… 하얗고 긴 손이었고… 검지 부분에 굳은살? 그런 게 느껴졌어요.
판사	굳은살이요?

#. 인서트 - 치열 연구소 내 사무실
치열과 테이블에 앉아 자료 검토 중인 동희.
태블릿PC를 조작하는 동희의 오른손, 검지 두 번째 마디에 노란빛을 띤 딱딱한 굳은살 c.u 되며.

희재(E)	네. 아주아주 딱딱하고 거친… 굳은살이었어요.
선재모	(희재를 본다. 그런 거였어…?)
판사	음… 피의자 진술이 꽤나 구체적인데, (검사 측 보며) 수사가 안 된 부분입니까?
검사	(난감한 표정으로) 아 그게… 사전엔 이런 진술이 없었어서…
선재모	(o.l/얼른 마이크 켜곤) 재판장님, 경찰은 명백한 증거도 없이 초기 수사 단계부터 피의자를 용의자로 특정하고 편견에 입각해 꿰어 맞추기식 수사를 하였으며, 정신적으로 불안정한 피의자를 압박하여 진실을 말할 수 없는 분위기를 조성하였습니다.
송/배형사	(뭐 우리가? 본인이 압박해놓고…! 어이없어 보는)
선재모	범죄 혐의의 증명이 없으므로, 구속영장 기각 결정을 요청하는 바입니다.
희재	(그런 선재모 힐끗 보고, 단단해진 눈빛으로 다시 앞을 보는 얼굴에서 화이트 아웃되며)

S#5. 우림고 외경 (D)
타이틀 뜬다.

일타 스캔들 chapter 13. 미제(謎題)에 대처하는 우리의 자세
(E) 시험 종료 알리는 종소리가 울리는

S#6. 우림고 2-1 교실 (D)

칠판엔 '3교시: 독서' 쓰여 있고.

종렬	자, 다들 펜 내리고. 답안지만 앞으로 넘긴다.
학생들	(뒤에서부터 답안지 앞으로 건네는)
해이	(멍하니 펜 든 채 전혀 체킹이 안 된 백지 답안지를 보고 있는)
수아	(앞자리 해이에게 답안지 넘기는데… 해이가 받지 않자 어깨 툭툭 치며) 야 뭐 해?!
해이	(그제야 답안지 건네받고, 잠시 망설이다 제 답안지 끼워 앞 학생에게 건네는)
종렬	(답안지 받고) 자 중간고사 보느라 고생들 했고. 시험 끝났다고 너무 돌아다니지들 말고. 오늘 종례 없다, 이상. (나가는)
학생들	끝났다~ (책상 위로 엎어지고)
단지/건후	해방이다, 놀자~~ (손 내밀면) / (받아 쳐주는)

해이 선재 쪽 보는데, 선재 그런 해이 시선을 아는지 모르는지 휙 나가버리고.
해이 얼른 선재 따라 나간다. 수아 역시 그런 해이 보곤 따라 나가고.

S#7. 우림고 복도 (D)

해이, 앞서가는 선재 따라가 팔을 잡는다.

해이	선재야! 나랑 얘기… (하는데)
수아	(뒤에서 그런 해이 팔 잡고 돌려세우며) 야 남해이! 나랑 얘기 좀 해.
선재	(그사이, 해이에게 잡힌 팔 빼곤 휙 가버리는)

해이	선재야! (따라가려는데)
수아	(해이 팔 꽉 잡고 안 놔주며) 어디 가? 얘기 좀 하자는데!
해이	(하필 이 순간에… 짜증나서 보며) 무슨 얘기?!
수아	어제 수학시험… 어떻게 너만 다 맞아 전교에서? 주관식 2번 2반 박선주, 4반 홍정아도 틀렸다는데 어떻게 너만 맞냐고? 학원 모고에도 안 나온 문제를!
해이	풀어서 맞지 어떻게 맞아. 이거 놔. (가려는데)
수아	(꽉 잡고) 최치열이랑 담임이랑 대학교 때 친구라며. 뭐 구린 거 오고 간 거 아냐?!
해이	(보며) 하아… 넌 진짜… 시험 땜에 스트레스 받은 거 같은데, 가서 잠이나 자. (가는데)
수아	(뛰어가 해이 머리채 잡는) 니가 뭔데 잠이나 자래? 니가 뭔데에~~~
해이	(머리채 잡힌 채) 아아. 야 이거 놔! 야아~~ (찡그리고)
단지/견후	(놀라 뛰어와 말리는) 야 방수아, 왜 이래 너 미쳤어?!! (수아 손 떼어내는)

S#8.   우림고 교문 앞 (D)

머리 헝클어진 채 뛰어나오는 해이. 선재는 이미 가고 없고.
서둘러 폰 꺼내 선재에게 전화 걸어보지만… 신호만 가고 받지 않는다.

S#9.   국가대표 반찬가게 (D)

커피에 도넛 먹는 행선, 영주, 재우.

영주	(도넛 한 입 먹고) 아우 달아. 아주 딱 본인 맘 같은 거 사오셨네. 이런 거 안 먹어도 아침부터 아주 그냥, 둘이 보기만 해도 당 수치가 팍 오르드만.
행선	(얼굴 붉히며) 봤어?
영주	그럼 저 유리가 특수유리도 아니고, 훤히 보이는 데서 아주 꽁냥꽁냥

염장을 그냥. 근데 도너츤 맛있네. (하곤 도넛 한 입 더 깨무는데, 설탕이 입가에 묻는)

재우　(바로 갑 티슈에서 티슈 뽑아 영주에게 내미는)

행선　? (너무 즉각적인 행동에 보는)

영주　(받으며) 어… 땡큐. (입 닦고 커피 마시는데) 아 뜨! (데인 듯 혀 내밀면)

재우　(얼른 일어나 주방으로 들어가는)

행선　야, 그러게 천천히 마시지 암튼 급하긴. (하는데)

재우　(얼음 들고 나와 영주에게 내미는)

영주　(연이은 빠른 반응에) 어… 꽤, 괜찮은데. (하곤 얼음 입 안에 넣는)

행선　(그런 영주와 재우 보곤) 뭐지 이 분위기? 재우 너, 영주한테 뭐 잘못한 거 있어?

영주/재우　(재우 보면) / (뜨끔. 영주 눈치 보며) 아… 아니.

행선　아닌 게 아닌데. (영주 보며) 너 얘 뭐 약점 잡고 협박한 거 아냐?

영주/재우　아~니. / (편들 듯 얼른) 그런 거 아냐. 영주 누나한테 그러지 마 남행선 누나.

행선　(아무래도 이상하다… 수상하다는 듯이 보면)

재우　(그 시선 따가워) 아 밖에 주차금지 세우는 거 깜빡했다. (내빼듯 나가는)

행선/영주　(갸웃하고) / (아닌 게 아니라 이상하다. 그런 재우를 힐끗 보는)

S# 10.　국가대표 반찬가게 앞 (D)

재우 주차금지 푯말 세우고 있는데, 가게에서 나오는 영주.

영주　(재우 앞으로 고개 획 내밀며) 남재우. 너 왜 자꾸 내 눈치 보냐?

재우　(멈칫하곤) 아 아닌데. 나 눈치 안 보는데.

영주　보잖아 자식아. 남행선 저 둔탱이도 눈칠 채는데. 야 너 설마… 어제 일 땜에 그래?

재우　(망설이다) 저기 누나. 어젠 내가… 실수한 거 같애. 징그럽다고 한 건

208

그런 뜻이 아니라…

영주   (o.l/재우 등짝 때리며) 야씨! 뭘 술김에 찔러본 거 가지고 신경을 쓰
냐? 누나 몰라 너? 생각 없고, 즉흥적이고 응? 남자면 에브리바디 오
케이.

재우   아니 아는데, 그래도…

영주   (재우 머리 흐트러뜨리며) 아으아으~ 암튼 매사에 시리어스 해가지구,
어쩜 좋니 너를~~ 그러지 마 응? 하던 대로 해라. 경고다. (눈 부라
리곤 정색하며 들어가는)

재우   (진심 같기도 하고 그런 척하는 것 같기도 하고 헷갈린다. 보는)

S#11. 법원 앞 (D)

법원에서 나오는 희재와 선재모. 선재모, 앞서가는 희재 팔을 잡는다.

희재   ! (보면)

선재모   (보며) 왜 진작 말 안 했어? 법정에서 내 입장이 뭐가 돼?

희재   (이 와중에도 본인 입장만 생각하는구나… 보며) …묻지도 않았잖아요.

선재모   뭐?

희재   첨부터 의심했잖아… 엄마도. (하곤 앞서가는)

선재모   어디 가? 차 저쪽에 있어!

희재   (들은 척도 않고 혼자 걸어가 버리는)

선재모   하아…. (한숨 쉬는데 휴대폰 벨 울린다. 보면 '선재'다. 전화한 이유를 안다
는 듯 의연하게 받는) 어 선재야…. (차 쪽으로 가며 리모컨으로 삑, 차 문
여는)

선재(E)   대체 뭘, 어떻게 한 거예요 엄마~?!

S#12. 선재집 거실 (D)

막 들어온 선재모에게 얼굴 벌게진 채 따져 묻는 선재.

선재모	(들어오며 담담하게) 목소리 낮춰. 주변에 광고할 일 있니?
선재	엄마!
선재모	그래서. 답안지 잘 체크해서 낸 거야? 설마 실수 같은 거 한 건 아니지?
선재	지금 그게 중요해요? 왜 엄마가 풀어보라고 준 기출 문제랑 시험 문제가… 어떻게 그렇게 똑같을 수가 있냐구요, 일번부터 끝번까지?!
선재모	……. (보고) 그래. 니 짐작이 맞아. (하곤) 그러게 제대로 공부하라고, 이번에 못 보면 국어 일등급 놓친다고 얘길 했는데 니가 집중을 못해서…
선재	그렇다고 엄마, 어떻게… 이건 아니잖아요. 이건… (격앙) 이건 반칙이잖아요~!!
선재모	(역시 격앙) 그럼 반칙을 하게 하질 말든지! 니 상태가 그 모양인데 나더러 어쩌라고! 너 수시 정시 둘 다 놓치면 안 되는 거 몰라? 몰라서 그래?!
선재	그래도… (눈물 그렁그렁) 이건 아니죠. 난 싫어요. 그냥 학교에 말할래요.
선재모	(싸늘하게 보며) 그렇게 해. 엄마 죽는 꼴 또 보고 싶으면. (안방으로 들어가는)
선재	(그런 선재모 보다가 절망한 듯 바닥에 주저앉고)
희재	(현관 쪽에서 그런 선재 안타까운 표정으로 보며 서 있는데)
선재	(휴대폰 벨 울린다. 보면 '해이'다. 차마 받지 못하고 눈물 그렁그렁해 보고)

S#13. 국가대표 반찬가게 근처 거리 (D)

해이, 휴대폰 들고 기다리는데 안 받는다. 끊고 무거운 발걸음 옮기는. 이제 어떻게 해야 할까… 선재는 날 피하고, 그렇다고 모른 체할 수도, 선재와 상의 없이 학교에 얘기할 수도 없는 상황.
머릿속이 복잡해 제 발끝만 보고 걸어가다 고개 드는데 어느새 가게 앞. 행선이 '오늘의 스페셜-감자탕' 종이 붙이고 있는 모습 보인다.

행선 (다 붙이고 돌아서다 해이 보고) 어, 해이야.

해이 (대답 없이 다가서는)

행선 뭐야. 시험 끝나고 진탕 놀다 올 줄 알았구만, 왜 벌써 와?

해이 (애써 마음 감추며) 어… 좀 피곤해서. 나 들어가 쉴게. (집으로 들어가는)

행선 (그런 해이 보며) …시험을 못 봤나… 왜 또 기분이 땅굴을 파고 들어가 또. (속상) 에휴… 시험이 뭔지 대학이 뭔지. 모르겠다 나도. 으. (고개 저으며 들어가는)

치열(E) 수학캠프요?

S#14. 더프라이드 학원 원장실 (D)

원장, 프로젝터로 PPT까지 띄워두고 치열에게 행사 브리핑 중이고. 치열 옆에 동희, 태블릿PC로 메모하며 듣는.

원장 (자랑스레 PPT 가리키며) 응. 이름하야 최치열강의 매쓰(th발음 오버하며) 캠프! 기존 설명회를 아주 살짝 스페셜하게 가자는 거지! 한 반나절 잡고 맛보기 강의도 하고, 수학 퀴즈쇼도 하고, 응? 어때? 아이디어지?

치열 글쎄요. 난 그런 이벤트보단 그냥 수업 퀄에만 신경 쓰고 싶은데.

동희 왜요, 복귀 신호탄도 되고 좋을 거 같은데. 하게 되면 규모는 어느 정도로….

원장 한 이천 명 정돈 해야 되지 않나? 그만해도 경쟁률 어마무시할걸?

동희 그 인원 수용하려면… 야외 행사장이나, 대형 체육관 정돈 섭외해야겠네요.

원장 그렇지. 척하면 착 나오네 우리 지 실장은. 장소는 벌써 알아보고 있어 정 실장이.

치열	음…. (고민하면)
원장	하자 최 선생. 딴 강사도 아니고 우리 최치열강 복귄데, 나 이 정돈 하고 싶다 진짜. 이거이거 PPT 봐. 진짜 공들였다니까 이거. (하곤 설득 좀 해달라, 동희 보는)
동희	(얼른) 프로그램 내용상, 홍보보다는 아이들 리프레시하는 데 의미가 있기도 하고. 괜찮을 거 같아요 선생님. 제가 꼼꼼히 준비해보겠습니다.
치열	(잠시 고민하다가) 지 실장 생각이 그러면, 해보든지. 하죠 뭐 수학캠프.
원장	오케이! 좋아! 삐까뻔쩍하게 한번 해보자고~~ (손 올리면)
치열/동희	(썩 동하진 않는다. 바로 일어서고) / (대신 하이파이브 해주며 일어서는)

S#15. 임페리얼 아파트 저녁 외경 (N)

수아모(E) (방문 두드리며) 수아야아, 문 좀 열어봐 좀!!

S#16. 수아집 수아방 앞 (N)

굳게 잠긴 수아방 문을 애타게 두드리는 수아모.

수아모 중간고사가 끝이 아니잖아. 정신 더 바짝 차리고 기말 대빌 해야지, 이렇게 무너지면 어뜩해~? (문 두드리며) 수아야~ 너 이러면 속상해 진짜 엄마아~

S#17. 수아집 수아방 (N)

침대 위에 넋 놓고 앉아 있는 수아.
앞에는 반밖에 못 푼 수학 시험지가 놓여 있다.
"수아야~ 수아야아." 수아모 문 두드리는 소리 계속 들리고.
수아, 문득 고개를 들어 보면… 맞은편 벽에 걸린 거울에 제 모습이 보인다.

멍하니 거울 속 자신을 보는데… 순간, 일그러져 보이는 얼굴.
점점 흉하게 일그러지는 제 모습에 옆에 있던 휴대폰을 들어 거울에
냅다 던지는.
(E) 거울 깨지는 소리

S#18. 치열 차 안 (N)

동희, 운전하며 뒷좌석에 앉은 치열에게 일정 브리핑한다.

| 동희 | 정 실장님 전화 오셨는데, 혜성대 체육관 쪽이 스케줄도 되고 조건도 젤 좋은 거 같다고 해서 내일 오전에 답사 가기로 했어요. 같이 가실 거죠? |

동희   정 실장님 전화 오셨는데, 혜성대 체육관 쪽이 스케줄도 되고 조건도 젤 좋은 거 같다고 해서 내일 오전에 답사 가기로 했어요. 같이 가실 거죠?

치열   하기로 했으니까 그래야지. 혜성대면 강북 쪽이지?

동희   네, 차로 40분 거리예요. 아침에 모시러 갈게요 제가. 그리고 답사 끝나고 와서 바로 인강 촬영하셔야 되는데… (하는데)

치열   (휴대폰 벨 울린다. 보고 좋아라 받는) 넵 누나.

동희   (행선이구나… 말 멈추고 기다리는)

치열   (미소) 뭐, 누나 맞잖아요. 누나를 누나라고도 못 부르나…? (웃곤) 아니, 이제 퇴근 중. 개강 준비 땜에 정신이 없네. 설명회 대신 수학캠프를 하기로 했는데, 준비할 게 많아요. 내일은 인강 촬영도 해야 되고. 놀다가 일 할래니까 아주 죽을 맛이야. 쉼표도 아무나 찍는 게 아닌가 봐. (하다) 잠깐 들를까 내가?

동희   (룸미러로 치열을 본다. 마저 브리핑해야 되는데… 계속 기다리는)

치열   아니 피곤은 한데 잠깐. (듣고) 뭐야, 생각해주는 거 맞아? 왜 귀찮아하는 거 같지? (웃고) 알았어요, 쉽게 오늘은. (하곤) 참 해인 시험 잘 봤대요? 아. 어제 수학은 잘 본 거 같던데… 많이 망했대? 어… 어…. (대화 계속되는)

동희   (인내에 한계가 온다. 룸미러로 치열 보며 작게 한숨 내쉬고)

치열 펜트하우스 현관, 거실 (N)

현관에 들어서는 치열.

센서등이 켜졌다 꺼지고 팟! 거실 불이 들어온다.

빈 거실을 휘 휘~ 둘러보는 치열. 뭔가 평소보다 더 휑하고 쓸쓸하다.

치열　…아… 누구 있을 때랑 왜 이렇게 공기가 다르냐. 아무튼 집이 너무 쓸데없이 커. 크니까 괜히 춥기만 하고. (팔 문지르며 난방 스위치 쪽으로 가는)

벽면의 난방 스위치를 켜는 치열. 불 깜빡깜빡거리며 'Error' 표시가 뜬다.

치열　얜 또 왜 이래…. (다시 껐다 켜보지만 또 'Error' 뜨고) 아 고장났네 이거. 작년에 점검하랄 때 할걸… 참. (전화 거는) 어 지 실장, 난데… 좀 으슬으슬한데 보일러가 작동을 안 해서. 어디 호텔 스위트룸이라도… (하다 멈칫한다) 아냐아냐 됐어. 해결됐어. 끊어. (끊고는 뭔가 좋은 아이디어가 떠오른 듯 씩 웃는 모습에)

재우(E)　어 치열이 매형~!!

S#20.　**행선집 현관 앞 (N)**

현관문 연 채 반가워 소리치는 재우와 종이봉투 하나 들고 서 있는 치열.

치열이란 말에 놀란 행선이(잠옷에 헤어밴드로 머리 올린 채) 현관께로 나오는.

행선　(벙찐) 뭐예요, 이 시간에…?

치열　아 뭐, 별일은 아니고… 일단 들어가서 얘기할까? (쳐들어오듯 들어오는)

행선	아니 왜… 저기요…. (치열 따라 들어오고)
재우	(뭔가 재밌는 상황이 생길 것 같다. 신나서 현관문 잠그고 들어오는)
치열	(두리번거리며 괜히) 아 따뜻하고 좋네. 난방이 잘 되네 여기가.
재우	어? 난방 안 틀었는데. 남행선 누난 실내온도 20도 내려가기 전까진 보일러를 절대 안 켜는데.
치열	(뻘쭘) 아… 단열! 단열이 좋은가보네 그럼 이 집이. 하하…. (괜히 웃는데)
행선	(어이없다) 딴소리 그만하시고 설명 좀 하죠, 뭐가 어떻게 된 건지.
치열	아니 별건 아니고… 내가 추월 좀 많이 타거든요. 근데 요새 일교차가 엄청 심하잖아. 집에 들어갔는데 막 으슬으슬한 게 몸살이 오겠더라구. 얼른 난방을 켰죠. 근데 불이 안 들어와. 왜, 왜? 고장이 난 거지~ AS는 빨라도 낼이나 돼야 올 거고, 몸은 계속 으슬거리고, 내가 또 몸이 재산인 사람이라…
행선	(o.l) 그래서 뽀인트는, 보일러가 고장나서 우리 집으로 오셨다?
치열	맞아요, 그거야. 핵심파악을 잘하네.
행선	(계속 어이없다. 종이봉투 보며) 그건 뭔데요?
치열	아 갈아입을 속옷이랑 편하게 입을 옷, 양말, 칫솔, 면도기, 기타 등등.
행선	참 야무지게도 챙겨오셨네. (어이없어 헛웃음만 나오는데)
재우	그럼 치열이 매형 오늘 내 방에서 자는 거예요? 남자끼리?
치열	(그게 아닌데…) 아… 그치. 남자끼리 방을 쓰는 게 아무래도 한국사회의 사회통념이랄까 전통적인 유교적 가치관에 부합하겠지…? (행선 보며 눈 깜빡깜빡 신호 주는)
행선	(당황) 크흠. 그럼 이불 하나만 더 있음 되죠? (얼른 제 방으로 들어가는데)
해이	(방에서 나오다 치열 보고 멈칫) 어, 선생님….
치열	아직 안 잤네? 해이 안녕. (어색하게 웃으며 손 올려 보이는)

S#21. 국가대표 반찬가게 건물 외경 (N)

늦은 밤, 길목은 조용한데
환하게 불 켜져 있는 행선의 집만 와자와자 시끄러운.

행선집 거실 (N)

테이블에 둘러앉아 젠가게임 하고 있는 행선, 치열, 재우, 해이.
해이는 어쩔 수 없이 끼어는 있지만, 수심으로 가득 찬 채 하는 척만
하고 있는.

행선	(조각을 골라 신중하게, 천천히 빼고 있고)
치열/재우	에에에~ (방해하는) / 에에에~~ (치열 따라하는)
행선	(방해에도 안전하게 조각 빼내고)
치열/재우	아~ / 아~~
행선	뭐야. 페어플레이를 해야지, 사람이 얍삽하게 말야.
치열	에헤이. 승부 앞에 얍삽이 어딨나. 일단 이기고 봐야지. 안 그래 해이야? (농담하는데)
해이	(넋 놓고 있다가 그 말에 뜨끔) 네?
치열	니 차례잖아. 얼른 하라고.
해이	아 네…. (하다가) 저기 저 머리가 좀 아파서, 들어가서 쉴게요 좀. (일어서는)
행선	많이 아파? 편두통이지 또. 약 줄까?
해이	아니. 재밌게 노세요. 쌤 저 들어가요. (방으로 들어가는)
치열	자, 그럼 이제 나지. 들어간다~ (조각 하나 골라 빼내기 시작하는데)
행선	(아무래도 성공할 것 같다. 안 되겠다, 치열 귀에 후~ 하고 바람 넣고)
치열	(순간 흠칫, 하며 젠가 와르르 무너지고)
행선/재우	앗싸. (주먹 올리고 신나하고) / 아… 형 왜…. (안타까워하는)
치열	(억울하다) 아니 귀에다 바람을 불어넣는 경우가 어딨지? 페어플레이하자며~

행선   페어플레인 냰장, 이기는 게 장땡이지. (비웃으며 젠가 다시 모으고)

S#23. **행선집 해이방** (N)

치열(E)   사람 그렇게 안 봤는데 진짜, 더티하네 경기 매너가~~ (와자한 소리 들리고)

방으로 들어온 해이 침대에 털썩 주저앉는다.
휴대폰 꺼내 처다보다가 한숨 한 번 내쉬곤 다시 전화 시도하는.

S#24. **선재집 선재방** (N)

책상 위 선재 휴대폰 징~ 징~ 계속 울려대며 발신자 '해이' 뜨는.
입술 꽉 깨물고 휴대폰 노려보고 있던 선재. 급기야 휴대폰 들어 침대로 던지곤 이불로 폰을 꽁꽁 싸고 책상 앞에 다시 주저앉듯 앉는다.
선재, 괴로운 듯 머리를 책상에 쿵쿵 박는데 제지하는 손.
보면 희재다.

선재   (눈물 그렁그렁해 보며) 형… 나 어뜩해… 어뜩해에…. (울면)

희재   (대답 없이 선재 어깨에 손 얹고 쓰다듬어 주는)

S#25. **행선집 재우방** (N)

두 평 남짓 되는 듯한 작은방에 바짝 붙어 누워 있는 재우와 치열.

치열   (잠들었나… 힐끔 재우 쪽 보곤 손 재우 얼굴 위로 올려 확인하려는데)

재우   …치열이 매형.

치열   (얼른 손 거두는) 어어. 아직 안 잤어…?

재우   (잠시 생각하다가) 제가 누구한테요… 뭘 좀 잘못을 했거든요.

치열   어어. 근데…?

재우	그래서 사과를 했는데… 그 사람이 괜찮다 그랬거든요? 근데 그게 진짜 괜찮은 건지 안 괜찮으면서 괜찮다 그런 건지… 잘 모르겠어요. 너무 신경이 쓰여요.
치열	음… 혹시 여자…?
재우	아… 예. 남자는 아니에요.
치열	그럼 그 여자한테 맘 있는 거 아냐? 신경 쓰인대며.
재우	신경이 쓰이면… 맘이 있는 거예요?
치열	아마도? 나도 누나가 그랬거든. 짜증나면서도 신경 쓰이고, 괜찮나 걱정되고.
재우	아….
치열	알았으면 자자고. 어? 일찍 자야 또 낼 장사도 하고. 자자~ (자는 분위기 조성하는)

(diss)	조용한 방 안. 치열 다시 손으로 재우 얼굴 앞 휘이 저어보는데.

재우	…안 자요. 생각이 많아서 잠이 안 와요.
치열	(손 거두다가 안 되겠다, 재우 배 쪽에 손 얹고 아기 재우듯 토닥토닥하는)

(diss)	계속 토닥거리고 있는 치열. 이젠 자나 손 휘 저어보는데 반응이 없다. 드디어 자는구나… 눈 빛내며 조심조심 일어나 베개 들고 나가는.

S#26. 행선집 행선방 (N)

행선 역시 잠 안 와 뒤척이는데,
똑똑 문 열리며 치열이 베개 안고 들어온다.

행선	어머 어머. (벌떡 일어나면)
치열	(조용히 해라 입 앞에 손가락 대곤 씩 웃는)

행선	(작게) 미쳤어. 애들 보면 어쩔라구 진짜. 재우는요. 자요?
치열	(작게) 어 내가 재웠어. 아주 푹 재웠어.
행선	(작게) 그래두 안 돼요. 가요 얼른. 가 얼른, 가 가.
치열	(안 갈란다. 고개 젓곤 행선 옆으로 쏙 들어가는)
행선	아 진짜, 안 된다니까. (치열 잡고 침대 밖으로 내몰려고 애쓰는데)
치열	(버티다가 되치기하며 같이 쓰러지고 얼른 행선 껴안아버리는. 행복하다⋯)
행선	(안긴 채) 아 진짜 미쳐. 잠깐만 있다 가요. 딱 오 분만. 진짜 더는 안 돼. (말은 그렇게 하면서도 역시 행복하다. 이내 눈 감고 배시시 웃는⋯)

S#27. 다음 날/ 국가대표 반찬가게 외경 (D)

막 날이 밝은, 이른 아침이다.

S#28. 행선집 행선방 (D)

얌전히 정자세로 자는 치열 다리 위에 다리를 척 얹고 자는 행선.
뒤척이다 눈을 뜬다. 눈알만 굴려 옆자리의 치열 확인하곤 벌떡 일어나는.

행선	(치열 흔들며) 쌤! (하다 아차, 소리 죽여) 쌤⋯ 쌔엠⋯.
치열	어? 어⋯. (눈 뜨면)
행선	(다급하게 제스처로 빨리 재우 방으로 가야지~ 얼른~)
치열	어, 어어. (눈 똥그래지며 벌떡 일어나는)

S#29. 행선집 거실 (D)

행선 방 문 살짝 열리고⋯
앞장서 나오는 행선과 바짝 붙어 나오는 치열.
이때 팟~ 거실 불 켜지자 치열 호다닥 다시 행선 방으로 들어가고.
행선 방문 가린 채 서서 보면, 막 제 방에서 나온 해이다.

행선	어, 해… 해이야. 왜 벌써 일어났어?
해이	(못 잔 듯 눈이 퀭한 채) …그냥 깼어. 더 자. 내가 주스 갈게. (주방으로 가는)
행선	아 아냐아냐. 내가 할게 내가. (하는데)
해이	(이미 주방으로 간, 단호) 내가 할게 그냥. 멍 때리기 싫어서 그래.
행선	어… 그래 그럼. (해이 눈치 살피며 방 쪽으로 가 문 열고 얼른 나와라 손짓 하는)
치열	(잽싸게 행선 방에서 나오는)
행선	(해이 기색 계속 살피며 치열 앞에 서 엄호하고)
치열	(행선 뒤에 숨어서 게걸음으로 이동해 얼른 재우 방으로 들어가는)

S#30. 행선집 재우방 (D)

치열 들어와 문 닫고 휴~ 돌아서는데 재우 서 있는.

치열	(놀란) 아 깜짝야… 아….
재우	(그런 치열 보며) 치열이 매형. 어디 갔다…
치열	(입 막는다)
재우	(토끼 눈 되어 치열 보면)
치열	(손 살짝 떼고) 지금부터 내 말 잘 들어. 난 밤새 여기 있었던 거야 재 우 처남이랑.
재우	아닌데. 새벽 네 시에 내가 화장실 가려고 깼을 때도 없었고, 방금도…
치열	(재우 입에 손가락 갖다 대며) 쉿! 가끔 남자끼린 말야, 서로 지켜줘야 할 비밀이 있다 재우 처남. 남자 대 남자의 약속! 무슨 뜻인지 알지?
재우	(남자 대 남자의 약속… 멋지다… 고개 끄덕끄덕하는)
치열	(손으로 입에 지퍼 채우는 제스처 하곤, 재우 손잡고 힘껏 흔드는 모습에)
해이(E)	다녀오겠습니다~

해이 문 열고 나오는데 급히 따라 나오는 치열.

치열   해이야. 이거 엄마가 주라는데? 용돈. (만 원짜리 두 장 주는)

해이   아. (받는다. 무거운 표정 감추지 못하는)

치열   (그런 해이 표정 감지하고) 엄마한테 들었어. 니가 못 봤으면 딴 애들은
       더 못 봤을 거야. 어깨 펴고. 이미 본 시험에 너무 끌려 다니지 말고.
       (하고 들어가려는데)

해이   (o.l) 저기 쌤.

치열   응? (돌아보면)

해이   저… (말하려다가) 혹시 오늘 저녁에… 시간 되세요?

치열   아 오늘은 스케줄이 풀리긴 한데… 뭐 나한테 할 말 있어? 상담?

해이   아니에요. 다음에요. (하곤 꾸벅 인사하고 가는)

치열   (보며 얼마나 시험을 못 봤길래 저렇게 다운돼 있나… 갸웃하고 들어가는)

커피 한 잔 두고, 펼쳐놓은 문제지에 코멘트 달려는 동희.
필통에서 만년필 꺼내 뚜껑 열고, 코멘트. (내용-자연수 조건을 잘 활용
해야 하는 문제, 이 조건으로 a_5에 대한 범위 설정하면 딱 1개로 추려짐. 이
조건이 있어서 킬러문제 가능성 높음) 막 쓰는데… 휴대폰 벨 울린다. 보
면 '치열 쌤'이다.

동희   (반색하며 왼손으로 받는) 네 쌤, 저 좀 일찍… (하는데)

치열(F) 어 동희야, 쏘리. 내가 일어나자마자 전화한단 걸 깜빡했네. 나 지금
       행선씨 집이거든? 여기서 바로 갈게. 아직 출발 안 했지?

동희   (행선 집? 표정 굳지만 아닌 척) 네 알겠습니다, 그럼 저도 장소로 바로
       갈게요.

치열(F)	오케이. 아 그리고… 지 실장 폰으로 찍은 거 있잖아 왜 인천에서.
동희	아, 깜빡했네요. 바로 보내드릴게요. 네…. (하며 짜증이 치솟는 듯 만년 필 누른 채로 미간 찌푸린다. 종이에 오렌지 브라운색 잉크가 번지고…)

S#33. 행선집 주방 (D)

식탁 앞에 앉아 주스 마시는 치열. 행선 샌드위치 접시 들고 와 앉는.

치열	재우 처남은?
행선	산책이요. 걘 칼같이 이 시간에 나가요. 루틴이 정해져 있는 애라.
치열	(웃으며) 칸트 같네. 칸트도 매일 정해진 시간에 산책을 해서, 쾨니히 스베르크 사람들이 칸트가 산책하는 걸 보고 시계를 맞췄다잖아.
행선	아… 칸트. (잘 모르는 분야다. 얼른 화제 바꾸는) 지 실장님은요? 연락했 어요?
치열	바로 가라고 했어요. 하마터면 헛걸음할 뻔했어 지 실장. (하는데 진동 벨 울린다. 보며) 어 왔다. 우리 요트에서 찍은 사진이랑 동영상.
행선	아, 안 그래도 궁금했었는데.
치열	(보며) 오 잘 나왔네. 피사체가 워낙 완벽하니까 뭐. 보내줄게요. (전 송하는)
행선	(진동벨 울리고, 확인한다)

#. 동영상 인서트

포즈 취하며 웃는 치열과 행선 뒤로 잔잔한 바다 보이는.

행선	와 색감 미쳤다. 맞아, 이날 날씨가 워낙 좋았… (하다 살짝 멈칫)
동희(E)	제가 좀 더 주의를 해서 운전을 했어야 되는데, 갑자기 파도가 확 몰 아치는 바람에.
행선	(파도라고는 없는 바다 보며 또 의구심이 솟구친다. 잠시 심각하게 보다가

아냐 자꾸 집착하지 말자. 파도야 잔잔하다가도 칠 수 있는 거지… 애써 또 고개 짓는)

S#34. 우림고 2-1 교실 (D)

학생들 거의 등교해 앉아 떠들고 있고, 해이 비어 있는 선재 자리 본다. 일부러 늦게 오는 걸까? 심란한 표정인데… 이때 뒷문 열고 선재 들어오고.
해이 바로 일어나 선재 쪽으로 가려는데 종렬 들어온다. 다시 앉는.

종렬   (앞에 서 둘러보며) 자, 결석 없지? 딴 특별한 공지사항은 없고. 기말고사 가채점 결과를 봤는데… 우리 반에서 또 전교 일등이 나올 것 같다.

학생들   오~~ (하며 반은 해이 쪽을, 반은 수아 쪽을 보는데)

종렬   이선재. 이번에 진짜 열심히 했나봐. 취약하던 국어 과목까지 아주 선전했어.

학생들/수아 와~~ (선재 보며 박수) / (이번엔 이선재야…? 짜증스러운 표정인데)

선재   (기뻐하기는커녕 수치심과 괴로움으로 고개 숙이는)

해이   (역시 복잡한 마음으로 그런 선재를 보고)

종렬   아직 기말도 있으니까 다들 포기하지 말고. 수업시간에 졸지 말고. (하곤) 아 그리고 해이, 잠깐 교무실로 좀 오고. 이상. (나가는)

해이   (종렬이 왜 호출했는지 짐작이 된다. 고개 숙인 선재 보며 일어서 나가는)

S#35. 우림고 교무실 (D)

종렬 앞에 와 선 해이. 책상 위에는 해이의 백지 답안지가 올려져 있는.

종렬   (답안지 밀어 보이며) 어떻게 된 거야.

해이   …….

종렬   이번 독서 시험 난이도가 높다곤 해도, 해이 니가 잘하는 과목인데.

모의고사에서도 한 개 이상은 틀린 적 없고. (보며) 혹시 시험 볼 때 몸이 안 좋았어? 아니면…

해이 (o.l) 시간을… 시간을 잘못 계산했어요. 마킹할 시간을 따로 빼놨어야는데… 그걸 잘못 계산해서…. (눈 마주치지 못한 채 둘러대는)

종렬 아니 너답지 않게 왜 그런 실수를….

해이 죄송합니다…. (고개 숙인 채 더 이상 아무 말도 못하는)

S#36. 우림고 복도 (D)

교무실에서 나와 걸어가다 심란한 표정으로 복도 창밖 보는 해이.
멀리 교정에 우두커니 홀로 앉아 있는 선재가 보인다.
멈칫하곤 열린 창 쪽으로 다가서 선재도 많이 괴롭구나… 안타까운 마음으로 보는데.
이때 맞은편에서 오던 수아, 해이를 보고 멈춰 선다.
이내 해이 쪽으로 뛰어가서 창밖으로 해이를 확 밀어뜨리는데.

해이(E) 빵수아!

수아 (흠칫, 환각에서 깨어나면 어느새 해이 바로 앞에 다가와 있고)

해이 (무슨 일이냔 표정으로) 뭐. 나한테 뭐 할 말 있어?

수아 (그런 해이 한 번 보곤, 당황해 후다닥 도망치듯 뛰어가는)

해이 (그런 수아 돌아보곤 다시 무거운 얼굴로 교정의 선재 쪽 한 번 보고 가는)

S#37. 거리 일각 (D)

휴대폰 하며 걸어가는 수아모. "고객이 전화를 받지 않아 음성사서함으로…"

수아모 (휴대폰 보며) 아… 단지 엄마 앤 아까부터 왜 이렇게 전활 안 받아. 선재 형 얘기 업뎃 해줘야 되는데. (폰 넣으며 가다가 멈칫 선다)

카페 통창 안으로, 단지모와 올케어 엄마 1, 2가 커피 마시고 있는 모습 보이는.

S#38. 브런치 카페 (D)

커피 마시며 수다 중인 단지모와 올케어 엄마 1, 2.

단지모 (휴대폰 부재중 전화 보며) 아으~ 왜 자꾸 전화질이야 귀찮게. 암튼 시도 때도 없이 전화해서 어디냐? 뭐하냐? 일루 와라 가라, 아주 배려가 똥이라니까 이 언닌.

엄마1/2 맞아. 좀 일방적이야. / 남의 얘기도 너무 막 하구. 좀 불편해요 난.

단지모 그쵸그쵸. 심보가 고약해요, 그런 거 다 돌아오는 건데 본인한테.

수아모(E) 누구~?

단지모와 엄마들, 보면 어느새 뒤에 바짝 와 서 있는 수아모.

엄마1, 2/단지모 어머. (놀라는) / …어, 언니…!!

수아모 누구 얘길 그렇게 재밌게 해? 사람 오는 줄도 모르구. 전화까지 씹구.

단지모 어어… 전화했었어? (폰 보며 몰랐던 척) 어머, 내가 무음으로 해놓군 깜빡해서. (하곤 변명하듯) 아니 오다 우연히 만나가지구, 커피 한잔 하자 그래서.

엄마1/2 예에… 내가 커피가 막 땡겨가지구. / 참 커피 좋아해 가만 보면. (어색하게 웃는)

수아모 나도 커피 좋아하는데. 부르지. (좀 꺼림칙하지만 같이 웃는)

(컷) 수아모 시킨 커피 마시며 또 혼자 떠들어대는.

수아모 일단 집에는 온 것 같던데, 모르지. 죄가 없어서 왔는지 지 엄마 빽으로 왔는지.

단지모 아무리 그래두 죄가 있으면 못 나왔겠지. (하는데 문자벨 징~ 보곤) 어
머. 어머어머.

수아모/엄마1, 2 ?? / 왜요. / 왜, 뭔데?

단지모 우리 단지한테 문자 왔는데, 이번 중간고사 일등이 선재라는데?

엄마1 진짜? 어머, 매번 5등 안엔 들었어도 1등은 첨 아냐?

엄마2 세상에. 그 집 분위기 어수선했을 텐데 개도 멘탈 보통 아니다 진짜.

수아모 (이번엔 선재야? 부글부글해) 뭐… 지 엄마 닮아서 독한가보지 개도.
(하다 불똥 단지모한테 튀는) 근데 자기, 폰 무음으로 해놨다 그러지 않
았어?

단지모 (아차, 둘러대는) 아니 지금 그게 중요한 게 아니지 언니. 선재 국어가
엄청 약한 걸로 아는데, 뭐 과외라도 붙였나? 물어봐야겠다 바로. (하
곤 선재모한테 전화 거는)

S#39. 로펌 주차장 (D)

울리는 휴대폰 벨. 차에서 내리는 선재모, 발신 확인하곤 전화 받는.

선재모 네, 안녕하세요 단지 엄마. 어쩐 일로… (하다 듣고) 아 우리 선재가
요? 네, 아직…. 글쎄요, 비결이랄 게 뭐… 그냥 좀 약한 과목이니까
집중해서 하는 거 같긴 하던데… 아뇨 과원 따로 안 했어요 할 시간
도 없고. 요새 제가 좀 바빠서… 그래요. 나중에 커피 한잔해요. 네.
(끊고 잠시 생각하다가 선재에게 문자친다. "쓸데없는 생각 말고 결과만 봐.
과정도 결과가 좋아야 의미 있는 거야." 치고 전송 누르는 모습에)

동물병원장(E) 아 맞아요.

S#40. 동물병원 (D)

병원 원장에게 희재 진술을 확인하고 있는 송 형사와 배 형사.

원장	이 친구가 본인 사비로 다친 고양이들 치료랑 수술비까지 다 댔어요. 최근엔 죽은 고양이 장례까지 치러주고 애 많이 썼는데… 근데 이 친구, 왜요…?
송형사	(진술이 일치하네… 배 형사 보는)
배형사	아니… 그냥 확인할 게 좀 있어서. (하는데 휴대폰 벨 울린다. 받는) 어 왜. 그래? 알았어 바로 들어갈게. (끊고 보며) 진이상 컴퓨터 포렌식 결과 나왔대는데요?

S#41. 경찰서 형사과 (D)

프린트된 포렌식 결과지 보는 송 형사와 배 형사.

배형사	와 일타강사들 댓글 조작 얘긴 들었는데… 진이상 활동 규모가 어마어마한데요? 스카이맘점넷, 열공닷컴에서 최치열라짱나 아이디로 4년 동안 총 2,100회를 로그인, 138개의 악의적인 글 올렸다 삭제, 상위권 대학 쪽 학생들한테 악플 알바 제안 쪽지 총 372회. 이분은 강의보단 최치열 끌어내리는 일을 더 열심히 한 거 같은데.
송형사	참 나… 어떻게 이 짓을 4년을 하고도 안 걸렸지?
배형사	프록시나 vpn을 계속 이용했더라구요. ip주소를 해외로 변경해주는 장치요.
송형사	하여튼 그런 쪽으로 기가 막히게 돌아가 머리들이. (하며 결과지 넘겨 보다가) !!

#. 결과지 인서트 - 진이상이 대학생2에게 보낸 내용

"… (중략) 최치열 지금은 이미지 세탁 성공했지만, 조교 시절에 여고생이랑 스캔들 있었음. 결로 최치열은 학원 짤리고, 그 학생은 극단적 선택하고. 더 충격적인 건, 그러고 얼마 후에 그 여고생 엄마도 죽었는데, 살해 용의자로 남동생이 지목됐다는 사실임. 그러함. 그 유명한 중학생 친모살해사건의 발단이 바로 최치열임."

└, 이 정도면 어때?

└, 굿! 좋은데요? 올리시면 댓글 작업 들어갈게요^^

송형사   ……. (최치열이 중학생 친모살해사건과 연관성이 있다니… 새로운 사실
          이다)

배형사   (모른 채) 일단 진이상이랑 마지막 통화한 친구부터 다시 만나볼게
          요. 이렇게 증거가 있는데, 더 이상 오리발 못 내밀겠죠. (나가는)

송형사   (결과지 보며 고민하다… 전화기 드는) 어 난데… 시스템에서 이력 조회
          한 명 해줘봐. 이름 정.성.현. 주민번호는… (하다 듣고) 어 맞아. 예전
          에 그 친모살해사건, 그 아이.

S#42.   **국가대표 반찬가게 앞 (D)**
          스쿠터에 단체 샌드위치 도시락 싣는 행선. 영주 한 묶음 더 전달하며.

영주   야야, 이건 치열 쌤네 꺼. (샘내듯 삐죽) 아주 돈도 벌고 님도 보고 여
          러 가지 해요. 교회 먼저 배달하고 들러 너. 맘 앞서가지구 그냥 치열
          쌤네부터 가지 말구.

행선   아 당연하지. 나 여기 사장이거든요? 직원 아니구요?

영주   예~ 우리 사장님이 목하 열애 중이라 요새 정신이 좀 딴 데 가 계셔
          서요.

행선   쵱일 인강 찍는대잖아~ 하는 김에 몇 개 더 만들었다 쫌.

영주   예예~ 어련하시겠냐구요. 운전이나 조심하셔요.

행선   (피식 웃으며 헬멧 쓰는)

S#43.   **치열 연구소 내 스튜디오 (D)**
          전문 스태프들 와 카메라 촬영하고 있고.

치열, 마이크 차고 인강 녹화 중이다.

동희는 카메라 옆에서 모니터 중인.

치열 오케이! 문제 한번 봅시다. 이렇게 그래프를 이용한 합답형 문항은 식이 나타내는 값이 그래프에서 뭘 의미하는지 찾는 게 제일 중요한 뽀인튼 거 알지? ㄱ 먼저 볼게. $\dfrac{f(a)}{a}$ 는 원점과 점 A 사이의 기울기고 $\dfrac{f(b)}{b}$ 는 원점과 점 B 사이의 기울기를 나타내. 그래프에서 보면 원점과 점 B를 연결한 선분 기울기가 원점과 점 A를 연결한 선분 기울기보다 작으니깐 ㄱ은? 잇츠 트루! 다음 ㄴ 볼게.

이때, 동희 휴대폰 벨 울리고… 보면 '남행선 사장'이다.
이 여자가 나한테 왜 전화를…? 의심쩍은 표정으로 폰 들고 나가는.

S#44. 치열 연구소 복도 (D)

연구소에서 나오는 동희.
행선이 샌드위치가 든 종이봉투 들고 기다리고 있는.

동희 (거짓미소로) 어쩐 일이세요 사장님?

행선 근처에 배달 왔다가요. 출출할 텐데 스탭분들 간식으로 좀 드시라고. (봉투 건네면)

동희 아… 좋아들 하겠네요. 근데 방금 시작해서 쌤은 못 보실 거 같은데….

행선 괜찮아요 상관없어요. 왔다고 하지도 마세요 쌤한텐. (애써 웃어 보이는)

S#45. 치열 연구소 건물 엘리베이터 앞 (D)

엘리베이터 기다리는 행선. 주머니에 손 꽂는데, 뭐가 잡힌다.
꺼내 보면 물티슈 봉지들이다.

행선   아. (또 깜빡했다…)

          샌드위치 든 봉투 보는 동희, 히스테릭하게 쓰레기통에 확 버리는데.

행선(E)   (싸늘한) 뭐하시는 거예요, 지금?

동희   ! (놀라 돌아본다)

행선   (노기 어린 표정으로 물티슈 들고 서서) 설마 설마 했는데… 지 실장님,
          원래 이런 분이세요 아님 저한테만 이러시는 거예요? 대체 왜… (하
          다 터져 나오는) 그날도 일부러 그런 거예요? 동영상 보니까 파도라곤
          없던데요. 맞아요. 그날 날씨 참 좋았어요.

동희   (짜증난다는 듯 미간 찌푸리며) 그래서, 지금 하고 싶은 말씀이 뭐죠?

행선   (동희 태도에 말문이 막혀 보면)

동희   그러니까 제가 고의적으로 사장님을 위험에 빠뜨리려고 했다, 뭐 그
          런…

행선   (o.l) 네, 저 봤어요. 실장님이 일부러 키 돌리는 거.

동희   ! (보면)

행선   잘못 본 거다, 내가 과민한 거다, 그렇게 생각하려고 정말 애썼는
          데… 근데 좀 아까 알았어요. (동희 얼굴 보며) 잘못 본 게 아니라는 거.
          고의가, 분명하단 거.

치열(E)   그게 무슨 소리예요?

행선/동희   !! (보면)

치열   (놀란 표정으로 두 사람을 보고 서 있는)

          스쿠터 앞. 헬멧 쓰고 있는 행선.
          치열, 그 옆에서 당황스러운 표정으로.

치열	오해가 있을 거예요. 걔가… 동희가 그렇게까지 그럴 이유가…
행선	(o.l) 알아요, 믿기지 않겠죠. 아니 믿고 싶지 않겠죠 쌤은. 근데… (보며) 쌤, 내가 시력이 좋아요. 1.2, 1.5예요 아직 노안도 안 왔고. (…) 요트에선 뭐, 모르겠어요, 오해일 수 있겠죠. 근데… 오늘은 아니잖아요. 너무 빼박이잖아요.
치열	하아…. (대체 왜 그랬을까?)
행선	편들어달라고 안 해요, 지 실장님 쌤한테 중요한 사람인 거 아니까. 근데… (멈췄다가) 너무 혼란스러워요. 생각 좀 해봐야겠어요. (스쿠터에 올라타는)
치열	(괴롭다. 보다가) 끝나고 연락할게요.
행선	(보며 단호하게) 아뇨, 내가 연락할게요… 정리 좀 되면. (출발하는)
치열	(가는 행선 처다보며 심란하다… 마른세수하고)

S#48. 치열 연구소 복도 (N)

엘리베이터에서 나오는 치열을 기다리던 동희가 쫓아가며 변명하는.

동희	말도 안 돼요 선생님! 제가 어떻게 고의로… 다칠 수도 있고 최악의 경우 진짜 위험할 수도 있는데… 건 아니에요, 진짜 모함이에요.
치열	……. (대답 없이 연구실 쪽 향해 가는)
동희	(계속 쫓아가며) 물론 오늘 일은… 네, 인정해요. 제가 옹졸했어요. 식사를 방금 다 하기도 했고… 솔직히 인강 찍는 날 저희 다 예민하잖아요. 선의가 과하면 폐가 되는 건데… 근데 연락도 없이 와서 샌드위치 먹어라 마라, 오바하는 게 너무 짜증이 나서…
치열	! (본다. 말 가려 하라는)
동희	(눈치 보며) 죄송합니다… 근데 요트는 진짜 아닙니다!
치열	(하…) 알겠는데… (차가운 표정으로) 이래저래 너 맘에 안 든다 요새. 일단 인강부터 마무리해. (연구실로 다시 들어가는)

동희 (문 닫히자 싸늘하게 표정 바뀌며, 더 이상은 안 되겠다 하는 표정)

S#49. 국가대표 반찬가게 건물 외경 (N)

가게 안, 저녁 장사로 손님 상대하느라 분주한 행선과 영주, 재우 보이는.

그 와중에 언뜻, 행선의 표정에 심란함이 스치고.

S#50. 행선집 해이방 (N)

책상 앞에 앉아 있는 해이. 책은 펴놨지만 하나도 눈에 들어오질 않는다.

도저히 안 되겠다, 펜 놓고 다시 선재에게 문자치는.

(E) 징~ 문자 진동벨

S#51. 선재집 선재방 (N)

문자 확인하는 선재.

"놀이터에서 만나. 나올 때까지 기다릴게 - 해이"

선재, 괴로운 듯 눈 질끈 감았다가 이내 눈 뜨고 전화 거는.

해이(F) 선재야.

선재 …오지 마. 나 안 나갈 거야.

해이(F) 선재야, 우리 만나서 얘기해야 돼. 피한다고 될 일 아냐. 첨부터 끝까지 토씨 하나 안 틀리고 똑같았어 너가 빌려준 프린트랑. 이건…

선재 (알지만 인정하고 싶지 않아) 그래서 뭐. 우리 엄마 원래 족보 잘 구해. 그냥 우연일 수도 있잖아. 니가 하고 싶은 얘기가 대체 뭔데?!

해이(F) 너 정말 그렇게 생각해? 아니잖아.

선재 (욱해 소리치는) 그래서 뭐, 나보고 어쩌라구! 신고라도 할까 우리 엄마를? 니가 원하는 게 그거야?!! (하곤 전화 일방적으로 끊고 씩씩거리며

휴대폰 던져버리는데)

방바닥에 떨어진 휴대폰을 가만히 줍는 손. 선재모다.

선재	! (보면)
선재모	(다 들었다. 보며) 너 설마 또… 내가 너 혼자 보라 그랬지? 절대 아무한테도 보여주지 말라고 그렇게 신신당부를 했는데…!!
선재	(원망의 표정으로) 그래서. 지금 이 상황이… 이게 다 내 탓이라구요? 나가요! 나가요 제발~!! (일어나 선재모 방 밖으로 밀어내고)

S#52. **선재집 선재방 앞 (N)**

쾅! 닫힌 선재 방 문 앞에 선 선재모.
거실 쪽으로 걸어오며 이걸 어떻게 수습해야 하나… 생각하다가 휴대폰 본다.
이내 폰 속에서 '남해이' 번호 찾아 전화 거는.

| 선재모 | (싸늘하게) 해이니? 나 선재 엄만데…. |

S#53. **더프라이드 학원 앞 (N)**

터벅터벅 힘없이 학원에서 나오는 수아.
바쁘게 엄마 차를 찾아 타는 아이들의 행렬을 멍…하니 본다.
왠지 오늘은 실려가듯 엄마 차를 타고 바로 집으로 가고 싶지 않다.
반대쪽 방향으로 발걸음 옮기는데.
이때, 수아모의 차가 들어와 차들 행렬 뒤에 꼬리를 물고 자리 잡고 서고.

S#54. **거리 일각/ 선재모 차 안 (N)**

차 세우고 시동 끄는 선재모의 타이트 숏. 옆쪽 보며.

선재모   그래서… 뭘 어쩔 생각인데?

보조석에 해이가 타고 있다. 긴장한 표정.

선재모   선재 만나서 뭐 하려고? 니가 계속 만나자 그러는 거 같던데.

해이   (잠시 당황… 이내 단호한 표정으로) 말씀…드리자고 하려고 했어요. 담임 쌤한테.

선재모   (하…) 너도 징계를 피할 순 없을 텐데. 0점 처리되고, 내신 회복불능되고.

해이   …전 이미 백지로 냈어요, 답안지.

선재모   ?! (놀라 보는)

해이   (호소하듯) 아줌마. 이건 아닌 거 같아요. 지금이라도 빨리 되돌릴 수 있게…

선재모   (o.l) 아니. 그럴 거면 시작도 안 했겠지. 이미 물은 엎질러졌어. (보며) 니가 진짜 선재 친구라면, 선재 앞날을 생각한다면… 그냥 모른 척해.

해이   어떻게 모른 척해요? 이미 알아버렸는데. 선재가 저렇게 괴로워하는데.

선재모   (o.l) 내 아들은 괜찮아! 너만 가만있으면 아무 문제 없다고!! (후… 감정 애써 누르며) 너 하나 땜에 잘못하면 여러 사람 인생이 망가져. 그 무게, 감당할 수 있겠니? 나도 내 커리어, 내 인생 건 거라고, 선잴 위해서!

해이   (안타깝다는 듯 보며) 선잴 위해서가 아니라 아줌말 위해서겠죠.

선재모   (노려본다. 앤 선재와 똑같은 얘길 한다…)

해이   선재 지금 안 괜찮아요… 전 제 소신대로 할 거예요. (까딱, 인사하고 내리려는데)

선재모	(다급하게 해이 손목 잡는)
해이	(보면)
선재모	(떨리는 목소리로) …기어이 그래야겠니…?
해이	…죄송해요. (단호한 어조로 말하곤 다시 까딱, 인사하고 내린다)
선재모	(분노의 표정으로 그런 해이를 보는 모습에)

S#55. 거리 (N)

초점 잃은 눈으로 힘겹게 걸어가고 있는 수아. 문득 앞을 보는데…
선재모 차에서 내리는 해이가 보인다.
저건 누구 차지? 남해이가 왜 저기서 내리는 거지? 또 환각인 건가?

수아	…….

혼란스러운 표정으로 해이 보다가, 급발진하듯 쫓아가는 수아.
해이를 차가 오는 도로 쪽으로 확 밀어버리는!

환각에서 깨어나면, 수아 저만치 걸어가고 있는 해이를 보고 있다.
호흡 점점 거칠어지며 죽일 듯이 해이 노려보는 수아 모습에.
(E) 띡, 띡, 띡… 현관 키 버튼 소리

S#56. 치열 펜트하우스 거실 (N)

학원 미팅 끝내고 들어오는 치열. 마음이 무거운 듯 표정이 경직되어
있다.
주방으로 가 냉장고에서 생수 꺼내 병째 들이켜곤 주머니에서 휴대
폰을 꺼낸다.
행선에게 전화라도 걸어볼까… 싶어 단축번호 누르려다가.

행선(E)	아뇨, 내가 연락할게요… 정리 좀 되면.
치열	(멈칫하곤 소파에 털썩 앉는다. 왜 자꾸 상황이 꼬일까… 복잡하고 괴로운)

S#57. 국가대표 반찬가게 (N)

장사 끝내고 마무리 정리 중인 행선과 영주, 재우.

행선은 쓰레기봉투에 쓰레기 욱여넣고, 영주는 힐끗힐끗 그런 행선 눈치 보며 반찬팩 정리하고, 재우는 물걸레로 열심히 눌어붙은 반찬을 닦는.

영주	(부러 말 시키는) 아으, 오늘따라 왜 이렇게 손님들이 코다리찜을 찾는지… 코다리 하면 아구 찾고 아구 하면 코다리 찾고, 요상해 암튼. 안 그냐 남 사장?
행선	(영혼 없이) 어. (계속 정리하는)
영주	그래도 매상은 완전히 회복됐어. 그치?
행선	(역시 단답으로) 어.
영주	(눈치 보며) 야, 우리 국가대표 사장님 이하 임직원들 단합을 다진 지도 꽤 된 거 같은데 간만에 (꺾는 시늉) 어때? 좋지 재우야?
재우	(계속 닦으며) 아니. 난 술은 싫은데.
영주	그러니까. 넌 그냥 안주빨이나 세우시구요. (하는데)
행선	(o.l) 됐어. 새벽에 장도 봐야 되고. (보며) 너 들어가. 나머지 정린 내가 할게.
영주	아냐, 같이 해 그럼. 뭘 먼저 들어가.
행선	들어가. 자꾸 가게 비워서 내가 미안해서 그래. (다시 마무리에 집중하는)
영주	(뻘쭘. 눈치 보며 가방 드는) 그, 그래. 사장님이 먼저 들어가라시니 그럼.
행선	(재우 보며) 너도 올라가. 내가 마저 할게. 애썼다 오늘.
재우	(계속 닦으며) 아니, 난 요거 지우구 남행선 누나랑 같이 갈래.
영주	(먼저 나가자는 듯 재우 툭, 치면)

재우	(못 알아듣고 뭐? 보는데)
영주	(아예 재우 팔 잡고) 낼 보자 남 사장~ 굿밤~~ (영문 모르는 재우 끌고 나가는)
행선	(반찬팩 마저 쌓다가) 후우…. (긴 한숨을 내쉰다. 이 관계의 늪을 어떻게 풀어야 할까… 돌파구는 보이지 않고 마음만 무거운)

S#58. **국가대표 반찬가게 앞 (N)**

봉투에 넘치게 찬 쓰레기를 한 손으로 누르며 가게에서 나오는 행선.
쓰레기봉투를 바닥에 내려놓고 힘을 주어 꾹꾹 눌러 담는데
순간 봉투 중간 부분이 툭, 터지며 안에 있던 내용물이 확 쏟아져 나
온다.

행선	아… (황당하게 보며) 낸장… 안 그래도 심란한데. (막막한 듯 보다가 터진 부분 살펴보는데 테이프로 어쩔 수 있을 것 같지가 않다) 하아…. (긴 한숨 내쉬고 주머니에서 휴대폰 꺼내 해이에게 전화 거는)
해이(F)	(목소리 다운된) 어, 엄마….
행선	해이야. 너 지금 집이지?
해이(F)	아, 아니… 나 밖인데. 단지 좀 만나고 가고 있어 집에.
행선	이 시간에? (하곤) 아 알았고, 그럼 쓰레기봉투 좀 사다줘. 대용량 젤 큰 걸루.
해이(F)	쓰레기봉투…?
행선	어. 지금 다 터져서 난리났어. 빨리 좀 사다줘. 돈 있지?
해이(F)	…알았어. 젤 큰 거 사가면 되지? (하곤 전화 끊는)
행선	(터진 쓰레기봉투 붙잡고 심란한 표정으로 쓰레기 본다. 지금 기분 같다)

S#59. **동네 마트 근처 골목 (N)**

대용량 쓰레기봉투 사들고 오는 해이.

늦은 시간 탓에 골목에는 오가는 사람 하나 없고.
무거운 표정으로 땅만 보며 걷는 해이,
인기척에 뒤돌아보지만 아무도 없다.
다시 앞쪽 보며 추적추적 걸어가는 모습에.

S#60. 국가대표 반찬가게 앞 (N)

터진 쓰레기봉투 쥔 채 다시 해이에게 전화 걸고 있는 행선.
(E) 고객님이 전화를 받지 않아 음성사서함으로…

행선　(전화 끊고 보며) …어떻게 된 거야, 전화도 안 받고 진짜… 아…. (찢어진 봉투와 바닥에 모아놓은 쓰레기 심란한 표정으로 보다가) 싫으니 죽지. 내가 사다 쓴다… 내가. (쓰레기봉투 획 던지듯 내려놓고 마트 쪽으로 가는)

S#61. 임페리얼 아파트 외경 (N)

수아모(E)　아니 어뜨케 된 거야 수아야아~~

S#62. 수아집 현관, 거실 (N)

땀에 젖은 채 넋 나간 얼굴로 들어오는 수아를 졸졸 따라붙는 수아모.

수아모　내가 학원 앞에서 얼마나 기다렸는데? 안엔 없대지 전화 안 받지… 엄마 진짜 경찰에 신고할 뻔했단 말야. (하다) 어머, 땀 좀 봐 애. 뭐하다 온 거야 대체?
수아　(쳐다보지도 않고 제 방으로 훅 들어가는)
수아모　너 걸어왔니? 학원에서 집까지 걸어온 거야? 어? (따라 들어가고)

S#63. 수아집 수아방 (N)

들어와 침대에 털썩 주저앉는 수아. 손을 덜덜 떤다.

따라 들어온 수아모, 눈치 못 챈 채.

수아모 아니 왜 걸어와 일분일초가 아쉬운 판에. 너 오늘 화학 인강도 들어야 되잖아. 세상에, 얘가 진짜 미쳤나봐아~~

수아 (떨리는 음성으로) 어… 나 미쳤나봐….

수아모 뭐?

수아 (흔들리는 눈으로 수아모 보며) 미쳤어. 아니면… 괴물이 돼가는 건가…?

수아모 뭔 소리야? 무슨 괴물?

수아 (웃는 듯 우는 듯 보다가 참혹하게 일그러지는 표정에서)

S#64. **선재집 거실 (N)**

상기된 표정으로 들어오는 선재모.
주방으로 가는 선재와 마주치곤 흠칫 놀라며 멈춰 서고,
표정 관리하곤 서둘러 다시 안방으로 들어가 문 닫는다.

선재 ? (그런 선재모 보다가 다시 주방으로 가 냉장고 문 열고 생수 꺼내는)

S#65. **행선집 거실 (N)**

TV에 스릴러 영화 방송되고 – 손으로 눈을 반 가리곤 몰입해서 보고 있는 재우.
행선은 그 옆에서 빨래를 개고 있다.
사이코패스 범인이 섬뜩한 표정으로 칼을 겨누며 다가서는 장면 나오는.

재우 뒤에. 뒤에 뒤에. (하며 무서운 듯 행선 쪽으로 붙고)

행선 (무심코 시계 보는데 벌써 12시가 다 돼간다) 아니 얘가 진짜… 지금 시

간이 몇 신데…. (하며 휴대폰 찾아 들고 해이에게 전화 거는데)

(E) 전원이 꺼져 있어 음성사서함으로…

행선   밧데리가 다 됐나…? (슬슬 걱정되기 시작한다. 서둘러 전화번호부에서 '단지' 찾아 전화 거는) 어 단지야 미안. 나 해이 엄만데, 혹시 해이 다시 만났니?

단지(F) (자다 깬 목소리로) 네? 아… 저 해이 학교에서 보고 못 봤는데요.

행선   뭐? 아… 아까 해이 안 만났어? 열 시 좀 넘어서 너 만나고 오는 길이랬는데.

단지(F) 아뇨. 안 만났어요… 근데 해이가 안 왔어요 아직?

행선   (가슴 철렁한다) 어… 어떻게 된 거지?

단지(F) 제가 선재한테 전화 좀 해볼게요. 잠깐 끊어보세요 아줌마. (끊는)

행선   (전화 끊는다. 불안감에 얼굴이 하얘지면)

재우   (왜 그러냔 표정으로 행선 보고)

행선   (떨리는 목소리로) 단지… 해이 안 만났대. 애 지금 어딨니 재우야…?

선재(E) 해이…?

S#66. 선재집 선재방 (N)
방으로 들어오며 휴대폰 통화하는 선재.

선재   아니, 난 안 만났는데… 왜?

단지(F) 아니 해이 아줌마한테 전화 왔는데, 나 만나고 오는 길이라 그러고 아직 안 들어왔대. 너도 안 만났다 이거지? 통화도 안 했구?

선재   어….

단지(F) 알았어, 일단 끊어. (하다가) 아 혹시 해이하고 통화되면 전화해. 나한테 말고 해이 아줌마한테 먼저. 그리고 나한테도 꼭 해주고. 알았지?

(서둘러 끊는)

선재   ……. (대체 무슨 일이지? 걱정되는 표정. 바로 해이한테 전화해보지만…
"고객님의 전원이 꺼져 있어…" 안내음성만 나온다. 뭔가 불길하다… 걱정
되는 표정에)

S#67. 번화가 거리 (N)

노래방, PC방 등이 즐비한 거리.
행선 코인노래방 있는 건물에서 나오고, 그 옆 건물에서 영주 나온다.

영주   PC방엔 없어. 노래방은?

행선   (고개만 절레절레)

영주   아니 이게 무슨 일이야 대체? 얘 또 학교에서 무슨 일 있었던 거 아
냐? 어?

행선   모르겠어…. (불안하지만 애써 차분하게) 미안해. 잘 시간에 불러내
서….

영주   야 지금 잠이 문제냐? 대체 어딜 간 거야 얜~ 12시도 한참 넘었는데.
재우한텐 해이 오면 바루 연락하라고 했지? (하는데)

이때, 행선 옆쪽으로 와 끼익~ 서는 치열 차. 치열이 서둘러 내린다.
딱 봐도 자다가 급하게 나온 듯, 편한 복장에 헝클어진 머리, 당황한
기색 역력한.

행선   ……. (뜻밖의 등장에 멍하니 치열을 본다)

치열   해이는요? 아직이에요?

영주   네, 아직… (행선 보며) 내가 연락드렸어. 우리끼리 찾는 거보단 기동
성도 그렇고….

치열   (행선 보며) 괜찮아요?

행선	(치열을 보니 애써 참고 있던 불안과 걱정이 훅 올라온다. 말없이 안는)
치열	(그 마음을 안다. 어깨 토닥이며) 걱정 마요. 찾으면 돼… 일단 파출소부터 가요. 미성년자라 바로 신고 가능할 거예요. 휴대폰 추적부터 해봐요.

S#68. 파출소 앞 (N)

갑갑한 표정으로 줄줄이 파출소에서 나오는 행선과 치열, 영주.

순경(E)	애타시는 마음은 알겠는데 휴대폰 추적도 이게 공문에 뭐에 절차가 있어서… 최대한 빨리 해보겠습니다. 뭐 단순 가출일 가능성도 있으니까요….
영주	아니 단순 가출이면 좋지 우리도. 근데 아닐 수도 있으니까… 공문이니 절차니 급할 땐 좀 무시하면 안 돼? 이러다 뭔 사달이라도 나면… (하다 멈칫) 아니 사달이 날린 없지만, 혹시라도… (하는데)
행선	(다리 풀린 듯 휘청하는)
치열	(얼른 잡는)
행선	(다시 맘 다잡으며) 일단 집에서 기다리라니까… 영주 넌 집에 가. 엄마 걱정하셔.
영주	아 됐어. 엄마한텐 전화하면 되지.
치열	내가 같이 갈게요, 들어가요. 해이 오면 연락할 테니까.
영주/행선	(그래도 될까? 걱정스러운 듯 행선 어깨 쓰다듬고) / (그래라, 끄덕끄덕하는)

S#69. 동네 전경 (D)

막 동이 트는 동네 아침 전경.

S#70. 행선집 거실 (D)

한숨도 못 잔 채 초조하게 소파에 앉아 휴대폰만 보는 행선과 치열.

재우는 그 옆에 웅크린 채 쪽잠 자고 있는.

치열	(불안한 행선 안심시키려) 너무 걱정 마요. 입시생들 한 번씩 이런 경우 많아. 아무리 해이라도 입시 스트레스는 있을 수 있으니까.
행선	(고개 끄덕이지만, 시간이 갈수록 불안하다)
치열	조금이라도 눈 붙여요. 연락 오면 내가 바로 깨울 테니까.
행선	(고개 젓고) 쌤이야말로 눈 좀 부쳐야죠. 이따 일도 해야 될 텐데.
치열	괜찮아요 난. 잠 안 자고 버티는 거에 워낙 도가 터서. (하는데)

이때 행선 휴대폰 벨 울린다. 재우 놀라 깨고, 행선 얼른 휴대폰 받는.

행선	네, 여보세요?
순경(F)	아 네 어머니, 여기 파출손데요.
행선	(목소리 떨린다) 네.
순경(F)	따님 휴대폰이 꺼진 상태라 위치추적은 안 되구요, 마지막으로 신호 끊긴 데가 집 근처라서 일단은 그 주변 중심으로 수색을 할 거구요. 그리고… 어머니 통화 전에 마지막 통화를 한 번호가 010-86-5999 거든요. 혹시, 아는 번호세요?
행선	010. 86. 5999… (갸웃하곤) 잠시만요. (폰에 번호를 얼른 쳐보는데 '선재 엄마'가 뜬다) !!! (놀라는 표정에서)

S#71. 선재집 선재방 (D)

밤새 한숨도 못 잔 선재.

침대에 앉아 답이 없는 해이와의 톡창을 초조하게 보고 있다.

"해이야 너 어디야?" "대체 무슨 일이야?"에 '1'이 지워지지 않은 톡을 보는데.

선재모	(출근 차림으로 방문을 연다) 뭐해. 학교 안 가?
선재	(본다)
선재모	학교 앞에 내려줄게. 나와 얼른.

S#72. 선재집 거실 (D)

선재모 키 챙기고, 선재 방에서 막 나오는데 선재모 휴대폰 벨 울린다.
선재모 확인하면, '해이 엄마'다.

선재모	(이 여자가 왜? 선재 보며 전화 받는) 네, 해이 엄마.
선재	(해이 엄마? 보는)
행선(F)	저기, 아침부터 죄송한데… 혹시 어젯밤에 우리 해이랑 통화하셨나요?
선재모	네?
행선(F)	아… 선재한테 얘기 못 들으셨구나. 우리 해이가 어젯밤부터 집에 안 들어와서요. 파출소에서 통화기록을 조회했더니 해이 나가기 전에 통화한 사람이 선재 엄마라고….
선재모	(눈빛 흔들린다. 이내 표정 관리하고) 아 맞아요, 통화했어요 어제.
선재	(통활 했다고? 누구랑? 해이랑?)
선재모	선재 폰이 꺼져 있어서 해이하고 있나 해봤는데, 같이 없더라구요. 선잰 바로 학원에서 왔구요. 어떡해요… 걱정이 많으시겠어요 해이 엄마.
행선(F)	아 네… 그러셨구나. 알겠습니다. 그럼.
선재모	네, 곧 들어오겠죠. 너무 걱정 마세요. 네. 네. (휴대폰 끊는데)
선재	어제 해이랑 통화했어요 엄마? 왜요? 해이랑 무슨 얘기 했는데요?
선재모	(보며) 알 거 없어.
선재	(감정 격해져) 해이가 없어졌어요! 연락이 안 된다구요! 엄마 왜 거짓말하는 건데요? 대체 해이랑 무슨 통활… (하다) 엄마… 엄마 혹시 어제… 해이 만났어요?

선재모	(멈칫)
선재	어제 늦게 들어오셨잖아요 엄마. 어디 갔다 오신 건데요?
선재모	그래, 나 해이 만났어. 조용히 입 다물고 있으랬더니 그렇게 못하겠다더라?
선재	(의혹 가득한 표정이 되며) 그래서요…? 그래서 어떻게 했는데요?
선재모	(황당하단 얼굴로) 뭘 어떡해 내가. 넌 진짜 날… 하! 나 늦었어, 출근해야 돼. 학교엔 가든지 말든지 니 맘대로 해. (하곤 쌩하니 나가버리는)
선재	(여러모로 혼란스럽고 심란하다. 소파에 주저앉으며 괴로워하는)

S#73. 우림고 2-1 교실 (D)

해이와 선재 자리 비어 있고.
단지와 건후, 걱정스런 표정으로 마주 앉아 있다.
단지 해이에게 전화 걸고 있는.

단지	(역시 전원이 꺼져 있다. 끊으며 고개 저으면)
건후	(책상 쾅 치며) 미치겠네 진짜. 대체 어딜 간 거야 남해이.
단지	서건후. 나 무서워 죽겠어. 아까 우리 엄마랑 통화했는데… 경찰에서 둘 아예 실종으로 보고 수색 중이래. 우리 엄마가 직접 전화해봤대.
건후	선재는. 선재한테도 없었대 전화?
단지	어 없었대…. (울상 되며) 아니 무슨 실종이냐구 진짜 남해이~ (건후 보며) 괜찮겠지? 아무 일 없겠지? 그치? (하는데)
수아	(뒷문으로 들어오다가 단지 얘기 듣고 멈칫, 눈빛 흔들리는)

S#74. 우림고 여자화장실 (D)

강박적으로 또 손을 박박 씻는 수아.
불안한 듯 손이 벌게지도록 문지르다 거울 보는데 또 제 얼굴이 일그러져 보인다.

| 수아 | …아냐… 아냐!!! (화장실 뛰쳐나간다. 쏴~~ 틀어놓은 물 계속 흐르고…) |

S#75. 파출소 (D)

초조한 표정의 행선과 치열 앉아 있고, 순경 마주 앉아 조사 중인.

순경	아 뭐 이건 의례히 하는 질문이긴 한데요. 혹시, 아이가 집을 나가기 전에 특별한 일 같은 거 없었습니까? 예를 들어 식구들이랑 싸웠다거나….
행선	아뇨, 전혀.
순경	그럼 뭐… 학교에서 친구들한테 왕따를 당했다든가 그런 문제는…
행선	아니요. 절대 그런 문젠 아니에요. (하는데)

이때, 파출소 문 열리고 종렬이 들어온다.

치열	(보고) 종렬아.
종렬	어. 와 있었구나. (행선 보고 인사하며 다가서는)
행선	(고개 숙여 인사하고, 순경 보며) 우리 애, 담임선생님이세요.
순경	아 예. (인사하는)
종렬	전화로 얘기할까 하다가, 해이 어머니랑도 다 아시는 게 좋을 거 같아서.
행선/치열	? / (뭐가? 보면)
종렬	실은 해이가… 이번 중간고사에서 국어 과목 답안지를 백지로 냈습니다.
행선/치열	!! (놀라는) / (그런 일이 있었어?)
종렬	본인 말로는 시간이 부족해서 그랬다는데… 그런 실수를 할 애가 아니라서 이상하다 생각했거든요. 근데 이런 일이 생겨서… 말씀드려야 할 거 같아서요.

행선/치열   (전혀 몰랐다… 가슴이 철렁하고) / (그런 행선 걱정스레 보는)

S#76. 국가대표 반찬가게 외경 (N)

영주(E)   아니 왜? 왜 답안지를 백지로 냈는데 해이가~?!

S#77. 국가대표 반찬가게 (N)

넋 나간 듯 앉아 있는 행선을 치열과 영주가 걱정스럽게 보고.
재우는 그 옆에서 계속 해이에게 휴대폰으로 전화를 걸어보고 있다.

행선   …몰라. 나도 이유를 모르겠어… 지난번 성적 유지해야 된다고 얼마
       나 열심히 공부했는데. 국어 과목은 해이가 젤 잘하는 과목인데 대체
       왜….
치열   그거 때문일까요 진짜? 해이가 없어진 게?
영주   지금으로선 그게 젤 유력하네. 백지 내고 지도 너무 괴로우니까. 응?
행선   아냐. 그거 아닐 거 같애 난. 백지를 냈든 시험을 못 봤든… 그런 것
       땜에 가출할 애가 아냐. 그럴 애 아냐 절대. 해이는. (하며 초조한 표정
       인데)

이때, 해이에게 계속 전화 걸어보던 재우 멈칫하곤 보며 소리친다.

재우   누나! 해이 폰 신호 가! 신호 가 신호!!
행선   (벌떡 일어나 재우 휴대폰 빼앗아 들어보면)

통화연결음 울리다 이내 "고객님이 전화를 받을 수 없어…" 안내음
으로 넘어간다.
행선 다시 해이 번호를 눌러 전화 연결해보는데
그새 "전원이 꺼져 있어 음성사서함으로…" 안내음이 나오는.

행선	(낙담한 표정으로 치열 보며) …또… 또 꺼졌어요….
영주	꺼졌어? 왜에? 방금 켜졌었다며? 다시, 다시 한번 해봐 다시.
치열	내가 해볼게요. (제 휴대폰으로 얼른 전화 걸어보는데… 역시 꺼져 있다. 행선 보면)
행선	(털썩 주저앉으며) …쌤… 우리 해이… 해이 대체 어딨는 걸까요…?

(E) 탁탁탁! 다급하게 뛰는 발소리 울려 퍼지고

S#78. 주택가 골목 ~ 대로 (N)

앞만 보고 온 힘을 다해 도망치듯 달리고 있는 해이.
머리는 온통 흐트러진 채 엉망진창인 몰골이다.
그런 해이 뒤를 바짝 쫓고 있는 낡은 남자 운동화 c.u 되고.
해이, 잡히면 끝장이라는 절박함으로 연신 뒤쪽 의식하며 뛰는데…
코앞이 대로다.
있는 힘을 다해 대로 쪽으로 뛰어나가는데, 순간 왼쪽 편에서 달려오
던 차 헤드라이트가 해이를 비추고 해이 손으로 빛 가리는 모습에서
(E) 끼이익~~!!! 급브레이크 밟는 소리와 함께 화이트 아웃.

행인(E)	누가 119! 119 좀 빨리요, 빨리~!!

다시 화면 켜지면 바닥에 쓰러져 있는 해이.
주변에 사람들 웅성웅성 몰려들고.
쓰러진 해이를 둘러싼 행인들 사이로 다가서는 좀 전의 낡은 운동화.
틸트업하면 동희다! 해이를 보는 무표정한 표정 스틸되며… 13부
엔딩.

오직 하나의

해를 구하라

S#1.   주택가 골목 ~ 대로 (N)

앞만 보고 온 힘을 다해 도망치듯 달리고 있는 해이.
머리는 온통 흐트러진 채 엉망진창인 몰골이다.
그런 해이 뒤를 바짝 쫓고 있는 낡은 남자 운동화 c.u 되고.
해이, 잡히면 끝장이라는 절박함으로 연신 뒤쪽 의식하며 뛰는데…
코앞이 대로다.
있는 힘을 다해 대로 쪽으로 뛰어나가는데, 순간 왼쪽 편에서 달려오
던 차 헤드라이트가 해이를 비추고 해이 손으로 빛 가리는 모습에서
(E) 끼이익~~!!! 급브레이크 밟는 소리와 함께 화이트 아웃.

다시 화면 켜지면 바닥에 쓰러져 있는 해이. 주변에 사람들 몰려들고.

행인(E)   119! 119 신고 좀 해요 누가, 빨리~!!

웅성대는 사람들 사이로 다가서는 좀 전의 낡은 운동화.
틸트업하면 다름 아닌, 동희다.
쓰러져 있는 해이 보며 가쁜 호흡 내쉬는 동희 얼굴에서,
화면 빠르게 되감기 되며.

자막 - 20시간 전!

S#2.   국가대표 반찬가게 앞 (N)

(13부 59신, 이후의 상황)
행선, 찢어진 쓰레기봉투를 두고 흩어진 쓰레기를 대충 쓸어 모아보
는데
등 보이고 있는 행선 쪽으로 다가서는 그림자, 모자 꾹 눌러쓴 동희다.
동희, 주머니에서 쇠구슬 새총을 꺼내 행선을 향해 겨누는데

이때, 뒤쪽에서 툭! 하는 소리가 들리고.

동희, 뒤돌아보면 쓰레기봉투 떨어뜨린 채 놀라 얼음이 된 해이가 서 있다.

동희	……. (동요도 없이 해이 보는)
해이	……. (눈 똥그래진 채 동희 보다가, 휙 뒤돌아 도망가는데)
동희	……. (짜증스런 표정 스치곤 쇠구슬 새총 든 채 그런 해이를 빠르게 쫓아가는)

S#3. **주택가 골목** (N)

감정이 느껴지지 않는 서늘한 동희 얼굴에서 줌아웃하면

카트를 밀며 가는 동희. 드륵드륵 바퀴 소리가 조용한 골목길에 울리고.

카트 안, 정신을 잃은 해이가 널브러져 있고, 쓰레기봉투 이불처럼 덮여 있다. (얼핏 술 취한 여동생을 데리고 가는 오빠 같은?)

무표정하게 카트 밀며 가는 동희의 모습이 주택가 풍경과 함께 부감으로 비춰지며.

S#4. **다음 날/ 동희 옥탑방 외경** (N)

어둑어둑 해가 지기 시작하는.

S#5. **동희 옥탑방** (N)

방바닥, 쓰레기봉투 놓여 있고.

그 옆으로 청테이프로 손발이 묶인 해이가 누워 있다.

막 정신이 드는 듯 해이가 천천히 눈을 뜨고.

경직된 표정의 해이, 침착하게 눈알 굴리며 여기가 어딘지 대충 상황 판단하고 이내 조심스럽게 청테이프로 묶인 손발을 움직여보려 하는데 쉽지 않다.

최대한 몸을 비틀어 묶인 손으로 방바닥을 더듬더듬 해보는데… 미니
테이블을 툭 치자 그 위에 있던 치열의 만년필이 바닥으로 떨어진다.
힘겹게 만년필을 손에 쥐고 만년필 뚜껑을 열곤 펜촉으로 청테이프
를 긁기 시작하는 해이. 정확한 조준이 힘들어 손바닥에 연신 오렌지
브라운색 잉크 자국을 남기고….
간간이 테이프에 펜촉이 닿으며 조금씩 구멍이 생기는.

(diss)   한참을 긁어내 너덜해진 테이프가 마침내 툭, 끊기고
자유로워진 손으로 발목 테이프도 푸는 해이.
황급히 일어서 현관문 쪽으로 가는데 현관문이 잠겨 있다.
세게 흔들어보고, 몸으로도 밀어보지만 소용없고.
당황한 해이, 침착하게 방 안을 둘러보는데…
책상 위에 놓인 제 휴대폰이 보인다.
얼른 핸드폰을 들고 전원 버튼을 켜는 해이.
부팅이 완료되자 바로 재우로부터 전화가 걸려오고,
급히 받으려는 순간 휴대폰을 낚아채는 손! 동희다.
겁에 질린 해이, 온 힘을 다해 동희를 확 밀어버리고
얼결에 공격당하고 바닥에 주저앉는 동희.
그 틈에 해이 재빨리 밖으로 도망 나가는.

S#6.   동희 옥탑방 앞 (N)
옥탑방에서 튀어 나오는 해이.
나오고서야 여기가 옥상임을 깨닫는다.
이내 화난 표정의 동희가 문을 열고 나오고
놀란 해이, 두리번거리곤 황급히 외부계단 쪽으로 뛰어 내려가고.

S#7.   골목 ~ 대로 (N)

엉망이 된 몰골에 하얗게 질린 표정으로 전력을 다해 도망치는 해이.
그 뒤를 바짝 쫓아오는 하얀 운동화 발. 보면 동희다.
해이, 동희에게 잡히지 않으려 연신 뒤돌아보며 죽을힘을 다해 뛰어
가다가 대로 쪽으로 훅 튀어 나가는.
끼이익~~~!!!
급브레이크 소리와 함께 차 헤드라이트가 비추고, 해이 손으로 빛 가
리는 모습에서.
(E) 쿵!!! (차에 사람 부딪히는 둔탁한 소리)

(컷)   급정거해 서 있는 자동차 앞에 쓰러져 있는 해이.
사람들 웅성웅성 모여들며 "119! 119 신고 좀 해요 누가, 빨리~!!"
소리 들리고.
그런 사람들 사이에 낀 채 해이를 바라보던 동희. 주머니에서 해이
휴대폰을 꺼내 패턴 그어 열고(5신에서 봐뒀던) 비행기모드로 바꾼 후
메모를 친다.

#. 휴대폰 인서트
"엄마 미안해… 재우 삼촌 엄마 부탁해…."

동희   (바닥에 슬쩍 해이 폰을 놓고 돌아서 유유히 걸어가는)

(E) 구급차 사이렌 소리

S#8.   대로변 (N)
경광등을 켜고 사이렌 소리를 내며 달려가는 해이를 실은 구급차.
그 모습 부감으로 잡히며… 타이틀 뜬다.
일타 스캔들 chapter 14. 오직 하나의 해를 구하라

국가대표 반찬가게 건물 외경 (N)

가게 불은 꺼진 채 셔터 내려져 있고, 행선네 집 불만 환하게 켜져 있는.

S#10. **행선집 거실 (N)**

치열, 순경과 통화 중이고 행선 초조한 표정으로 치열을 보고 있다.
재우는 옆에서 계속 휴대폰으로 해이에게 전화 걸어보고 있는.

치열   (강하게) 아뇨, 분명히 신호가 갔다니까요?! 한 오 초 정도요…. 네, 다
시 좀 알아봐주세요. 최대한 빨리요. 네 알겠습니다… 네. (전화 끊는)

행선   (맘 급한) 뭐래요? 알 수 있대요?

치열   알아보겠대요. 잠깐이라도 전원이 켜진 게 맞으면 기지국 정돈 알 수
있을 거라고.

행선   아…. (불안해 죽겠다. 눈 질끈 감는)

치열   (주방으로 가 컵에 물 따라 온다. 행선에게 내미는)

행선   (보고, 컵 받아 드는데 손이 바들바들 떨린다. 한 모금 겨우 마시곤) 아무래
도 다시 나가봐야 될 거 같아요. 휴대폰이 켜졌다 꺼진 게… 아무래
도 이상해. 해이가 우리한테 뭔가 SOS를 치는 거 같기도 하고.

치열   알았어요. 마저 마시고 나가요 같이. (하는데)

재우   (눈 똥그래지며 갑자기) 어! 어어…

행선/치열   !! (보면)

재우   신호가! 신호가 또, 또!! (하다가) 네 여보세요? 여, 여보세요…?

행선   (재우 휴대폰 뺏아) 여보세요? 해이니? 해이야!! (하다 멈칫) …네…
제가 그 휴대폰 주인 보호자 맞는데요… 누구… (표정 굳으며) …병,
병원이요…?!!

S#11. **대학병원 입구 (N)**

입 앙다문 행선, 전속력으로 뛰어와 병원 안으로 들어가고.

그 뒤로 뛰어오는 치열과 재우. 재우는 연신 눈물 손등으로 훔치며 들어가고.

S#12. 대학병원 수술실 앞 대기실 (N)

상황판에 '남해이-수술 중' 불 들어와 있다.
수술실 문 앞에 서 부동자세로 수술 중 램프만 뚫어져라 쳐다보고 있는 행선.
재우는 멘붕인 듯 벽에 머리 콩콩 찧고, 치열 그런 재우한테 다가가 어깨에 손 얹고.

치열	…재우야. 정신 똑바로 차려. 누나랑 해이… 지켜야지 우리가. 남자 대 남자, 알지?
재우	(치열 보곤 두려움 누르고 애써 고개 끄덕끄덕하는)
치열	(끄덕하곤, 행선에게 팔 잡으며) 좀 앉아요. 얼마가 걸릴지도 모르는데.
행선	(치열 본다. 눈빛 흔들리는)
치열	(그 마음을 이해한다) 괜찮을 거예요 해이. 강한 애잖아.
행선	(두렵지만 애써 마음 다시 다잡고 고개 끄덕끄덕하는데)
영주	(소식 듣고 뛰어오는) 행선아~!
행선	……. (절친을 보니 눈물이 터진다. 일어나 와락 껴안는)
영주	(껴안고 같이 울며) 이게 뭔 일이니 세상에. 말도 안 돼. 우리 해이한테 왜 이런….
재우	(옆에서 울컥 눈물 나는데, 안 울려고 눈 부릅뜨고 버티는)

이때, 동희 역시 소식 들었다는 듯 뛰어오는.

| 동희 | (놀란 표정으로) 선생님! |
| 치열 | 어… 왔어? |

동희	(행선과 눈 마주친다) 괜찮으세요? 많이… 놀라셨죠?
행선	(불편하지만, 그런 거 따질 상황이 아니다… 가볍게 고개인사만 하는)

(diss)	어느새 날이 밝고. 다들 지친 표정으로 앉아 있는데, 상황판 '수술 중'에서 '회복 중'으로 바뀐다.

일동	!! (일제히 벌떡 일어서고)
의사(E)	대퇴부 복합골절로 유합수술 진행했고, 수술은 잘 됐습니다.

S#13. 대학병원 중환자실 (D)

생명유지장치 한 채 누워 있는 해이.
보호복 입은 행선, 무너지는 마음으로 해이 보며 의사에게 설명 듣고 있다.
보호복 차림의 재우는 그런 행선 손을 꼭 붙잡고 서 있는.

의사	문제는 뇌부종인데… 지금 환자의 상태에선 뇌부종이 가라앉길 기다리는 수밖에 없어요. 일단 지금은 혼수상태에 있다고 보시면 될 것 같습니다.
행선	혼수… 상태요…?!
재우	(얼른) 그럼 해이 언제 깨요? 몇 시 몇 분에요? 계속… 자는 건 아니죠?
의사	아 약물 쓰면서 경과를 봐야죠. 근데 얼마가 걸릴진 보장을 못합니다 저희도. 짧게는 수일, 아주 드물게는 수년 이상 걸리기도 하고 호전되지 않을 수도 있어서.
행선	(수…년…? 최악의 상황을 생각하니 끔찍하다. 휘청하면)
재우	(그런 행선을 더 꽉 잡아주고)

우림고 2-1 교실 (D)

> 단지, 지친 듯 옆으로 엎드린 채 다리까지 떨며 휴대폰만 보고 있고.
> 선재도 표정 굳은 채 앉아 답 없는 해이와의 카톡창이 떠 있는 폰을
> 보고 있다.
> 막 등교해 들어온 건후, 그런 단지와 선재 보며 다가와.

건후   아직 연락 없구나… 맞지?

단지   (엎드린 채) 아 돌아버리겠네 진짜…. (벌떡 일어나며) 야. 점심때까지
         소식 없으면 SNS 올리고, 수업이고 뭐고 우리도 나가서 찾자 해이.

건후   오케이. 나 하키부 애들 동원할 수 있어. 걔네 개인연습이야 오늘.

단지   좋아. 다 풀자 다. (선재에게) 야, 선재 너도 나가는 거다!

선재   (대답 없이 폰만 뚫어져라 보는데)

> 이때, 종렬이 문 열고 들어온다. 아이들 자리에 앉고.

종렬   (교탁 앞에 서, 굳은 표정으로) 다른 조회사항은 없고… 음… 우리 반 해
         이가…

선재/단지/건후   !! (눈 뚱그래지며 종렬 보는)

종렬   …해이가 차 사고가 나서 수술하고 지금 J병원 중환자실에 있다. 다
         들 해이 빨리 회복할 수 있도록 기도해줬으면 좋겠고… (하는데)

선재   (벌떡 일어나 뛰쳐나가는)

종렬   (보고) 선재야! 이선재! (하는데 선재 이미 나가버린)

단지/건후   (종렬 보며 눈물 그렁그렁해) 죄송해요 쌤. (나가고) / (까딱, 인사하고 나
         가는)

종렬   (하… 잡을 수도 없고, 마음 무거운)

수아   (표정 창백해진 채… 심하게 손을 바들바들 떠는)

S#15. 대학병원 VIP 병실 (D)

생명유지장치 연결한 채 이동침대에 누운 해이, 간호사가 밀고 들어 오고.
그 뒤로 행선, 재우, 영주, 치열이 우르르 따라 들어온다.

영주   (둘러보며) 넓긴 하네. 나 VIP 병실 첨 본다 야.

행선   이렇게까지 할 필욘 없는데…. (치열 보면)

치열   중환자실은 면회도 까다롭고, 여긴 그래도 옆에서 케어하는 게 가능
         하니까. 행선씨 목소리가 들려야 해이가 더 빨리 일어날 거 아니에요.

영주   그래, 부자 남친 덕 이럴 때 보지 언제 보냐. 안 그래 재우야?

재우   (슬픈 감정 꾹 누른 채 고개만 끄덕끄덕하는)

영주   (그런 재우 힐끗 보는데)

행선   이제 됐으니까… 영주 넌 가봐. 가게에 너라도 있어야지.

영주   에휴 그러게. 단골장사라 계속 닫아놓을 수도 없고. 너 하는 거에 반
         에 반도 안 되겠지만 최선을 다해볼게. 넌 걱정 말고 해이한테만 신
         경 써.

행선   고생 좀 해주라. 재우, 너도 영주랑 같이 가구.

재우   (단호하게) 아냐. 나도 여기 있을래.

행선   됐어. 여긴 쌤도 있고 간호사 쌤도 있는데 영준 혼자잖아.

재우/치열 (치열 보고) / (안심하고 가란 듯 끄덕끄덕, 해주는데)

이때, 문 열리며 선재와 단지, 건후 뛰어 들어오는.

단지   해이야! (다가서서 울먹이며) 해이야~~ 어떻게 된 거야, 너 왜 여깄어
         어~

선재   (입구 쪽에 멈칫 선 채 차마 다가서지 못하는)

건후   (침대 쪽으로 다가서는데 드러난 해이 발이 보인다. 시트 끌어내려 덮어주는)

행선 (감정 누르고 아이들 보며) 학교 아직 안 끝났을 텐데… 어떻게 왔어?

단지 (울먹) 아줌마, 해이 괜찮겠죠? 깨어나겠죠? 아직 마취 안 풀려서 그런 거죠, 그죠?

행선 (애써 웃어 보이며) 맞아. 애 보기보다 승질 드러워서 가만히 못 누워 있어. (해이 보며) 깨어날 거야 곧. 서프라이즈~ 이러면서.

일동/선재 (뭔가 숙연해지고) / (슬픈 표정으로 해이 보는데)

똑똑, 노크 소리와 함께 문 열리고 순경 두 명이 목례하는 모습에.

행선(E) …유서라뇨?!

S#16. 대학병원 VIP 병실 앞 복도 (D)

순경들 앞에 서 있는 행선과 치열. 충격적인 사실 전해 듣고 놀란.

행선 그럼 우리 해이가 일부러… 뛰어들었다구요 차에?!

순경1 아무래도 그런 거 같습니다. 휴대폰에서 유서로 보이는 메모가 발견이 돼서. (증거봉투에 담긴 해이 폰 꺼내 보여주며) 남해이 학생 휴대폰, 맞죠? (메모 보여주는데)

이때, VIP 병실에서 선재가 나오다가 멈칫하고 보는.

행선 (눈으로 읽고도 믿을 수가 없다…) 말도 안 돼….

치열 (역시 읽고) 저기, 잠깐만요. 이것만 갖고 극단적 선택으로 단정할 수 있는 건가요?

선재 !! (극단적 선택? 듣고 얼어붙는)

순경1 사고 차 운전자 진술도 그렇고, 블랙박스도… 고의로 뛰어든 걸로 보이더라구요 학생이.

행선	말도 안 돼… 우리 해이가 왜, 대체 왜….
순경1	그 백지 답안지 낸 거랑 상관있지 않을까요? 입시 스트레스가 워낙 크니까.
선재	(해이가 극단적 선택을 하다니… 얼굴 하얗게 질리는)

S#17. 대학병원 앞 (D)

망연자실한 채 걸어 나오는 선재.

결국 나 때문이구나… 나 때문에 해이가 그런 나쁜 일까지 벌였구나….

죄책감과 괴로움에 가슴이 터질 것 같다. 울 듯한 표정으로 걸어 나가고.

S#18. 대학병원 휴게실 (D)

멍한 채 앉아 있는 행선. 치열이 자판기에서 음료수 꺼내 따서 내미는.

행선	……. (치열 쳐다보곤 받는다. 마시지도 않고 가만히 들고 있는)
치열	(옆에 가만히 앉는)
행선	…진짜 해이가 그런… 나쁜 생각을 했을까요 시험 좀 못 봤다구? (고개 저으며) 아니, 난 하나도 못 믿겠어요. 해이 백지 낸 것도, 이런 극단적인 짓을 벌인 것도. 근데 중요한 건… (보며) 몰랐다는 거예요 내가. 애가 그런 상황인 것도 모르고 연애한다고 혼자 들떠서. 진짜, 친엄마가 아니라서 그랬나봐. (자책감에 눈물 그렁하면)
치열	자책하지 마요. 말하지 않는 마음은 누구도 알 수 없어. 아무리 가까운 사람도.
행선	(맞다. 지금은 자책할 때가 아니다… 손등으로 눈물 쓱 닦는)
치열	나야말로 너무 둔했어요. 생각해보니까 그날 아침에… 행선씨 집에서 잔 날. 해이가 나한테 뭔가 털어놓고 싶어 한 거 같은데, 걸 눈칠

못 채고….

행선   (보며) 그랬어요?

치열   (끄덕이며) 무슨 말을 하려고 했을까요 해이가. 나한테. (생각에 빠지는)

S#19. 국가대표 반찬가게 앞 (D)

택시에서 내리는 영주와 재우.

재우 입 꾹 다문 채 말없이 가게로 다가서 셔터 문 열고,

영주 그런 재우 본다.

S#20. 국가대표 반찬가게 (D)

가게 문 열고 들어오는 재우와 영주.

재우   (애써 감정 누르고 문 활짝 열고 청소부터 시작하는)

영주   (그런 재우 다시 보는)

재우   뭐부터 해야 돼 누나? 일단 내가 마트 갔다 올게. 뭐뭐 사올까?

영주   재우야. (보며) 그만 참아.

재우   (영주 보면)

영주   그만 참고 좀, 앉아. 너 병원에서부터 울고 싶은 거 꾹 참은 거 알아. 행선이 생각해서 그런 것도 알구. 너랑 나만 있잖아. 그러니까… 티 내도 된다고.

재우   (정곡을 찔렸다. 이내 울먹이며) …늘 나였어.

영주   (무슨 뜻이냐는 듯 보면)

재우   놀라게 만드는 것도, 찾아다니게 만드는 것도, 아파서 누워 있는 것도 늘 나였어. 그때마다 남행선 누나랑 해이가 나 보살펴줬구. 근데 해이가 저러구 누워 있는 거 보니까… 너무 슬퍼 누나. 근데 아무것도 해줄 수가 없어 나는. (눈물 삼키는)

영주   왜 없어. 이렇게 온 마음을 다해서 걱정하는데.

√ 261

재우	(울음 참으며 고개 천천히 저으면)
영주	울고 싶음 울어 괜찮아. 누나 의외로 입 무겁다?
재우	(급기야 울음 터진다. 눈물 흘리면)
영주	(그런 재우 안아주며) 해이도 니 맘 알 거야. 일어날 거야. 그렇게 믿자 우리. 응?
재우	으아아아~ (영주에게 안겨 어깨 들썩이며 아이처럼 우는)

S#21. 로펌 건물 외경 (N)

S#22. 로펌 건물 내 복도 (N)

선재모	(교무부장과 통화하며 걸어오는) …걱정 마세요. 선재 성적이 원래 나쁜 편은 아니어서 의심받을 리도 없구요. 원래 이런 정황만으로 입증이 어렵습니다. 혹여나 일이 잘못되더라도, 교무부장님이 피해 보실 일은 없을 거예요. 선재는 제가 잘 얘기했으니까 신경 쓰지 마시구요. (하는데)

로펌 사무실 앞에 서 있는 선재의 뒷모습이 보인다.

선재모	(긴가민가 본다. 선재가 맞다) 아 제가 다시 연락드릴게요. 네. (황급히 전화 끊곤 다가서며) 선재니? 너 여기 웬일…
선재	(돌아보는데 얼굴이 눈물로 범벅이 되어 있다)
선재모	(!!) 너 왜 그래? 무슨 일이야?
선재	(절망스러운 얼굴로 선재모 보며) 우리 때문이에요.
선재모	뭐?
선재	해이가 차에 뛰어들었대요. 다… 다 우리 때문이라구요~!!
선재모	(흠칫 놀라 주변 살피곤, 선재 팔 잡고 사무실 안으로 끌고 들어가는)

로펌 선재모 사무실 (N)

선재모   (사무실 문 꼭 닫곤, 목소리 낮춰) 그래서. 어떻게 됐어 해이?

선재   …수술했는데… 아직 못 깨어났어요.

선재모   (하아…) 어딜 얼마나 다쳤는데? 깨어날 수 있다는 거야 없다는 거야?

선재   (경멸하듯 보며) 왜요… 엄만 해이가 안 깨어났음 좋겠어요?

선재모   (표정 굳으며) 이선재! 너 진짜… (보면)

선재   ……. (눈 감고 잠시 숨 고른다. 다시 눈 뜨곤) 우리… 그냥 말해요 엄마. 학교에 솔직하게 말하고, 벌 받아요 그냥. 그래야 해이가 깨어나도 떳떳할 거 같애요 난.

선재모   이선재. 흥분 가라앉히고, 이성적으로 생각해. (하곤 선재 손잡는다) 우리 거의 다 왔어 이제. 일 년, 아니 반년만 더 애쓰면 원하는 대학에 갈 수 있어.

선재   (원망하듯) 내가 아니라 엄마가 원하는 대학에요.

선재모   그래. 내가 원해. 내 아들 인생이니까. (보며) 넌 아직 몰라. 이 사회가 얼마나 노골적이고, 원색적이고, 직업적 포지션을 중시하는 덴지.

선재   (보며) 그래서… 엄만 행복해요?

선재모   (멈칫… 보는)

선재   엄만 좋은 포지션에 있는 사람이어서… 그래서 행복하냐구요. (손 빼서 나가는)

선재모   (선재의 말이 날카롭게 파고든다. 상처받은 듯 흔들리는 표정에서)

병원 로비 (N)

동희, 치열에게 갈아입을 옷과 세면도구 든 가방 전달하며.

동희   해이는요…? 뭐래요 병원에선? (조심스럽게 떠보는)

치열   좀 봐야 되나봐. 별로 희망적이지만은 않네.

동희   네…. (다행이긴 하지만 신경 쓰인다. 한번에 보냈어야 했는데… 이내 치열

	의식하며) 참, 아까 학원에서 연락 왔었는데 담주에 할 수학캠프 커리 큘럼이요….
치열	(걸음 멈추곤) 아… 깜빡했다. 원장이랑 얘기하기로 해놓구.
동희	일단 회의 때 나온 아이디언 제가 정리해서 전달했구요, 추가적으로 캠프 관련해서 들어온 인터뷰가 있는데 그건 상황 봐서 진행하도록 하겠습니다.
치열	(잠시 고민하다) 캠프 공지가… 벌써 나갔나? 좀 미루면 어떨까 싶은데.
동희	(당황한 표정) 아 공지는 안 나갔지만… 아마 조정이 어려울 겁니다. 이미 장소 대관도 했고 캠프 미루면 강의 일정에도 차질이 생겨서.
치열	첨부터 안 내켰어. 그런 쑈는 좀 그만했으면 싶고, 캠프 준비에 집중 할 수도 없을 거 같고. 일정을 좀 미루던가, 취소할 수 있으면 취소하 던가. 학원이랑 얘기 좀 해봐.
동희	저기 선생님, 그치만…
치열	(o.l) 그렇게 좀 해줘. 부탁한다. (동희 어깨 툭툭 치곤 들어가는)
동희	(행선네 일로 또 지장을 받게 생겼다. 못마땅한데… 휴대폰 벨 울리고 받는) 네 원장님. 아뇨, 쌤이 일이 좀 있으셔서…. (잠시 머뭇하다) 수학캠폰 원래대로 진행하실 겁니다. 커리큘럼 회의는 우선 저만 참석할게요. (하며 병원 밖으로 나가는)

S#25. 대로 (N)

대로를 달리는 버스 보이고. (M 깔리는)

S#26. 버스 안 (N)

뒷좌석 끝자리에 앉아 멍하니 창밖을 보고 있는 선재.
버스기사, 회차 지점인 듯 선재 힐끗 보곤 이내 유턴해 도는.
선재, 계속 창밖 보는데 징~ 문자 진동 울린다.
휴대폰 들어 보면, 건후의 톡이다.

#. 휴대폰 인서트

"너 왜 말도 없이 사라졌냐?" "우린 해이랑 있다가 방금 옴." "읽었으면 답 좀 하지?" 연달아 문자 뜬다.

눈으로만 읽고 휴대폰 닫고 다시 창밖 보는 선재. 눈빛이 공허하다.

S#27. **수아집 욕실 (N)**

불안함을 떨치려는 듯 강박적으로 거칠게 칫솔질하고 있는 수아.
유리컵에 물 따라 입 헹궈내는데 거실에서 수아모의 통화 소리가 들린다.

수아모(E) 반찬집 딸, 자살시도라며?
수아   (컵 든 채 물 확 뱉어내곤, 거실 쪽 돌아보는)

S#28. **수아집 거실 (N)**

수아 간식 준비하며 통화 중인 수아모.

수아모 너무 끔찍하다 진짜. 하긴… 이 동네 뭐 하루 이틀인가? 그래두 강단은 있어 뵀는데, 생각보다 멘탈이 약했나봐. 아니 수능도 아니구, 중간고사 한 과목 그런 거 가지구 무슨 그런 끔찍한 일까지… (하는데)

유리컵 획 날아와 벽에 맞고 깨지며 유리 파편이 수아모 이마를 스친다.

수아모 !!! (이마 상처 난 채 놀라 보면)
수아   (씩씩거리며 서서 악쓰는) 그만 좀 해 제발!! 그게 나였을 수도 있어… 그게 나였을 수도 있다구, 다 미쳐간다구우~~!!! (발작하듯 마구 발 구르면)

수아모   (너무 놀라 입 벌린 채 보기만 한다. 이마 상처에 슥 피가 맺히고)

S#29. 치열 연구소 (N)

늦은 시간까지 바쁘게 돌아가는 사무실.
동희 주도하에 조교들, 자료 검토하고 업체에 전화 걸고, PPT 만드
느라 분주한.

효원   (동희에게) 실장님, 캠프 굿즈요… 쌤 필기 복사본, 폰케이스, 마우스
패드, 볼펜, 필통, 스톱워치, 티셔츠, 수능 스케줄러 정도로 추려졌는
데요.
동희   가장 요청사항이 많았던 굿즈가 뭐야?
효원   쌤 필기 복사본이요.
동희   그럼 골든벨 굿즈는 그걸로 가자.
효원   넵! (자리로 가고)
조교1   (프린트 내밀며) 실장님, 문제 초안 뽑았는데요.
동희   (프린트 훑고) 오케이, 일단 이렇게 가고… 쌤 컨펌 받은 다음에 다시
조정하자.
조교1   넵! (가는데)
동희   (휴대폰 벨 울린다. 치열이다. 폰 들고 연구실 밖으로 나가는)

S#30. 치열 연구소 앞 복도 (N)

동희   (폰 받으며 나오는) 네 선생님.
치열(F) 학원이랑 얘기해봤어? 수학캠프.
동희   아 네… 얘기해봤는데, 어림도 없는데요? 어렵게 장소 섭외해놨더니
무슨 소리냐고, 최치열 복귀 알리는 이벤튼데 절대 안 된다고, 강경
하시더라구요.
치열(F) 그래? 아…. (난감해하는)

동희	선생님. 제가 책임지고 준비해볼 테니까 최종 컨펌만 좀 해주세요. 그렇게라도 진행을 하는 게 선생님께도 좋아요. 중요한 시기시잖아요 지금.
치열(F)	…그래, 알았다… 할 수 없지 뭐.
동희	네 알겠습니다. (다행이다) 어디, 병원이세요?

S#31. 치열 차 안 (N)

치열	아니, 쫓겨났어. 행선씨가 나 있으면 더 못 잔다고. 씻고 널 일찍 가려고.
동희(F)	네. 눈 좀 붙이세요. 그러다 쌤이 병나시겠어요.
치열	오케이. 고생하고, 널 연구실로 갈게. (하곤 전화 끊는다) 후우…. (수학캠프라도 미뤄졌으면 했건만… 푸석한 얼굴 쓸어내리며 가는)

S#32. 실내포차 (N)

혼자 소주 마시고 있는 선재모. 이미 취한 상태다.
누군가에게 털어놓고 싶은 기분에 폰에서 주소록을 쭉 보는데…
편하게 전화해 불러낼 사람 하나가 없다.
'희재 아빠'에서 멈칫하곤 결국 전화 거는.

선재부(F)	(퉁명스럽게) 왜.
선재모	어, 받네… 안 받을 줄 알았는데.
선재부(F)	(냉담하게) 술 마셨니? 용건이 뭐야.
선재모	용건… 용건. 글쎄… 그냥. 누구랑 얘기라도 하고 싶었는데 불러낼 사람도 없고. 결국 당신한테 했네. 장서진 인생… 참 재미없다. 그치?
선재부(F)	(상대하기 싫단 듯) 너 취했구나… 자라. (하며 끊으려는데)
선재모	(o.l) 여보. 나 왜 이렇게 됐니… 나 왜 이렇게 됐을까… 이젠 나도 내가 무서워. 어디까지 할지, 얼마나 더 나빠질지…. 나 아까 잠깐 무슨

생각했는지 알아? 이대로 그 아이가 죽었으면… 차라리 그랬으면….

선재부(F) 뭔 소리야? 누가 죽어?

선재모 …….

선재부(F) 여보세요…? 장서진.

선재모 ……. (말 더 잇지 못하고 그냥 끊어버린다. 다시 제 잔에 소주 따르고 가만
히 들여다보기만 하는… 이내 그 눈에 눈물이 차오르고)

S#33. 대학병원 VIP 병실 (N)

행선, 누워 있는 해이 앞에 앉아 부드럽게 팔 마사지 해주고 있는.

행선 (팔 마사지 하며) …야. 너 진짜 호강한다? 드러눠서 국대 출신이 해주
는 맛사지나 받구 말야…. (손잡은 채 해이 보는) 근데 난 아직도 납득
이 안 돼 해이야. 진짜야? …너 진짜 니가 차에… (하다가 !!! 뭔가 발견
한 듯 멈칫하는)

해이 손을 똑바로 펴고, 자세히 들여다보는 행선.
오렌지와 브라운색이 섞인 잉크 자국이 여기저기 번지듯 묻어 있는.

행선 …뭐야… 이게…?! (손으로 문질러보지만 잘 지워지지 않는다. 다시 들여
다보며 손바닥에 왜 이런 게 있을까… 의혹 가득한 표정으로 보는 모습에)

S#34. 다음 날/ 동네 아침 전경 (D)

S#35. 우림고 교문 앞 (D)

수아모의 차, 서행해 오다 교문 조금 못 미치는 곳에 멈춰 서고.

S#36. 수아모 차 안 (D)

이마에 밴드 붙인 수아모, 뒷자리의 수아 눈치 보며.

수아모	오늘 날씨 너무 좋다 수아야. 수업 잘 듣구, 한 번씩 햇볕도 쐬구 좀 걷기두 하고 그래. 니네 교정 뒷길 산책하기 좋잖아, 응? 알았지?

수아	……. (무표정한 얼굴로 대답 없이 그냥 내리는)

수아모	잘 갔다 와~ 우리 수아 파이팅!!

수아	(문 탁, 닫고 가는)

수아모	(가는 수아 보며) 하아…. (한숨 내쉬고, 잠시 생각하다 휴대폰 꺼내 전화 거는) 아우 언니, 넘 오랜만이죠? 연락 한번 한다 그러구 하질 못했어요, 입시생 엄마라 나름 바빠가지구. 병원은 잘 되시죠? 아니 딴 게 아니라 우리 딸 땜에 그러는데….

S#37. 우림고 2-1 교실 (D)

아침 자율학습 중인 수아.

수학 문제 풀다가 막히자 멈칫, 펜으로 히스테릭하게 원 마구 그려대는 모습에.

지인의사(E)	…내가 보기엔 입시 스트레스로 인한 감정조절장애 같은데, 입시생들한테 나타나는 전형적인 증상 중에 하나야. 폭력, 강박, 심할 경우엔 환청, 환각을 동원하기도 하는데… 예의주시해봐. 애 상태가 어느 정돈지.

수아	(펜 쿤 손에 힘을 준다. 부들부들 떨리며 펜 확 부러뜨려버리는데)

종렬	(들어온다)

학생들	(하던 거 멈추고 종렬 보고)

종렬	(앞에 서서) 자, 중간고사 채점 결과 나왔다. 나와서 받아들 가고. 이의 있으면 바로 각 과목 선생님들한테 얘기하고. (보며 부르는) 정유진. 조성호…

(컷)	받은 성적 꼬리표 보고 있는 수아. 수학이 68점, 4등급이다. 구겨 버려버리고.
	선재 역시 꼬리표 뚫어져라 보고 있다. 올 일등급, 석차 283명 중 일등이다.

선재	……. (떳떳하지 않은 성적에 마음 괴로운데)
학생1	야, 나 교무실 갔다 들었는데… 남해이 중간고사 꼴등이래. 독서를 백지로 냈대.
학생2	헐… 진짜? 아니 왜?
학생1	모르지. 가짜 엄마한테 반항하고 싶었나? 야, 혹시 해이 사고 난 것도… (하는데)
단지	(책상 쾅! 치며 얼굴 들이밀고) 아침부터 뭔 개소리야~?! 알지도 못하면서 한마디만 더 나불거려봐. 확 (팔꿈치로 내리찍는 제스처 하며) 짜부시켜버릴 테니까.
학생1/2	(쫄아) 아니, 우린 그냥… / 야 말도 못하냐? (눈치 보는데)
선재	(힐끗 보곤 심란한 표정으로 일어서 나가는)

S#38. 우림고 복도+계단 (D)

화난 듯 성큼성큼 걸어오던 선재, 주저 않고 옥상 쪽으로 올라가고.
계단에서 올라오던 건후, 그런 선재를 본다.
옥상엔 왜…? 갸웃하는 표정.

S#39. 우림고 옥상 (D)

옥상 문 열고 나와 난간 쪽으로 와 서는 선재, 생각에 잠기는.

#. 회상 플래시백

동일 회차 16신.

"사고 차 운전자 진술도 그렇고, 블랙박스도… 고의로 뛰어든 걸로 보이더라구요 학생이." 하던 순경의 말.

선재   ……. (이 모든 상황이 너무 벅차다. 눈 질끈 감았다 뜨곤 난간으로 한 걸음 다가서는데)

건후(E) 야, 이선재~~!! (뛰어와 선재 팔 잡아당기는)

선재   (팔 잡힌 채 눈물 맺힌 눈으로 건후 쳐다보는)

건후   (놀란 표정으로) 너 뭐하는 거야 지금. 뭐하는 거냐고?!!

선재   (대답 없이 팔 뿌리치고 다시 다가서면)

건후   야 씨!!! (달려들어 선재 안고 같이 넘어지고, 보며) 너 왜 이래. 진짜 죽고 싶어~?!!

선재   어… 죽고 싶어. 그러니까 냅두고 좀 꺼지라고. (일어서려는)

건후   (다시 달려들어 같이 넘어지고)

선재   (그런 건후 밀쳐내고)

건후   정신 차려 새꺄!! (결국 선재 향해 주먹 날리고)

선재   (그런 건후 노려보다 냅다 주먹 날린다 – 엎치락뒤치락하는 두 사람)

S#40. 우림고 2-1 교실 (D)

학생들 앉아 있고.
수업 들어온 선생님 해이, 선재, 건후 빈자리 보고.

선생님   …결석은 한 명인데 왜 세 자리가 비어? 누구야?

학생들   (선재와 건후 자리 보고 갸웃하고)

S#41. 우림고 옥상 (D)

옥상에 널브러져 있는 두 사람. 가만히 파란 하늘 보는.

건후	…아 또 수업 째네. 공부 좀 해볼라 그랬더니.
선재	…….
건후	엄마가 친구 잘 사귀랬는데. 역시.
선재	……. (건후 말이 어이없어 피식, 몇 대 맞고 나니 가슴이 좀 뚫리는 것도 같다)
건후	웃냐? 하. 이거 완전 또라이네 이거. (어이없어 보면)
선재	(일어나 앉는다)
건후	(일어나며) …뭔데? 너 해이랑 무슨 일 있지? 둘이 이상했던 거, 그거랑 상관있는 거지?
선재	……. (차마 그렇다고 말 못하고 가만있는)
건후	아 답답한 새끼. (힐끗 보곤) 대체 뭔지 모르겠지만… 해결을 해라 피하지 말고. 응? 야, 니 이러는 거 해이가 봤어봐 씨이 개가 일어나고 싶겠나.
선재	(건후 말이 맞다… 이건 회피다. 잠시 생각하다가 벌떡 일어서는)

S#42. 우림고 교무실 (D)

종렬, 수업 들어가려고 막 일어서는데… 문 열리고 선재가 들어온다.

선재	(다가서며) 선생님.
종렬	어. 선재 왜.
선재	저기… 드릴 말씀이 있어서. (결연한 표정으로 종렬 보는)
순경1(E)	그래서, 하시고 싶은 말씀이 뭡니까?

S#43. 대학병원 복도 (D)

순경 1, 2에게 간절한 표정으로 의문 제기 중인 행선.

행선	…아무리 생각해도 이상해요. (유서 문자 보여주며) 말씀하신 그 유서요… 우리 애 말투랑은 전혀 다르거든요. 걘 지 삼촌을 그냥 삼촌이

라 그러지 재우 삼촌이라고 안 해요. 그리고 쩜쩜… 이런 것두 안 붙이고. 시크하게 할 말만 딱, 그런 앤데….

순경1 아니, 요즘 애들은 워낙 이랬다저랬다 하니까…

행선 (o.l) 쓰레기봉투요. 것두 사갔대요 그날. 제가 슈퍼에서 확인했어요. 죽을 맘 먹은 애가 할 행동은 아니지 않아요? 또 하나 진짜 이상한 게 있는데, 우리 애 손바닥에…

순경1 (o.l) 저기요 어머님, 아니 이모님.

행선 ? (보면)

순경1 몰랐는데, 엄마가 아니라 이모시더라구요. 평소에도 심부름 같은 걸 많이 시키셨나봐요? 듣자하니 가게 배달도 하고 그랬다는 거 같던데.

행선 네… 가끔 그냥 가게 바쁠 때만. (그게 왜…? 하는 표정으로 보면)

순경1 꼭 때리고 욕을 해야 학대가 아니거든요. 가정사 있는 애들 가출하면, 우리가 힘들게 고생해서 찾아내도 집에 보내지 말아달라고 아주 애원을 한다니까? 하….

행선 (학대…? 말문이 막혀 순경들 보고만 있는데)

치열(E) 학대라뇨? 말 함부로 하지 말죠?!

행선과 순경들, 보면 치열이 죽 포장한 봉지 들고 다가서는.

치열 이 가족이 어떻게 사는지 보셨어요? 근거도 없이 몇몇 그런 케이스가 있다고 해서 일반화시키는 거, 그러시면 안 되죠. 딴 분들도 아니시고!

순경1 아니, 제 얘긴 남행선씨가 꼭 그렇다는 게 아니고…

행선 (o.l) 전 상관없어요. 오해고 육해고 상관없으니까… (단호한 표정으로) 수사만 다시 좀 해주세요. 극단적 선택… 그거 아무래도 아닌 거 같아요 우리 해이.

치열 (확신을 가진 듯 말하는 행선 의아한 듯 보면)

행선(E)　　봐요, 이런 게 왜 있냐구요 손바닥에.

S#44.　대학병원 VIP 병실 (D)

오렌지브라운 잉크 자국이 있는 해이의 손을 보고 있는 행선과 치열.

행선　　그날, 해이 없어지기 전만 해도 분명히 없었어요 이런 거. 확실해요.

치열　　(보며 혼잣말처럼) 뭘까 이게. 물감인가? 아니면 페인트…?

행선　　물감은 아니에요. 물티슈로 지워봤는데 안 지워지더라구요.

치열　　…갈색인데, 살짝 오렌지 빛이 도는 거 같기도 하고.

행선　　혹시 펜인가 싶어서 오전에 재우한테 해이 필통이랑 집에 있는 펜 다 가져오라고 해서 봤는데, 이런 색깔은 없더라구요.

치열　　음…. (뭔가 이상하긴 하다…) 그럼 이게 해이가 없어지고 사고 나기까지, 우리가 알 수 없는 그 하루 동안에 일어난 뭔가의 흔적이다…?

행선　　(진지하게) 그런 거 아닐까요? 난, 하나부터 열까지 다 이상해. 쓰레기 봉투까지 산 담에 없어진 거, 남의 동네에서 사고 당한 거, 해이 말투 아닌 문자, 모조리 다.

치열　　(뭔가 이상하긴 하다… 다시 손바닥 보는데, 휴대폰 벨 울리고)

S#45.　대학병원 VIP 병실 앞 복도 (D)

치열　　(통화하며 나오는) 네 원장님, 접니다.

원장(F)　　아니 딴 게 아니라 최 선생. 수학캠프 말야… 무린 건 아는데 인원을 백 명만 더 받으면 안 될까? 학부모들 문의가 너무 쇄도를 해서 말야.

치열　　아니 것보다… 안 그래도 원장님한테 따로 전화를 드려볼까 했는 데….

원장(F)　　아 왜? 무슨 일로…?

치열　　지 실장이 말씀드린 수학캠프 딜레이 문제요, 아무래도 타이밍이 좀 아닌 거 같아서. 물론 이미 공지도 됐고 장소 문제도 있고 쉽진 않겠지만…

원장(F) (o.l) 딜레이라니, 난 첨 듣는 얘긴데. 수학캠프를 딜레이하자고?

치열 (!) 아… 지 실장한테 아무 얘기 못 들으셨어요?

원장(F) 난 금시초문인데. 근데 벌써 늦었지. 오늘 공고까지 나갔는데.

치열 (이게 무슨 상황인가. 동희가 나한테 거짓말을 했다는 건가? 당황스러운)

S#46. 서울 내 모 체육관 (D)

무대 위에는 '최치열의 수학캠프'라고 적힌 현수막 걸려 있고.
대형 스크린에는 빔프로젝터로 쏜 '최치열의 수학캠프' 글씨가 일렁이고 있다.
조명 다는 스태프들, 카메라 위치 잡는 스태프들, 현장 감독 등이 분주하게 움직이고 있고, 동희는 마이크를 단 채 무대 위에서 음향 체크를 하고 있다.

동희 …다음은 수열 파트 들어가 볼까요?

감독 아 네, 됐구요. 골든벨 하실 때 현장 스탭은 몇 분 필요하신지… 저희도 준비를 해야 돼서.

동희 아… 스탭분은 총 네 분, 칠판 담당 따로 두 분 정도…?

감독 알겠습니다. (하곤) 최종 리허설 때는 선생님이 꼭 직접 오셔야 돼요. 선생님 목소리에 따라 효과음이나 음악 볼륨을 정해야 돼서.

동희 네, 오실 겁니다 꼭. (하는데 휴대폰 벨 울린다. 치열이다. 얼른 받는) 아 네, 선생님.

치열(F) (화난. 톤 누른 채) 지금 어디야?

동희 아, 지금 선생님 대신 1차 리허설… (하다 감 잡고) 무슨 일이세요?

치열(E) (날카롭게) 너 원래 이런 애였니?!

S#47. 치열 연구소 내 사무실 (D)

단단히 화난 치열, 죄지은 듯 서 있는 동희에게 퍼붓는.

치열   학원 쪽엔 말도 안 꺼내고 어떻게 얼굴색 하나 안 변하고… 여태까지 이렇게 일한 거야? 나랑 학원 사이에서 스리슬쩍, 니가 원하는 대로 조종하면서?!!

동희   (나름 억울한) 아닙니다, 절대. 이번 일은 말 꺼내봤자 안 통할 거 같아서…

치열   (o.l/화나서) 그걸 왜 니가 판단해?! (하곤) 첨부터 이 수학캠프 안 내켰는데 밀어붙였지 니가. 근데, 거짓말까지 하면서 이러는 건 선 넘은 거야. 날 기만한 거라고, 알아?!

동희   …네, 거짓말한 건 잘못했습니다. 그렇지만… 전 선생님을 위해서…

치열   (표정) 뭐가 날 위한 건데…?

동희   이렇게 큰 행사를 정당한 사유 없이 개인 사정으로 변경하면, 신생님 신뢰도가 또 무너집니다. 어떻게 하는 복권데… 훼손되게 둘 수 없었습니다. 제가 용납 못해요.

치열   그런 식으로 합리화하지 마. 결국 나 우습게 본 거야 너.

동희   (폭발하듯/o.l) 우습게 본 게 아니라! …우스워지실까봐 그랬습니다.

치열   뭐?

동희   선생님 이런 분 아니셨어요. 며칠씩 못 먹어도 수액 맞아가면서 강의하셨고, 주7일 밤새도 휴가 한 번 없이 다음 스케줄 소화하셨던 분입니다. 누구보다 공사구분 확실하고, 사생활로 업무 지장, 그런 건 어림도 없는 분이셨다구요! 근데 남행선씨 때문에 자꾸만 예외상황 만들고 흔들리시고…

치열   (미간 찌푸리며 보는)

동희   …그게 너무 당황스럽고, 속상합니다 전.

치열   (싸늘하게) 흔들리는 게 아니라 변화해가는 거야. 그게 정상이었다고 생각해? 1조원의 사나이 어쩌고 하면서, 속 빈 강정마냥 일벌레로 일

노예로, 밥 한 끼 소화도 못 시키면서, 빈껍데기뿐인 집에 들어가 자는 둥 마는 둥 눈 붙이고 일어나 다시 반복하고 또 반복하고. 그런 내가 나다운 거고, 그런 내가 그립다고 넌? (보며) 난 안 그런데 별로. (하곤 휙 나가는)

동희   (보다가 쫓아나가는)

S#48. 치열 연구소 (D)

조교들, 눈치 보고 있고. 치열 나오자 동희 뒤쫓아 나오며.

동희   선생님께 득이 되는 변화가 아니잖아요!!

치열   (멈칫, 돌아보며) 득이 되고 안 되고를 왜 니가 판단해. 무슨 기준으로.

동희   선생님!

치열   판단은 내가 해! 강사로서 갈 방향, 삶의 가치, 다 내가 결정한다고. 나한텐 지금 일만큼이나 남행선씨나 그 가족도 중요하니까… 토 달지 마 앞으로. (나가려는데)

동희   (울컥해) 그딴 여자가 뭐라구요, 막말로 해이가 죽은 것도 아니잖아요!!

치열   (발걸음 탁 멈추고 돌아보며) 뭐…??

조교들   (역시 놀라서 동희 힐끗거린다. 어떻게 그런 말을…)

동희   (흥분한 나머지 뱉지 말아야 할 말을 뱉고 말았다. 아차 싶은…)

치열   (충격받은 표정으로) 너… 어떻게…

동희   (당황) 아니, 제 말은 그런 뜻이 아니라…

치열   (싸늘하게/o.l) 내가 너에 대해서 모르는 게… 너무 많았나보다. 니가 그런 생각을 갖고 있다면… (단호한 표정으로) 더 이상은 같이 못 갈 거 같다.

동희   !! (충격에 본다)

치열   여기까지 하자. (하곤 프린터기 앞의 문제지 프린트물 획 집어 다시 들어

가는)

동희   (여전히 충격에 휩싸인 채 치열 보고)

조교들   (그런 두 사람 사이에서 숨도 못 쉬고 보는)

S#49.   치열 연구소 내 사무실 (D)

덤덤하게 문제지 체크 중인 치열, 마음이 편치만은 않다.
애써 바깥쪽에 시선 주지 않고 일만 하는.

S#50.   치열 연구소 (D)

동희, 박스에 짐 챙기고 있고…
그 주변에서 눈치 보며 안절부절인 조교들.

동희   (무표정한 얼굴로 제 짐 다 넣고 박스 뚜껑 닫으면)

효원   (어쩔 줄 몰라) 저기 실장님. 이러실 일 아닌 거 같아요 진짜. 쌤도 홧
         김에 그냥… 아니 쌤이랑 실장님이 어떤 사인데… 일이 년 일한 것도
         아니고, 진짜 가족이나 다름없는 사이시잖아요. 화 풀리실 때까지 기
         다려보시는 게….

동희   (효원 말 무시한 채 박스 들고 휙 나가버리는)

         조교들, 찍 소리도 못하고 숨죽인 채 보다가 문 닫히자

조교1(연경) (효원 보며) 와… 이거 실화예요? 진짜 이렇게 끝이라구요?

조교2(서진) 그냥… 부부싸움 같은 거 아닐까요?

효원   아 모르겠다 나도. 분위기 봐선 이혼각인 거 같기도 하고. (한숨 내쉬는)

S#51.   치열 연구소 사무실 (D)

문제지 검토하다가 멈추는 치열. 바깥이 쥐 죽은 듯 조용하다.

동희가 갔구나… 얼굴 쓸어내리는 치열.

일어나 창밖 내다보며 씁쓸한 마음 추스르는데…

이때 휴대폰 벨 울린다. 보면 모르는 번호다. 일단 받는.

치열	네, 여보세요.
배형사(F)	아 안녕하세요. 저 강현서에 배정수 형산데요.
치열	아 네, 안녕하세요.
배형사(F)	진이상씨 관련해서 뭐 좀 여쭤볼 게 있어서요, 지금 잠깐 시간 좀 되실까요?

S#52. 경찰서 진술실 (D)

불려온 치열과 마주 앉아 있는 송 형사와 배 형사.

배 형사는 노트북에 대화 내용 기록하는.

치열	…네, 맞아요. 그때쯤 진이상 선생이 최치열라짱나인 걸 알게 됐어요.
송형사	알고도 왜, 경찰에 신고를 안 하셨나요?
치열	일 키워봤자 득도 없을 거 같고, 안 하겠다는 약속 받고 끝냈습니다 그냥. (하다) 근데 저 지금… 의심받는 겁니까? 그날 알리바이도 확실한데.
송형사	아 그건 그런데… 불쾌하게 들리시겠지만 솔직하게 말씀드리면, 이 쇠구슬 관련 사건들에 공통점이 딱 하나밖에 없거든요. (보며) 최치열 선생님이요.
치열	? (무슨 말인가, 미간 찌푸리며 보면)
배형사	국가대표 쇠구슬 사건 때도 가게에 계셨고, 이영민 학생관 투신 직전에 마찰 있으셨고, 진이상도 후배랑 마지막 통화에서 선생님이 자기가 최치열라짱나인 걸 알았다고, 몸 사려야 된다고… (하곤 보며) 죄송한데, 손 좀 줘보시겠어요?

치열	(어이없는 표정으로 보다가, 오른손 내밀면)
송/배형사	(본다) / (바짝 다가와 치열 손잡고 검지 안쪽을 문질러보는)
치열	(황당한 듯 보며) 뭐 하십니까 지금?
배형사	(송 형사와 눈 마주치고… 아니란 뜻으로 고개 젓는)
송형사	(치열 보며) 진이상 선생 살해범 목격자가 있어요. 목격자에 따르면, 범인 오른쪽 검지 두 번째 마디쯤에 아주 딱딱한 굳은살이 있었답니다.
치열	굳은살이요…?
배형사	저희는, 범인이 쇠구슬총 고무줄을 당기면서 박힌 굳은살이 아닐까… 그렇게 추측하고 있습니다. (총 겨누는 동작 해 보이며) 이렇게… 고무줄을 당길 테니까.
치열	(쇠구슬총이라… 대체 누가…? 역시 궁금한)

S#53. 경찰서 진술실 앞 (D)

치열, 진술실 막 나오는데 송 형사가 따라 나온다.

송형사	최치열 선생님.
치열	(보면)
송형사	이건 좀 개인적인 질문인데… 혹시 정성현이라고 아십니까?
치열	정성현이요…? 글쎄요, 잘….
송형사	그럼… 정수현은요?
치열	(멈칫) 수현이요? 정수현…?? (송 형사 입에서 수현의 이름이 나오자 놀란)

(E) 띡, 띡, 띡, 띡 비번 누르는

S#54. 동희 옥탑방 (D)

박스 들고 들어오는 동희, 들어서자마자 박스를 내팽개치듯 내려두고 신발도 벗지 않고 저벅저벅 방으로 들어선다.

치열 포스터와 기사 등이 빼곡히 붙어 있는 벽을 가만히 보던 동희,
광폭하게 포스터와 기사 등을 마구 뜯어내고 흐트러뜨리는.

동희   (눈에 핏대 선 채) 내가… 내가 당신 땜에 무슨 짓까지 했는데!!!

광기 어린 표정으로 씩씩거리는 동희.
미니 테이블 위에 올려져 있던 일기장을 본다.
시크하게 집어 들고 펼쳐보는.

수현(E)   내가 유일하게 믿을 수 있는 사람. 내게 유일한 어른인 치열 쌤에게
          털어놔 볼까….

동희   (보며 수현에게 말하듯) …나도 그렇게 생각했어 누나… 그래서 지켜
          주고 싶었어. 우리가 유일하게 믿는 어른이라서. 근데 최치열이 날
          버렸어. 그리고 누나도 잊었어…. (원망하듯 일기장 다시 덮으면)

일기장 표지 '정수현'이라 쓰인 이름 c.u 되며.
(E) 쨍그랑!! 유리 깨지는 소리

S#55. (과거) 수현집 성현방 (D)
수현모의 악쓰는 소리와 수현의 애원 소리가 들리는 방 안.
이어폰을 낀 중학생 성현, 쇠구슬 새총을 들고 창문 앞에 서 있는.

수현(E)   (애원하듯) 제발 엄마…

수현모(E) (광폭하게/o.l) 엄마는 누가 엄마야?! 내가 니 엄마 맞아? 근데 학교에
          다 일러바쳤니? 우리 엄마가 시험지 문제를 빼냈어요, 처벌 좀 해주
          세요 그러구?

수현(E)   (울며) 엄마, 그런 게 아니구 난 진짜…

수현모(E)   (o.l) 니가 어떻게 이래? 내가 누구 땜에 그런 짓까지 했는데~!!

          (E) 쿵쿵, 수현이 벽에 머리 찧는 소리 들리고
          이어폰을 끼고 있지만 소리가 들리는 듯 공포스런 표정에 눈물 그렁
          그렁한 성현.
          손등으로 눈물을 쓱 닦곤, 창문 밖을 향해 쇠구슬을 겨눈다.
          이내 겨눴던 고무줄을 놓자 탁! 하는 소리와 함께 쇠구슬이 튕겨져
          나가고.

S#56.   (과거) 수현집 거실 (N)
          한밤-간접조명만 하나 켜져 있는 조용한 거실.
          자다 깨서 나온 성현, 주방으로 가 냉장고에서 물을 꺼내려는데
          거실 베란다 쪽 창이 열린 듯 커튼이 바람에 날린다.
          성현, 뭐지? 다시 보는데…
          날리는 커튼 사이로 베란다 창틀 앞에 서 있는 수현의 뒷모습이 보
          이고.

성현   (놀라 혼잣말처럼) 누나…?
수현   (천천히 뒤돌아보는… 눈에 눈물 그렁그렁한 채 성현을 보며 슬프게 미소
          짓고)

          다시 한번 커튼 펄럭이자 수현의 모습이 가려지고.
          불길한 예감의 성현, 천천히 베란다 쪽으로 다가가 커튼을 젖히는데
          창문 열려 있고 수현 그 자리에 없는.

성현   (너무 놀라 입이 안 떨어지는) 누…나… 누나~~~!!! (echo)

S#57. (과거) 장례식장 (N)

　　　밝게 웃는 수현 영정사진 보이고. (6부 18신 상황)

　　　상복 입은 수현모, 주저앉아 울고 있고.

　　　성현(수현 남동생, 당시 16세 - 통통하고 동그란 안경 낀) 옆에서 소리도
　　　못 내고 훌쩍이고 있다.

　　　이때, 땀에 젖은 치열이 헉헉거리며 뛰어 들어오고.

　　　수현 영정사진을 보곤 입구 쪽에 멈칫 서서, 망연자실한 채 보기만
　　　하는.

수현모　　(히스테릭하게 울며) 수현아~~ 니가 왜, 대체 왜에~~~ (오열하다가 사
　　　　　람들 빠지자 언제 그랬냐는 듯 냉담한 톤으로 성현 보며) …넌 들어가 이
　　　　　제. 다음 주부터 시험이잖아.

치열　　　(내가 잘못 들었나…? 수현모를 본다)

성현　　　(눈물 그렁그렁한 채 수현모 보며) 나 그냥 여기 있으면… 안 돼요…?

수현모　　(대답 없이 매섭게 쏘아보면)

성현　　　(어쩔 수 없이 일어나며 치열과 눈이 마주친다. 그렁그렁… 슬픔과 두려움과
　　　　　원망이 가득한 눈망울로 뭔가 도움을 청하듯 치열을 보는)

S#58. (과거) 장례식장 앞 (N)

　　　6부 19신의 상황.

　　　치열 멘붕인 채 나오는데, 교사 서너 명이 모여 수군대는 소리가 들
　　　린다.

교사2(E)　근데, 문제 유출 얘긴 뭐예요?

교사3(E)　수현이가 투신 전에, 기말고사 시험지가 유출된 거 같다고 이실직골
　　　　　했나봐 학교에. 교장이 시끄러워질까봐 걸 그냥 덮었는데, 애들 사이
　　　　　에 소문이 난 거지 쫙….

$\sqrt{}$ **283**

치열	(그렇게 된 거구나… 착잡한 마음으로 돌아서는데 누군가 옷깃을 잡는다. 돌아보면 수현 남동생 성현이다)? (보면)
성현	…선생님이… 치열 쌤이죠. 맞죠…?
치열	어… 맞아….
성현	(만년필 건네며) 누나가 쌤 얘기 많이 했어요. 이것도 쌤 꺼 뺏은 거라고.
치열	(보다가) 내가 누나 준 거니까… 누나 꺼야. (성현 어깨 툭툭 치곤 돌아서는)
성현	(만년필 들고 선 채, 가는 치열을 보는)

S#59. (과거) 수현집 성현방 (N)

쏟아지는 졸음 참으며 책상 앞에서 공부하는 성현. 새벽 두 시다.
결국 못 참고 꾸벅꾸벅 조는데 그런 성현 얼굴로 쏟아지는 물.
놀라 깨면 수현모가 생수통을 붓고 서 있는.

성현	(젖은 채) 어… 엄마….
수현모	(이성 잃은) 낼모레가 시험인데 잠이 오니? 나한테 이제 너밖에 없어, 몰라?
성현	알아요… 아는데, 너무 졸려서….
수현모	졸려도 참아야지! 그런 정신력으로 어떻게 스카이 갈래? (난폭하게 성현 일으켜 세우며) 나와. 졸리면 잠을 깨워야지, 나와. 나와 얼른!!
성현	어, 엄마… 엄마…. (수현모에게 끌려 나가는)

S#60. (과거) 수현집 베란다 (N)

창문 활짝 열린(못 닫게 나무 막대기를 끼워놓은) 베란다에서 벌벌 떨고 서 있는 반나체의 성현(팬티만 입은). 한겨울, 차디찬 바람에 맨살에 소름이 돋아 있는.

성현	(잠겨 있는 베란다 문을 두드리며) 엄마, 안 줄게요! 너무 추워요! 열어주세요~~
수현모	(베란다 안쪽 거실에서 보다가, 커튼을 확 처버리는)
성현	(문 두드리며) 엄마! 엄마~~!! (원망의 눈빛으로 울며 매달리는)

(컷)	까무룩 바닥에 잠들어 있는 성현. 문이 열리고 수현모가 들어온다.

수현모	…이 와중에 넌 잠이 오니…?
성현	(눈 뜨고 수현모를 본다. 눈에 초점도 감정도 없는)
수현모	일어나. 잠 깼으면 들어가 공부해 얼른. (창문에 끼워놓은 막대기 빼는)
성현	(천천히 일어나 그런 수현모 앞으로 다가선다)
수현모	(모른 채 창문 닫기 위해 창틀에 올라서고)
성현	(두 손을 부들부들 떨며 수현모 쪽으로 바짝 다가서다가 확! 달려드는 모습에서)
재판장(E)	…피고인이 자신의 어머니를 의도적으로 살해하였다고 인정할 증거가 없고…

S#61. (과거) 형사법원 (D)

판결 선고 중인 1심 형사법원. 세 명의 판사 중 가운데 앉은 재판장이 판결문을 낭독하고 있고, 미결수복을 입은 성현이 피고인석에 무표정하게 서 있다.

화제성을 보여주듯 방청석은 기자들과 구경꾼들로 가득하고, 송 형사도 끼어 있는.

재판장	딸의 사망을 비관한 피해자가 스스로 극단적 선택을 했을 가능성도 배제할 수 없으므로… 존속살해죄에 대하여 피고인의 무죄를 선고합니다.

무죄가 선고되자 법정이 술렁이고.

감정 없이 무덤덤한 성현과 달리, 객석의 송 형사는 괴로움에 얼굴 감싸는.

S#62. (과거) 으슥한 토끼굴 (N)

자막 - 3년 후

야심한 시각, 인적 없는 토끼굴. 모자 푹 눌러쓴 남자 걸어온다.

예전의 모습은 온데간데없는 홀쭉한, 성인이 된 성현이다. (지금의 모습)

반대편에서 불량해 보이는 브로커가 주변을 살피며 걸어오는 모습에.

성현(E) 머리 바꿈 가능한 1995~1998년생 남자 구함. 플라스틱 카드, 종이 필수.

브로커 (은밀하게 뭔가 내민다. c.u 하면 '지동희'라는 이름의 주민등록증과 주민등록등본)

성현 (받고, 현금이 든 봉투를 남자에게 건네는)

치열(E) 반가워요. 잘해봅시다 앞으로.

S#63. (과거) 치열 연구소 (D)

일렬로 선 대학생 서너 명과 차례로 악수하는 치열.

학생 (악수하며) 신지혜예요. 선생님 조교 하게 돼서 너무 좋아요.

치열 그 마음 변치 말아야 될 텐데. (하곤 마지막으로 동희 앞에 와 서며) 이름 이…?

동희(성현) 지.동.희입니다. 모시게 되어 영광입니다.

치열 모시긴 무슨, 조상님도 아니고. 암튼 잘해봐요. (악수 청하면)

동희(성현)   (악수하며, 감개무량한 표정에서)

S#64.   (과거) 치열 연구소 내 사무실 (D)

테이블에 나란히 앉아 문제지 점검 중인 치열과 동희.
치열이 펜 찾는 듯 두리번거리자 동희, 제 필통에서 얼른 (치열)만년
필 꺼내 내미는.

치열   땡큐. (하곤 쓰려다가 멈칫, 다시 보며) 어! 이거 내가 전에 쓰던 거랑 똑
         같네?
동희   그래요? …제 누나가 준 건데.
치열   아 신기하네. 이거 쓰는 사람 별로 없었는데. (하곤 쓰는)
동희   (그런 치열을 경외감 가득한 표정으로 보는)

S#65.   동희 옥탑방 (N)

다시 현재 - 진열해놓은 쇠구슬총들(다양한) 앞에 앉아 있는 동희.
소름 끼치도록 무표정한 얼굴로 하얀 수건으로 쇠구슬총들을 쓱쓱
닦고 있는.

S#66.   치열 연구소 내 사무실 (N)

문제지 검토 중인 치열. 페이퍼 보다가 멈칫하는.

송형사(E)   혹시 정성현이라고 아십니까? 그럼… 정수현은요?
치열   후우….

생각지도 못한 상황에 나온 수현의 이름에 마음이 더 복잡하고 심란
하다.
마음 다잡고 다시 페이퍼 넘기는데, 지동희라 적힌 첨삭에서 오렌지

브라운색으로 번진 잉크색이 눈에 들어온다.

#. 회상 플래시백

동일 회차 44신. 해이 손바닥에 나 있던 자국.

치열　　!! (다시 프린트에 난 색깔을 유심히 보는데… 아무래도 해이 손의 색깔과
　　　　너무 비슷하다…) 설마…. (하면서도 뭔가 뒤통수가 띵~하다. 충격받은 표
　　　　정에서)

S#67.　다음 날/ 국가대표 반찬가게 외경 (D)

S#68.　국가대표 반찬가게 (D)

막 만든 반찬 진열 중인 영주와 재우.

영주　　…야, 아무래도 안 되겠다. 밑반찬 몇 개 더 해봐야지. 진열대가 너무
　　　　휑하네. 아무리 행선이 없대두, 어느 정도 매출은 유지해얄 거 아냐.
재우　　응. 내가 장을 더 봐올까?
영주　　그래, 가게 좀 늦게 열더라도 구색 좀 더 맞춰서 하자. (하는데 종소리
　　　　와 함께 누군가 들어오고) 아 저희 아직 오픈 못했는… (하다 멈칫 보는)

　　　　빨간 하이힐에서 틸트업하면… 화려한 옷차림에 선글라스 낀 행자
　　　　(40대 후반)다.

영주　　(뜨아한 표정으로) …데요. 좀 이따 오셔야 될 거 같은데.
행자　　(영주 말에 아랑곳 않고 가게 두리번 보며) 평수가 얼마 안 되네? 밖에
　　　　서 볼 땐 좀 되는 줄 알았는데. (영주 보며) 그래도 월센 꽤 나가죠? 목
　　　　이 목이니까 뭐. (고개 끄덕이곤) 매상은 좀 나와요? 한 달에 얼마나 버

| 나? 순수익이요. (다시 영주 보면)

영주   (이 여자는 뭔가?) 아 저 혹시… 근처에 뭐 가게 보구 계세요?

행자   나요? 아니. 내가 장사할 스타일루 보여요?

영주   (그럼 뭐지? 싶은데)

행자   근데 행선인 어디 갔어요? 안 보이네. 해이는, 가겐 잘 안 내려오나?

영주   (!!) 아… 행선이 지인이세요? 누구… (하는데)

재우   (물 챙겨 나오다 행자 보고 멈칫, 긴가민가 다가서며) 크… 큰누나…??

행자(E)   해이야~ 이게 웬일이야, 해이야아~~ (울부짖는)

S#69.   대학병원 VIP 병실 (D)

누워 있는 해이 붙들고 울부짖는 행자와

그런 행자를 너무 놀라 넋 나간 표정으로 보고 있는 행선.

난감한 표정의 영주와 재우가 입구 쪽에 이러지도 저러지도 못하고
서 있는.

행자   해이야~ 눈 좀 떠봐, 응? 엄마 왔어 해이야. 해이야아~~

행선   …언니, 어떻게 된 거야…? 어딨다 이제…

행자   (획 노려보며) 넌 지금 그게 중요하니? 애를 어떻게 케어했길래 이 꼬
         라지로 여기 누워 있게 만들구…. 쭉 일본에 있었구요, 비행기 타고
         날라왔따 왜?! (하곤 다시 해이 보며) 해이야~ 눈 좀 떠봐 좀. 엄마 왔
         다구우~~~

영주   (행선 쪽으로 다가서며) 꼬치꼬치 묻는데, 말을 안 할 수도 없구….

재우   (이러는 행자가 낯설고 불편한 듯 다가서지 못하고 손만 꼼지락거리며 보는)

행선   (왜 하필 이 타이밍에… 한숨이 절로 나는데)

치열   (병실 들어서다 멈칫, 눈 동그래진 채 보다 행선과 눈 마주치는)

S#70.   대학병원 휴게실 (D)

탁~! 탄산음료 따서 앉아 있는 행선에게 내미는 치열. 행선 멍…한데.

치열	(앉으며) 마셔요. 속 좀 뻥 뚫리게.
행선	(받아들고 쭉 마신다)
치열	어떻게 자매가 또 그렇게 달라? 참…. 해인 엄마보단 그래도 이모 쪽인가?
행선	(한숨 섞인) 둘 다 아니죠. 지 아빠가? …아 모르겠어요, 머리가 너무 아파. (한 모금 더 마시곤) 하필 왜 지금, 뭘 잘했다고 저렇게 당당하게…. (기막혀 하면)
치열	이유가 있겠지, 이 타이밍에 온. 또 알아요? 해이 회복하는 데 도움이 될지.
행선	글쎄. 과연 도움이 될까…? (하다가 치열 힐끗 본다) 근데 쌤은 얼굴이 왜 그래요? 한숨도 못 잔 거 같이… 뭔 일 있어요?
치열	아니, 뭔 일은. 아니에요.
행선	아닌 게 아닌 거 같은데. 안색이 너무 안 좋아요. 왜요. (걱정스럽게 보면)
치열	(이걸 말해야 되나 말아야 되나, 갈등되는 표정에서)

S#71. 송 형사 차 안 (D)
혼자 운전해 가는 송 형사. 생각 많은 표정에.

형사2(E)	…정성현 이 친구, 전혀 추적이 안 돼요. 범죄경력 조회도 깨끗하고, 주민조회도 아예 제적이라고 뜨고… 실종선고 상탠 거 같아요.
송형사	(실종이라… 또 골몰해지는데, 어느새 옛 수현 집 아파트 단지 보인다)

S#72. 아파트 경비실 안 (D)
송 형사에게 종이컵에 담긴 커피 한 잔 내밀며 자리에 앉는 경비원.

경비원	…그때 그렇게 무죄 받고 한참 동안 밖에도 안 나오더니, 아예 안 보이더라구요. 그러곤 한 몇 년 지나고 누가 그 집에 이사를 오대? 알아보니까 삼촌인가 하는 사람이 걔 실종신고를 하고 아예 들어오는 거더라구.
송형사	그럼 지금은?
경비원	팔고 이사 갔지 그 삼촌도. 오 년은 족히 됐을걸? 에고, 이런 말 하면 벌 받을지 모르지만 실종이건 뭐건, 어쨌든 그놈이 사라져서 다행이다 그랬어 난. 허구한 날 쇠구슬을 쏴대서 내가 아주 고생을 했거든.
송형사	(놀라 보며) 쇠구슬이요…?!
경비원	어. 아파트에서 누가 쇠구슬을 쏜다고 민원이 아주, 환장하겠더라구. 근데 범인이 그놈이더라고. 나중에야 알았지. 지금 생각하면 다 정상은 아니었어 그 집 식구들.
송형사	(쇠구슬이라니… 직감적으로 뭔가 촉이 오는)

S#73. 로펌 선재모 사무실 앞 (D)

비서와 몇몇 직원들 박수 치고, 선재모 머쓱하게 웃으며 서 있는.

비서	(박수 치며) 정말 대단하세요 변호사님. 절대 못 뒤집는다고 다른 펌에서 포기까지 한 사건을, 것도 대법원에서 승소하시다니!!
선재모	운이 좋았어요.
직원1/직원2	에이, 겸손하시긴. 변호사님 실력은 업계가 다 아는데. / 정말 축하드려요.
비서	우리 회식 한번 해야 되는 거 아니에요? 한 지 꽤 됐는데. (눈치 보면)
선재모	(간만에 기분 좋다) 좋아요. 그럼 오늘… (하는데 이때 휴대폰 벨 울린다. 보면 '선재 담임'이다. 뭔가 감이 안 좋다. 긴장한 채 전화 받는) 여보세요?
종렬(F)	네 선재 어머님. 저 선재 담임입니다.
선재모	네, 잘 지내셨어요? (불안) 근데 무슨 일로….

종렬(F)	죄송하지만, 학교에 한번 나오셔야 될 거 같은데요….
선재모	!!!

(E) 선재 휴대폰 벨소리

S#74. 우림고 교정 (D)

돌계단에 혼자 앉아 있는 선재. 폰 보면 발신 '엄마'다.
받지 않은 채 가만히 폰만 보는 선재.
이내 벨소리 끊기고 '부재중 전화 17' 뜨는.
선재, 괴로운 표정으로 보다가 떨리는 손으로 누군가에게 전화 건다.

선재	…아빠. 저 선잰데요… (울먹) 엄마 좀 도와주세요 아빠….

S#75. 우림고 중앙 게시판 앞 복도 (D)

웅성웅성 아이들이 모여드는 게시판 앞.
'중간고사 성적 정정 공지! 2022학년도 2학기 중간고사에서 불미스
러운 일로 성적 결과에 변동이 생겨 이에 공지합니다.' 제목으로 2학
년 상위 30등의 명단이 붙어 있다.
(1등 2-2 박선주, 2등 2-4 소현욱…/ 선재, 해이, 수아 이름 없는) 단지와
건후도 와 게시판을 본다.

학생1/2	…뭐야. 이선재가 일등이라며? / 아예 30등 안에 없는데? 1반 애들 아무도 없어.
학생3	그럼 불미스러운 일이 이선재랑 관련 있는 거네. 걔 커닝한 거 아냐?!
단지/건후	(게시판 보며 표정 굳는)

이때, 교장 선생님을 위시해 교감 선생님과 주임 선생님들 우르르 몰

려오는.

그 사이에 얼굴 하얗게 질린 교무부장도 끼어 있고.

경직된 채 교장실 쪽으로 향하는.

단지/건후 (무슨 사달이 나긴 났구나, 걱정스럽게 보고)

S#76. 몽타주 (D)

#. 수아집 거실

막 외출하려고 가방 들고 방에서 나오던 수아모, 휴대폰 울리자 받는.

수아모 어 나야. 지금 나갈려고. 뭐? 그게 무슨 소리야?

#. 빵집

계산하려다 말고 전화 받고 있는 단지모. 놀란 듯 문 쪽으로 나오며.

단지모 누가 중간고사 시험지를 유출했다구? 교무부장? 아니 그러니까 누구한테~?

#. 국가대표 반찬가게

나란히 반찬 고르고 있는 엄마1, 2, 3.

휴대폰 벨이 거의 동시에 시끄럽게 울려댄다. 뭐지? 일제히 폰 꺼내는 모습에.

S#77. 치열 주상복합 외경 (N)

주상복합 주차장으로 미끄러져 들어가는 치열의 차.

S#78. 치열 펜트하우스 앞 (N)

무거운 표정의 치열, 집 쪽으로 걸어가다가 멈칫, 선다.

치열의 집 현관 앞에 동희가 서 있다.

동희, 치열 기다리는 듯 발끝으로 바닥 톡톡, 차고 있다가 역시 치열 보고 멈칫하는.

치열	…….
동희	…….

S#79. 치열 펜트하우스 거실 (N)

거실 쪽으로 들어오는 치열. 동희가 뒤쫓아 들어온다.

치열	(뒤돌아보며) …뭐 좀 마실래? (하는데)
동희	(다짜고짜 무릎 꿇는다)
치열	?!
동희	선생님. 제가 잘못했습니다.
치열	(놀란 채 보는)
동희	제가 오버했어요. 선생님이 제 말에 유독 귀 기울여주시고, 저와 많은 걸 상의해주시고 또 배려도 해주시고 그러시니까… 주제에 선을 넘었어요. 그래도 되는 줄 알고. 정말 잘못했습니다. 죽을죄를 지었어요.
치열	…….
동희	선생님 곁이 아니면 전, 아무 의미가 없어요. 이 일을 할 이유도 없어요. (절절한 표정으로) 오버 안 하고 잘하겠습니다. 다시 모실 수 있는 기회를… 주세요 선생님.
치열	(그런 동희를 보다가) …일어나.
동희	선생님.
치열	일어나 지동희.

동희	(일어나 간절한 표정으로 치열 보면)
치열	(잠시 보다가) 나도…
동희	(긴장한 표정)
치열	…나도 과했다 어젠. 순간 좀 예민해져서…. 그래도 육 년을 내 옆에서 한결같이 몸 마음 다 바쳐 일해준 너한테 그런 식으로 하는 건 아닌데.
동희	(감동한 표정으로) 선생님….
치열	어제 일은 잊어버리고… 다시 잘해보자. (손 내민다)
동희	(보며 벅찬 표정으로 악수하는)

S#80. 치열 펜트하우스 앞 (N)

동희	(나오며) 그럼, 내일 뵐게요. 선생님.

깍듯하게 인사하곤 현관문 닫자마자 미소 걷는 동희.
셔츠 윗단추를 짜증스럽게 풀곤
싸늘한 표정으로 치열 집을 노려보다가 천천히 돌아서 걸어가는.

S#81. 도로 (N)

택시가 서고, 동희 내려서 골목으로 들어가고.
잠시 후… 천천히 와 서는 치열의 차.
이내 차 문이 열리고, 치열이 내린다.
간격을 두고 동희를 쫓아가는 모습에서.

#. 회상 플래시백 1 - 대학병원 휴게실 (70신 뒤 상황)

행선	(치열이 내민 첨삭 문제지를 보고 있는) 어, 이거…. (알아본 듯 놀라면)
치열	…비슷하죠. 해이 손바닥에 그….
행선	네 그런 거 같아요. (보며) 그럼 이게….

치열   (어두운 얼굴로 고개 끄덕이며) 맞아요, 지 실장이 늘 쓰는 만년필이 있
       는데… 어쩌면… 그 잉클지도 모르겠단 생각이 들어서.

행선   (가슴 철렁한다. 말문 막힌 채 치열 보면)

치열   행선씨가 동희에 대해 말했을 때, 솔직히 오해가 있다고 생각했는
       데… 근데 이젠 나도 모르겠어요. 동희가 어떤 놈인지, 왜 내 옆에 있
       는지. (심란한 표정에)

#. 회상 플래시백 2 - 치열 집 거실 (79신 상황)

치열   어제 일은 잊어버리고… 다시 잘해보자. (손 내민다)

동희   (보며 벅찬 표정으로 악수하는)

치열   (악수한 손의 검지 감촉을 느끼곤) !! (미세하게 놀라는 표정에)

송형사(E) 목격자에 따르면, 범인 오른쪽 검지 두 번째 마디쯤에 아주 딱딱한
       굳은살이 있었답니다.

치열   (어쩌면 동희일 수도 있겠구나… 손잡은 채 등골이 오싹해지는…)

S#82. 동희 옥탑방 건물 앞 (N)

       외부계단을 통해 옥탑으로 올라가는 동희. 이내 모습 사라지고.
       조심스럽게 동희 집 앞으로 다가서는 치열.
       의미심장한 표정으로 옥탑방 올려다보는 모습에서… 14부 엔딩.

우연과 필연의

결과값

S#1.   도로 (N)

14부 81신의 상황.

집을 향해 걷는 동희를, 간격을 두고 쫓는 치열의 모습 위로.

#. 회상 플래시백 - 14부 79신. 치열 집 거실

치열   어제 일은 잊어버리고… 다시 잘해보자. (손 내민다)

동희   (보며 벅찬 표정으로 악수하는)

치열   (악수한 손의 검지 감촉을 느끼곤) !! (미세하게 놀라는 표정에)

S#2.   동희 옥탑방 건물 앞 (N)

14부 82신 상황.

외부계단을 통해 옥탑으로 올라가는 동희. 이내 모습 사라지고.

조심스럽게 동희 집 앞으로 다가서는 치열.

옥탑방을 의미심장한 표정으로 올려다보다가 천천히 돌아선다.

옥탑방으로 들어가는 동희와 동희 집에서 멀어져가는 치열의 모습
이 부감으로 잡히며 타이틀 뜬다.

일타 스캔들 chapter 15. 우연과 필연의 결과값

S#3.   다음 날/ 대학병원 외경 (D)

S#4.   대학병원 VIP 병실 (D)

행선, 막 세척한 가습기 들고 병실 들어서는데,

해이 앞에 바짝 앉아 구부정하니 뭔가를 열심히 하고 있는 행자의 뒷
모습이 보인다.

행선   (뭐 하나… 옆에 다가가 보곤 화들짝) 언니!

행자   (해이 손에 매니큐어 바르다 놀라 삐끗하는) 아 깜짝야! 기지배야 삑사리

났잖아.

행선   뭐하는 거야 지금~?!

행자   보면 몰라. 요즘 애들 이런 거 다 하거든. 화장도 으른보다 훨 잘해요.
       (해이 발 쪽 턱으로 가리키며) 발톱은 좀 더 과감하게 레드컬러로 했어.
       어때, 이쁘지?

행선   (기막혀) 해이 지금 의식불명 환자야 언니. 상태 체크할 때 손발톱도
       확인하는 거 몰라? 급한 수술 들어갈 수도 있는데… 아 얼른 지위!

행자   (잘해보려 한 건데… 깨갱, 풀 죽어) 아니 난 애가 의식도 없이 누워만 있
       으니까 생기를 좀 줘보려구… (하다 욱해) 근데 너, 언닐 막 가르친다?
       선생이랑 연앨 하드니 지가 선생인 줄 아나. (아세톤 휙 던지며) 야! 잘
       난 니가 지워. 난 해이한테 피해 안 되게 얌전히 짜져 있을 테니까.
       (의자에 늘어지게 앉으며 리모컨 들어 TV를 켜는)

행선   (한숨 쉬며 티슈 가져와 해이 손톱에 매니큐어 지우기 시작하는데)

앵커(F) 현직 변호사가 아들을 위해 내신 시험지를 유출한 정황이 포착돼 경
       찰이 수사에 착수했습니다. 사교육 중심지 녹은로에 위치한 해당 사
       립 고등학교는…

행자   이 동네네? 야 저기 혹시, 해이 다니는 학교 아니니?

행선   (행자 말에, TV 보는)

#. 인서트 - TV 뉴스 화면
우림고 교문과 시험 관련 자료화면 컷컷 나오는.

앵커(F) …입시경쟁이 치열한 학교로 혐의를 받는 학생은 2학기 중간고사에
       서 전체 석차 일등을 한 것으로 알려졌습니다. 경찰에 따르면 학생이
       학교 측에, 시험 전 동일한 내용의 프린트를 풀었음을 자백하며 사건
       이 드러났으며, 용의자로 지목된 이 학생 어머니는 국내 최대 규모
       로펌의 변호사인 것으로 알려져 충격을 더하고 있습니다.

행선 해이 학교 맞는데… 근데 2학년에 엄마가 변호사면…!!? (놀라는 표정에)

취재를 위해 기자들이 장사진을 이루고 있는.

비서(E) 어떡해요 변호사님!

덤덤한 표정으로 앉아 있는 선재모.
비서, 어쩔 줄 몰라 하며 상황 보고하는.

비서 건물 입구랑 주차장까지 기자들 쫙 깔렸어요. 어떻게 알구 여기까지 몰려든 건지… (하다 덤덤한 선재모 살피며) 변호사님. 아니죠? …오해가 있는 거죠?

선재모 …….

비서 (뭔가 있긴 있구나 눈치채고 말 돌리는) 사무실까지 들이닥치기 전에 빨리 빠져나가시는 게 좋을 거 같은데… 모자나 선글라스 같은 거라도 구해올까요?

선재모 그래봤자 이목만 더 끌겠지. (각오한 표정 짓곤 가방 챙겨 일어나는)

선재모, 꼿꼿한 걸음으로 건물에서 나오는데.
기자들, "나온다!" 우르르 달려가 선재모를 둘러싸고 "혐의를 인정하십니까?" "이번이 처음이 맞습니까?" "한 말씀 해주시죠." 등 질문 퍼붓는다.

선재모	(각오는 했지만 당혹스러운 표정으로 어찌할 바 모르는데)
선재부(E)	잠깐만요! 제가 변호인입니다! (기자들 뚫고 선재모 옆으로 다가서는)
선재모	! (생각도 못했다… 놀라는)
선재부	(양복 재킷으로 선재모 감싸고 기자들 헤치고 가기 시작하는) 가겠습니다! 아직 수사 중인 사안입니다! 코멘트 없습니다, 지나갈게요!

S#8. **우림고 옥상 (D)**

앞 신의 상황이 뉴스 영상으로 재생되고 있는 폰에서 줌아웃하면
난간에 기댄 채 휴대폰으로 뉴스 보는 선재.
엄마가 궁지에 몰리는 걸 보니 저 때문인 거 같아 고통스럽다….
눈 질끈 감는 모습에.

수아모(E)	학교는 대체 뭘 한 거예요, 일이 이 지경이 될 때까지?!

S#9. **우림고 교장실 (D)**

수아모, 단지모를 포함한 엄마들, 교장과 종렬에게 강력히 항의 중인.

수아모	아니 다른 사람도 아니고, 교무부장이 학부모랑 내통해서 시험질 빼돌리는데 학교는 낌새도 못 챘다는 게 이게 말이 돼요 이게?!
단지모	완전 충격이에요 진짜. 어떻게 뉴스에서 보던 일이 우리 학교에서, 아우.
교장	예 면목이 없습니다… 지금 경찰 쪽에서 수사를 진행 중이니까 좀만 더 상황을…
수아모	(o.l) 아 됐구요, 이렇게 대담한 짓을 한 게 이번 한 번뿐이라고 누가 장담합니까? 선재 성적 1학년부터 전수조사해서 내신 조정해야 되는 거 아니에요?
단지모/엄마들	(맞어맞어~ 동조하는 분위기)

수아모	그리고 문제 학생에 대해서는 합당한 징계조치, (보며) 퇴학처분 약속해주시죠.

수아모 그리고 문제 학생에 대해서는 합당한 징계조치, (보며) 퇴학처분 약속해주시죠.

종렬 아 수아 어머님, 이선재 학생은 부정행위에 첨부터 가담한 게 아니고…

수아모 (o.l) 어쨌든 답안질 써서 냈잖아요! 유출된 거 인식하고도! (하는데 띠딩! 문자벨 소리 들리고. 쥐고 있던 폰 슬쩍 보면)

'에스카드 2,178,000원(6개월) 승인 신우백화점' 결제 문자다.

수아모 (눈으로만 읽으며 계속 얘기하는) 그 결과 무려 전교 일등을 했고, 그래서 정당하게 시험 본 우리 애들이 피해를… (하는데 또 띠딩! 문자 울려 보면)

'에스카드 2,178,000원(6개월) 거래취소 신우백화점' 결제 취소 문자.

수아모 (또 눈으로만 읽고) 그러니까 당연히 퇴학처분을… (하는데 이번엔 전화벨이 요란하게 울린다. 보면, '수아 아빠'다. 아 왜 자꾸…! 짜증나 인상 팍 쓰는)

S#10. 교장실 앞 복도 (D)

통화를 위해 슬쩍 교장실에서 나오는 수아모.

수아모 (수아부에게 전화 걸곤 짜증스럽게) 아 왜에~ 바빠 죽겠는데.

수아부(F) (구구절절) 아니 방금 그 카드결제 말야… 거래처 선물을 사는데 법카를 쓴다는 게 내가 개인카드를 잘못 써가지구 바로 취소한 거거든…

수아모 (o.l) 아 알았어. 끊어, 나 수아 학교야. (전화 끊곤 다시 교장실로 들어가는)

S#11. 백화점 명품매장 (D)

명품매장 계산대 앞에서 통화 중이던 수아부. 옆엔 명품백 든 내연녀 서 있는.

내연녀 (바짝 붙어) 뭐래뭐래? 언니가 의심해?

수아부 아니 전혀. 거봐, 그 여잔 애 대학 보내는 거밖에 관심 없다니까.

내연녀 다행이네. (백 들어 보이며) 이쁘게 잘 쓸게 오빠. (애교스럽게 팔짱 끼는)

S#12. 치열 차 안/ 대학병원 휴게실 (D)

출근 중인 치열, 잠시 생각하다 행선에게 블루투스로 전화 연결하는.

치열 나예요. 통화 가능해요?

/화면 분할되며, 병원 휴게실로 나오며 통화하는 행선.

행선 네, 휴게실로 나왔어요. 출근은요?

치열 지금 하는 중. 아침에 뉴스 봤어요… 해이랑 친한 그 친구, 맞죠?

행선 (하…) 해이가 왜 백질 냈는지, 이제 알 것 같아요. 선재도 그런 시험 진 줄 모르고 해이한테 보여준 거 같아요. 둘이 워낙 친하니까.

치열 안 그래도 놀랐을 텐데… 더 충격적인 얘길 해야 해서 좀 그런데.

행선 ! (감 잡고) …지 실장님 얘기예요?

치열 어쩌면… 우리가 추측한 게 맞을 수도 있을 거 같아요.

행선 (가슴이 철렁한다. 의자에 앉는)

치열 육 년을 같이 일했는데… 그 친굴 너무 몰랐어요 내가. 어쩌면 요트도 사실일 수도 있고. 아직은 정황뿐이라, 몇 가지 확인 좀 하고 병원으로 갈게요 이따.

행선 알겠어요. 저기 쌤. (한 호흡 쉬곤) …조심해요.

치열   그럴게요. (전화 끊으며 화면에서 사라지는)

휴대폰 닫는 행선.
뭔가 또 나쁜 일이 벌어질 거 같아 불안하다.
가슴에 손 얹고 마인드컨트롤 하는.

S#13. 대학병원 VIP 병실 (D)

행선 병실에 들어서면, 행자 보호자 식사로 나온 밥을 먹고 있는.

행자   (싹싹 긁어 먹으면서) 아으 간이 왜 이렇게 밍밍하니. 보호자가 아픈
것도 아닌데 맛깔나게 좀 해주지 좀. (하다) 야, 그르지 말구 집에 가
서 반찬 좀 싸와라. 간 김에 이불도 하나 갖구 오구. 밤엔 춥더라구,
홑이불론 안 되겠어.

행선   …잘 만하던데 뭐. 그냥 옷 겹쳐 입어.

행자   아 좀 갖다줘~ 나 추위 엄청 타는 거 알잖아. 몸살 나서 나까지 간병
하고 싶니?

행선   (어쩔 수 없이) 아 알았어. 뭐 또 필요한 거 있어? 있음 한 번에 말해.

행자   어 있어있어. 일단 고데기랑… 어 화투도 좀 가져와. 티비만 볼래니
까 너무 심심해.

행선   (하아… 진짜 못 말리는 언니다… 고개 저으며 가방 챙기는데)

순간 해이 손가락이 꿈틀하고 움직이는.

행선   (화들짝 놀라) 해이야!

행자   (벌떡 일어나 보며) 왜. 왜왜?

행선   (해이에게 시선 고정한 채) 방금 움직였어. 손가락을 꿈틀했어 해이가.

행자   진짜? (보는데 움직임 또 없다) 뭐야. 아닌데? 너 잘못 본 거 아냐? 꼼짝

도 안 하는데?

행선   아냐, 분명히 봤어. 우리 해이 슬슬… 일어나려고 그러나? (희망 품는 표정에)

조교들(E)   복귀 축하드려요 실장님~~!

S#14.   치열 연구소 (D)
자리에 짐 풀고 있는 동희 곁을 둘러선 조교들.

동희   (자상한 미소로) 그래, 환영해줘서 고맙다. 근데 쫌… 뻘쭘하네.

효원   에이, 다 그런 거죠 뭐. 원래 부부싸움은 칼로 물 베기잖아요. 전 오실 줄 알았어요. 두 분이 어떤 사인데 고깟 의견충돌 한 번 가지구 헤어지실까.

조교1   그래도 전 좀 쫄았는데. 선생님도 선생님이지만 실장님 그렇게 화난 모습을 첨 봐서… 완전 무섭던데요? 저 살짝 소름 끼쳤잖아요.

조교2   맞아. 완전 의외긴 했어.

동희   (살짝 당황, 이내 미소로) 내가 좀… 오바하긴 했지? 미안하다. 놀라게 해서. (하곤 화제 바꾸는) 근데 효원이, 그새 앞머리 잘랐네?

효원   와 소름…! 살짝 다듬은 거라 울 엄마도 못 알아보던데, 진짜 눈썰미 대박이시다.

동희   눈썰미가 아니라, 관심이지. (웃으며 짐 정리하는데)

S#15.   치열 연구소 내 사무실 (D)
살짝 열린 문틈으로 그 모습 보고 있던 무거운 표정의 치열.
문 닫곤 자리로 가 앉는데… 노크 소리와 함께 문 열리며 동희 들어선다.

치열   (연기하듯 환한 얼굴로) 어 지 실장.

동희	오늘 학원에서 각 과목별 수능 이벤트 회의 있는 거 아시죠? (시간 확인하며) 네 시부터니까 여유 있게 지금 출발하시는 게 좋을 거 같은데.
치열	아… (생각하는 척) 오늘 그 회의, 지 실장이 대신 들어가면 안 될까?
동희	제가요?
치열	어. 내가 무리해서 그런지 입 안에 헤르페스가 났는데 좀 힘드네. 진료 예약이 지금밖에 안 된다 그래서.
동희	아 그럼 회의를 좀 미루자고 하고 병원부터 모실까요?
치열	아냐아냐, 지 실장이 들어가도 충분해. 어차피 2차 회의도 있을 거고. (웃어 보이는)

S#16. 치열 연구소 앞/ 치열 차 안 (D)

기분 좋게 연구소에서 나와 콜한 택시를 타는 동희.
택시가 떠나고. 잠시 후, 연구소 주차장 쪽에서 치열의 차가 나온다.
멈춰 선 치열, 싸늘한 표정으로 택시가 학원 방향으로 멀어져가는 모습 확인하고 핸들을 꺾는다. 반대 방향으로 멀어져가는 치열 차와 택시 보이며.

S#17. 더프라이드 학원 앞 (D)

택시 학원 앞에 서고, 내려서 학원 안으로 들어가는 동희.

S#18. 더프라이드 학원 1층 엘리베이터 앞 (D)

동희, 건물 들어서는데.
그런 동희 앞서서 엘리베이터 앞에 서는 단지.
행선과 통화 중인 상황이고.

단지	(들떠 큰 소리로) 진짜요 아줌마? 진짜 해이 손이 움직였어요?
동희	!! (흠칫, 단지 보는)

단지	대~박! 그럼 좋은 징존 거죠? 해이 금방 깨어날 수도 있는 거죠 그죠?!
동희	(미간 찌푸린다. 남해이가 깨어날 수도 있다고??)

S#19. 회사 건물 휴게실 (D)

양복 차림의 성현(동희) 동창, 송 형사와 배 형사 얘기 듣고.

동창	…본 지 오래됐죠 성현이. 그 일 있곤 거의… (하다가) 아 근데 저희 동창들 단체방에 얼마 전에, 성현이 비슷한 앨 본 거 같단 친구가 하나 있었던 거 같은데….
송/배형사	!! (보고 표정)
조감독(E)	맞아요, 성현이였어요 분명히.

S#20. 포토 스튜디오 (D)

촬영 조감독(12부 15신의)과 마주 서 있는 송 형사와 배 형사.

조감독	(성현 사진에서 고개 들며) …틀림없어요. 살이 많이 빠지고 안경도 벗긴 했지만, 잊을 수가 없죠 이 얼굴은. 저도 나름 그때 너무 충격이었어서.
송형사	근데… 아니래요?
조감독	네, 아주 딱 잡아떼더라구요. 사람 잘못 봤다고.
배형사	스튜디오엔 무슨 일로 온 건데요?
조감독	엄청 잘나가는 일타강사 포스터 촬영이었는데, 비선지 뭔지 옆에 딱 붙어 있더라구요. 이름이 뭐드라? 제가 그쪽은 잘 몰라서… 최… 최치열…?
배/송형사	(놀라) 최치열이요? / !! (놀란 표정에서, 문득 뭔가가 스치는)

#. 회상 플래시백

10부 70신. 원장실 앞, 동희 보고 낯익어 뒤돌아보던 송 형사.

송형사 ···어쩐지, 낯이 익다 했더니···!! (급히 폰에서 '최치열' 찾아 전화 거는)

S#21. 동희 집 앞 (D)

차에서 내리는 치열, 동희 집 한 번 올려다보곤 조심스럽게 들어가는데.

차 안. 놓고 내린 치열 폰 진동벨 울리며 발신인 '송이태 형사' 뜨는.

S#22. 동희 옥탑방 앞 (D)

옥상으로 올라오는 치열, 주의 깊게 주변 둘러보고 현관으로 다가선다.

구식 도어록의 덮개를 올리고 유심히 버튼을 보는 치열. 다른 번호에 비해 살짝 벗겨진 듯한 키들(1, 2, 7, 0)이 눈에 들어온다.

치열 1··· 2··· 7··· 0··· (생각하는) 네 개의 숫자에서 나올 수 있는 순열의 총수는 24개··· 해볼 만해. (1027부터 차근차근 눌러보기 시작한다. 실패다) 다음 1072··· (또 실패다. 다섯 번 이상 실패하면 한참을 기다려야 한다. 긴장한 채 다른 번호 누르려다 !!) 잠깐··· 1, 2, 7, 0··· 0, 2, 1, 7··· 2월 17일, 내 생일···? (설마···)

치열, 침 꼴깍 삼키곤 조심스럽게 0, 2, 1, 7··· 꾹꾹 눌러보는데.

띠디릭~ 소리와 함께 열리는 현관문.

치열 하···. (비번이 내 생일이라니··· 놀란 표정으로 문 열고 조심스럽게 들어가는)

S#23. 동희 옥탑방 (D)

집으로 들어서는 치열.

발에 무언가 치여 보면, 치열의 사진이 박힌 강의 포스터다.

바닥 따라 시선 좇으면, 14부 54신에서 동희가 뜯어낸 치열 물건들이 잔뜩 널브러져 있다.

자신에 대한 집착과 분노가 동시에 느껴지며 소름이 쫙 돋는 치열.

충격받은 채 둘러보는데 일렬로 쭉 진열되어 있는 쇠구슬총들이 보이고.

치열 !!! (다가서 쇠구슬총들을 만져본다. 멘붕인 표정으로) …진짜… 너였어…?? (하는데 이번엔 방바닥에 떨어져 있는 만년필이 보이는. 얼른 주워 뚜껑 열고 손바닥에 그어보면… 역시 오렌지브라운 잉크가 맞다!) 하아… 대체 왜…. (연타로 받은 충격에 말 잇지 못하고 서 있는데)

이때, 어지럽혀진 포스터와 책들 사이 수현의 일기장이 눈에 들어온다. 다가서 일기장을 들어보는 치열. 표지에 '정수현'이라 적힌 이름을 보고.

치열 …정수현… 수현이? 왜, 왜 이게…?!! (놀란 채 생각해보는데)

#. 회상 플래시백

6부 19신. 장례식장 앞. 만년필을 들고 서 있던 중학생 성현.

14부 64신. 만년필을 누나가 줬다고 말하던 동희(회상 상황).

12부 15신. 성현이 아니냐는 동창 말에 정색하던 동희.

컷, 컷 떠오르는.

치열 …그럼 동희가…!! (이제야 모든 퍼즐이 맞춰진다. 경악하는 표정에서)

S#24.   치열 차 안 (D)

충격이 가시지 않은 표정으로 다시 차에 오르는 치열.

두고 내린 휴대폰 집어 열면, '송이태 형사'로부터 부재중 전화가 3통

이나 와 있다.

콜백 하려는데… 이때 전화벨 징~ 울린다. 발신자 '더프라이드 정

실장'이다.

치열   (일단 받는) 네 실장님.

정실장(F) 아 쌤~ 저희 회의 끝났는데요, 바로 확인해주셔야 될 거 하나 있어

          서. 지 실장님이 전활 안 받아서 바로 전화드렸어요.

치열   아… (하다 이상한 생각에) 지 실장 회의 참석 안 했나요?

정실장(F) 네. 오진 않고 쌤 사정이 생겨 참석 못하신다고 문자만 왔었는데.

치열   (!!!)

정실장(F) 근데 쌤 무슨 일 있으세요? 쌤 안 오시면 지 실장님이라도 올 텐데 그

          랬거든요 우리끼리. 전화도 아니고 문자만 한 통 달랑 와서.

치열   (급하게) 일단 알겠습니다, 나중에 연락드릴게요. (전화 끊곤 불길한 예

          감에 얼른 행선에게 전화 건다)

S#25.   대학병원 앞 (D)

헬멧 쓴 행선 스쿠터에서 내리고, 뒤쪽의 이불과 반찬이 담긴 가방

내리는데.

모자 눌러쓴 동희, 행선 옆을 훅 지나쳐 병원 쪽으로 들어간다.

행선, 가방 내려놓고 막 헬멧 벗으려는데 휴대폰 벨 징~ 울린다. 보

면 치열이다.

행선   (받는) 네 쌤. 아 지금 병실 아닌데… 왜요?

√ 310

대학병원 VIP 병실 (D)

행자, 냉장고 뒤지고 있는.

행자 아으, 주전부리 할 거나 좀 사다놓든지. 암튼 쎈스가 읎어 애가. (냉장고 문 닫곤) 안 되겠다. 마끼야또라도 하나 빨고 와야지 얼른. (하곤 제 카드 들고 나가려다 멈칫, 행선 가방 뒤져 지갑 꺼내 들고 나가는)

행자가 나가고 잠시 후, 병실 문이 천천히 열리고
모자에 마스크, 장갑까지 낀 동희가 들어서며 문을 닫는다.
해이 곁으로 다가서는 동희…
산소호흡기를 하고 있는 해이를 내려다본다.
이내 장갑 낀 손을 해이 목 쪽으로 천천히 뻗는데.
이때, 동희를 향해 날아오는 헬멧! 어깨에 맞고 떨어지고.
동희 흠칫, 놀라서 보면
입구 쪽에 행선이 거친 호흡으로 씩씩거리며 서 있다.

동희 !! (짜증난다는 표정으로 노려보면)
행선 …해이한테 떨어져… 더 이상은 안 봐줘, 나도.
동희 (가소롭다는 듯 피식 웃곤 빈 화병 휙 집어 들고 행선 쪽으로 다가서는)
행선 (눈 피하지 않고 보다가 의자를 밀쳐내 일단 막는다)
동희 (의자 치우고 다시 다가서면)

행선, 잡히는 대로 물건 마구 던지며 구석 쪽으로 몰리다 넘어지고.
피식, 썩소 날리며 다가서는 동희. 화병을 머리 위로 치켜들고.
행선 이제 끝났구나… 눈 질끈 감는데.
이때 뛰어 들어오는 치열. 발차기로 동희 쓰러뜨린다.
넘어진 동희, 치열을 보곤 잽싸게 일단 병실 빠져나가고.

치열	(급하게 행선 일으키며) 괜찮아요?
행선	난 괜찮아요.
치열	(더 이상 시간을 지체할 수 없다. 얼른 다시 동희 쫓아 나가는)
행선	(치열이 걱정되지만 해이 혼자 두고 나갈 수도 없어 어쩔 줄 모르는데)
행자	(커피 들고 들어오다 난장판 된 병실 보며) 어머 왜 이래. 이게 뭔 일이야…??

S#27. 대학병원 복도 (D)

사람들 밀치며 도망가는 동희.

치열, 악착같이 쫓아가 동희를 뒤에서 덮치며 함께 뒹굴고.

꺄악~~ 소리 지르며 피하는 사람들.

얼른 일어나 도망가려는 동희의 다리를 붙잡는 치열.

그 결에 동희 다시 넘어진다.

순간, 놓치지 않고 달려들어 동희의 모자를 벗겨내는 치열.

드디어 동희의 맨 얼굴이 드러나고, 치열과 동희 눈이 마주친다.

치열	…!!!
동희	…!!!
치열	(짐작은 했지만 막상 동희의 얼굴을 마주하니 참담하다) 너… 대체 왜….
동희	(눈빛 흔들리며 치열 보다가 확 밀쳐버리는)

벽에 부딪히며 넘어지는 치열.

동희, 그사이에 비상계단 쪽으로 도망가고 치열 다시 일어나 쫓아가는.

S#28. 대학병원 비상계단 (D)

황급히 뛰어 들어온 동희, 계단으로 내려가려는데.

의사가운 입은 의사들이(일곱~여덟 명) 우르르 계단에서 올라오고 있다.

동희, 멈칫하곤 방향 바꿔 옥상 쪽으로 뛰어 올라간다.

이내 뒤따라 나온 치열, 올라가는 동희 보고 쫓아 올라가고.

S#29. **대학병원 옥상 (D)**

옥상 문을 열고 뛰어나오는 동희. 주변을 두리번거리는데

치열이 뒤따라 쫓아 나온다.

치열	(헐떡거리며) 동희야… 아니, 정성현!
동희	! (결국 내가 누군지까지 알게 됐구나… 헐떡거리며 돌아서 보는)
치열	(안타까운 표정으로 보며) 도대체 왜… 왜…
동희	(미간 찡그리곤/o.l) 왜냐고…? 왜지 모른다고 진짜…?!
치열	(모르겠다는 듯 보면)
동희	(씁쓸한 표정으로) 난 선생님을 지키려고, 누나가 믿고 내가 믿은 유일한 어른이니까… 그래서 쌤한테 거슬리는 모든 걸 제거했는데….

#. 회상 플래시백

여학생3을 향해 쇠구슬총 날리는 동희(2부)/쇠구슬총을 겨누며 영민을 복도 끝으로 모는 동희(4부)/동희가 쏜 쇠구슬을 맞고 쓰러지는 진이상(8부)

치열	…아니, 건 날 위한 게 아냐. 니 합리화지.
동희	(뭐? 하는 표정으로 보는)
치열	니가 겪은 학대와 불행… 건 나도 마음 아프지만, 그렇다고 니 행동이 정당화될 순 없어. (냉정하게) 그건 범죄야.
동희	(아무런 죄의식 없는 표정으로) 그래서 뭐, 어쩌라고. 이때껏 잘 지냈어요 우린. 그 여자만 안 나타났으면 아무 문제 없었어. 계속 잘 갔을 거

라고.

치열   아니, 문젤 감춘 채 갔겠지. 죄의식 없이, 내 옆에서 사람이나 죽여가
면서.

동희   ……. (노려보기만)

치열   (보며 냉정히) 지금이라도 자수해. 자수하고… (하는데)

동희   (o.l) 내가 왜?!! (소리 지르곤) 내가 왜 그래야 되는데? 누굴 위해서?!!

치열   …수현이. 니가 이렇게 사는 걸 가장 바라지 않을 사람.

동희   (수현 얘기에 잠시 멈칫, 이내 표정 다잡으며) 시끄러. 이젠 누나도 완전
히 잊어버렸잖아. 더 이상 이래라저래라 할 자격 없어 당신은.

치열   (보면)

동희   (격앙된, 목소리 떨리며) 다 끝났어… 끝낼 거야…. (울컥한 채 뒷걸음질
치는)

치열   (놀라는 표정에)

(E) 경찰차 사이렌 소리

S#30. 대학병원 앞 (D)

사이렌 울리며 급하게 병원 앞에 와 서는 배 형사의 차.
송 형사 배 형사, 차에서 내려 급하게 병원 안으로 뛰어 들어가고.

S#31. 대학병원 옥상 (D)

동희   (한 걸음 더, 난간 쪽으로 뒷걸음질 치고)

치열   (놀라) 안 돼… 그러지 마….

동희   (힐끗 옥상 밑을 보자, 속속 도착하는 경찰차들이 보인다. 절망한 표정)

치열   제발… (하는데)

동희   (슬픈 표정으로) 결국 이렇게 되네… 끝이.

치열   동희야. 내가 도와줄게… 지금이라도 세상 안으로 들어갈 수 있게 내

가…

동희   (o.l/고개 저으며) …지킬 게 없어. 이제… 너무 피곤해…. (뒷걸음질 쳐 난간에 붙는)

치열   안 돼… 안 돼~~!!! (하는 외침과 동시에)

동희   (우는 듯 웃는 듯 치열 보며 그대로 난간 밖으로 몸 날리는)

동희의 몸이 공중으로 뜨고. (slow - 몽환적인 느낌으로)
주변에 하나, 둘, 별들이 모습을 드러내며 반짝거리고…
꿈 같기도 하고 우주 같기도 한 공간 속을 부양하며
행복한 미소 머금는 동희 모습에서.

수현(E)   빨리 먹어 성현아. 엄마한테 들키면 둘 다 죽어. (echo로)

#. 동희 회상 플래시백 - 놀이터
그네에 앉아 바 아이스크림 먹고 있는 수현과 중학생 성현(동희).

성현   (크게 한 입, 두 입, 깨물며 허겁지겁 먹는)

수현   (먹으며) 나 대학 가면 말야 성현아. 치열 쌤 조교 할 수 있을까?

성현   (열심히 먹으며) 왜. 왜 치열 쌤 조교가 되고 싶은데?

수현   그냥. 치열 쌤은 내가 믿을 수 있는 유일한 어른이니까… 옆에서 지켜주고 싶어서.

난간 앞에서 눈 질끈 감는 안타까운 표정의 치열.
이때, 행선 옥상 문 박차고 뛰어 나오고
치열과 눈 마주친다.
그렇게 되고 말았구나… 안타까운 표정 주고받는 치열과 행선의 모습에서.

엎어져 있는 동희 몸 위로 하얀 천 덮이고. (slow)

바삐 왔다 갔다 하는 경찰들과 뛰어나오는 의료진들. (slow)

안타까움에 고개 숙인 치열을 위로하듯 안아주는 행선 모습 보이며 f.o/f.i

S#32. 며칠 후/ 동네 전경 (D)

학원들 즐비한 학원가.

아이들 실어 나르는 차들로 도로가 꽉 막혀 있고,

차에서 내린 아이들 학원으로 들어가고.

여느 때와 다름없는 일상의 풍경들 보이며

건물 전광판에 동희와 관련된 뉴스가 흘러나온다.

(전광판 화면에 폴리스라인 쳐져 있는 학원, 쇠구슬 무더기 등 자료화면 보이며)

앵커(F) 한 대학병원에서 살인용의자 정모씨가 투신해 사망했습니다. 정모씨는 녹은로 일대에서 연쇄적으로 발생한 이른바 쇠구슬 테러 사건의 용의자로 지목돼 경찰의 추적을 받던 중이었으며, 해당 쇠구슬 연쇄 테러에 의해 정씨가 일하던 학원 수강생과 강사를 비롯해 최소 3명이 죽거나 다친 것으로 확인됐습니다….

S#33. 납골당 내 (D)

수현의 유골함 옆에 '정성현'이라 쓰인 유골함이 놓여 있고,

유골함 앞에 놓인 수현의 가족사진과 만년필 c.u 되며.

앵커(F) 정모씨는 2012년 세상을 놀라게 했던 친모살해사건의 피의자로, 당시 정모씨를 기소한 검찰은 입시에 집착해 자녀들을 학대한 어머니에 대한 앙심을 품고 정모씨가 어머니를 살해했다고 주장하였으

며, 전문가는 과도한 경쟁사회와 입시지옥이 낳은 비극이라고 진단하였습니다….

S#34. **대학병원 VIP 병실 (D)**

행선, 물수건으로 해이 손 닦아주고.
의자에 앉아 과자 먹으며 수다 떠는 행자.

행자   차암, 세상에서 젤 알 길 없고 무서운 게 사람이긴 한가봐. 아니 1조
       원씨는 그렇게 머리가 좋다며 어떻게 자기 사람이 그런 인간인지를
       몰랐대? 괜히 너랑 해이까지 위험에 빠뜨리구, 아으 소름 끼쳐 진짜.

행선   (어두운 표정으로 묵묵히 해이 손만 닦는)

행자   (과자 쏙 입에 넣고 손 털며) 그러고 보니까 1조원씨가 통 안 보인다?
       참새가 방앗간 오듯 꼬박꼬박 출석하던 사람이? 아직 충격에서 못
       벗어났나?

행선   (멈칫, 안 그래도 걱정스러웠다… 제 휴대폰 꺼내는데)

이때, 해이의 손가락이 움찔하고. 행선 보지 못한 채 휴대폰 보는 모
습에.
(E) 징~ 휴대폰 벨소리

S#35. **치열 펜트하우스 거실 (D)**

암막커튼이 쳐져 한낮에도 어두운 집 안.
테이블엔 수면제 약통이 뚜껑 열린 채 놓여 있고.
약통 옆에 놓인 휴대폰 징~ 징~ 계속 울려댄다.
며칠간 잠 못 잔 듯 수척한 치열, 소파에 누워 멍한 눈으로 TV 뉴스
를 보고 있는.

치열   (전화 받을 의지가 없는 듯, 초점 없는 눈만 끔뻑거리는데)

이때 초인종이 울린다.
이 역시 귀찮은 듯 눈 질끈 감아버리는 치열.
연이어 초인종이 울려대고.

S#36. 치열 펜트하우스 현관 앞 (D)
싸온 죽과 반찬 들고 현관문 두드리는 행선.

행선   쌤~~ 안에 있죠? 문 좀 열어봐요! 안 열면 내가… (하는데 삐리릭~ 소
        리와 함께 현관문 열린다. 뒤로 물러서면)
치열   (초췌한 얼굴로 시체처럼 휘적휘적 나오는)
행선   쌤… (하는데)
치열   (그대로 행선에게 안기듯 두 팔로 감싸 꼭 안는)
행선   (치열이 얼마나 패닉 상태인지가 느껴진다. 꼭 안은 채 토닥토닥 해주는)

S#37. 대학병원 VIP 병실 (D)
해이 옆에 앉아 콤팩트 두드리고 있는 행자.

행자   (거울 보며) 딱 얼굴만 보면 내가 좀 더 전형적인 미인상인데… 행선
        이 고 기지밴 뭔 재주로 그 1조원을 꼬신 거야. 에으. (하곤 다시 두드
        리는데)
해이   (손가락을 움찔움찔, 움직인다)
행자   (못 보고 콤팩트 닫아 넣곤, 해이 침대 시트 올려주는데)
해이   (눈가 파르르 떨리며, 힘겹게 눈을 뜨는)
행자   !!! (보고 멈칫) 어머머. 해… 해이야… 쌤~ 간호사 쌤~~~ (뛰어나가고)

눈 떴다 감았다 떴다 하는 해이 시선에서 (흐릿하게 형체만, 소리 먹통
인 채)
뛰어 들어오는 간호사와 행자. (slow)
다시 끔뻑 감았다 뜨면, 의사 서둘러 해이 바이탈 확인하고. (slow)
다시 끔뻑 감았다 뜨면, 의사 옆에 서서 뭐라 하는 얼굴, 행선이로 보
인다.

해이   (힘겹게 겨우) …엄…마…?
행자   그래 해이야, 엄마야! 엄마 왔어! 알아보겠어~?!

힘겹게 다시 눈 뜨는 해이 눈에 점점 선명해지는 얼굴, 행선이 아닌
행자다.

S#38. 치열 펜트하우스 주방 (D)
식탁에 앉아 있는 치열. 행선이 차려놓은 죽과 반찬 보고만 있다.

치열   (도저히 못 먹겠단 얼굴로 행선 보면)
행선   (먹으라는 단호한 눈빛 쏘는)
치열   (어쩔 수 없이 숟가락 들고 한술 떠 입에 넣는다)
행선   (흐뭇하게 보며) 옳지… 잘한다. 더 먹어요, 더더.
치열   (허탈한 듯 피식) 못 먹을 거 같았는데… 또 넘어가네 이게.
행선   거봐. 뜨끈한 걸 먹어야 살 만해지는 거라 그랬잖아 내가. 아니 우리
         엄마가.
치열   (자조적인 톤으로) 살 만해져도 되나 모르겠네. 경찰 조사 받는 내내
         난 몰랐다, 아무것도 몰랐다… 그 말밖에 못했는데.
행선   (보며) 쌤이 그랬잖아요. 말하지 않는 마음은 알 수 없는 거라며. 쌤이
         라고 용빼는 재주 있어요? (치열 손잡으며) 자책은 오늘까지만 합시

다. 응?

치열   (이 순간, 행선이 있어서 다행이다. 행선 손 꼭 잡는데)

행선   (휴대폰이 울린다. 발신자 확인하곤 받는) 어 언니, 왜. 뭐…?? (벌떡 일어
         나고)

치열   (놀라서 보는 모습에)

행선(E)   해이야!!!

S#39.   **대학병원 VIP 병실 (D)**

         뛰어 들어오는 행선과 치열.
         해이는 완전히 정신이 든 듯 누워 있고, 행자 그 옆에 서 있는.

해이   (행선 보고 그제야 안심되는 듯, 눈물 그렁그렁해지며) 엄마….

행선   (해이 손잡으며) 그래 됐어… 이제 됐어, 일어났으면 됐어…. (눈물 흘
         리고)

치열   (그 옆에서 같이 울컥하며 서 있는데)

재우   (문 열고) 해이야! 해이야, 해이야!! (뛰어 들어온다)

해이   (보며) 삼촌….

재우   (보며) 아 진짜네. 우리 해이 다시 깨어났다. 난 다신 너랑 얘기도 못
         하고, 치킨데이도 못할 줄 알았는데. (해이 손잡으며) 왜 이제 깼어 남
         해이…. (눈물 터지면)

해이   …미안해 삼촌… 엄마… 너무 미안해….

행선/재우 아냐, 니가 왜 미안해. 내가 미안해…. / 아냐, 내가 더 미안해…. (하며
         셋 부둥켜안고)

행자/치열 (셋 그림이 마땅치 않은 듯 삐죽거리고) / (감동한 표정으로 보는)

S#40.   **다음 날/ 병원 외경 (D)**

해이, 반쯤 세워진 침대에 기운 없이 앉아 있고.
행자 통조림 복숭아 들이밀며 업된 톤으로 부산떠는.

행자	해이야, 이거 먹자. 너 옛날에 복숭아 좋아했잖아. 야 이거 옴팡지게 비싸드라. 엄마 큰돈 썼어 진짜. 야 빨리~
해이	……. (이러는 행자가 아직 너무 낯설다. 데면데면 보면)
행자	(포크로 찍어) 한 입만 응? 엄마 성의를 봐서~ (들이대는데)
행선	(세탁된 시트 들고 들어온다)
해이	(행자 무시한 채 행선에게) 엄마… 나 물 좀….
행선	어…. (하고 가지러 가려는데)
행자	내가 하께, 내가! 내가 한다구. (얼른 물 따라 주는)
해이	……. (마지못해 물 받아 마시며 행자 힐끗 본다. 십몇 년 만에 나타나 엄마라며 이러는 행자가 아직은 어색하고 낯설고 또 원망스러운데)

이때 문 드르륵! 열리고 단지와 건후가 들어온다.

단지	해이야~~ (달려들어 손잡으며 울먹) 너 진짜… 사람을 왜 이렇게 놀래켜어~? 완전 나빴어 진짜…. 이제 괜찮아? 머린? 머리두 괜찮구? 나 누구야 나?
해이	(피식, 웃으며) 장딴지. 4월 27일생. MBTI는 ESFP. 좌우명 행복하자 아프지 말고. 키 172, 몸무게 굵고 재면 오십… (하는데)
단지	(얼른 해이 입 막고)
건후	(다가서며, 역시 만감이 교차하는) 헤이 남해이. (미소 지어 보이면)
해이	오랜만이다… 서건후…? (웃어 보이는데)
행자	(얼른 끼어드는) 어머, 우리 해이 친구들인가보네. (건후 보며) 너무 잘생기구 너무 (단지 보곤 멈칫) …너무 키두 크구. 와줘서 고맙다. 나 첨

보지? 해이 엄마야~

단지/건후 ? (해이 엄마? 어리둥절해 보는데)

해이 (무시하고) 학교엔 별일 없어? (하다 궁금한 듯) 선재는…?

S#42. 선재집 선재방 (D)

휴대폰 쥐고 침대에 앉아 있는 선재. 안도와 참담함이 공존하는 표정에.

단지(F) (톤 업) 선재야, 해이 깼대! 해이 일어났대! 나 지금 병원 가는 중이야~~!!!

선재 ……. (다행이다. 정말 다행이다…)

선재, 눈물 그렁그렁한 채 폰 열어 조심스럽게 '해이' 이름 찾지만
차마 통화를 누르지는 못하겠다.
결국 휴대폰 닫고 손등으로 눈물 슥슥 닫곤 잠시 생각하다
후… 호흡 내쉬고 자리에서 일어서는.

S#43. 우림고 외경 (N)

S#44. 우림고 교무실 (N)

종렬 자리 옆 의자에 앉아 종렬에게 서류 내미는 행선.

행선 여기, 입원확인서랑 진단서랑 진료확인서요.

종렬 네. 갑자기 내일까지 출결처리 하라고 통보가 내려와서. 급하게 오시게 해서 죄송합니다. (미소로) 그래도 해이가 깨어나서 얼마나 다행인지 모르겠어요.

행선 네, 덕분에요. 신경 써주셔서 너무 감사합니다. 바쁘실 텐데 병원에

도 와주시고.

종렬   아유 당연한 걸 뭘. (하곤) 치열이하고도… 잘 지내시죠?

행선   아 네, 뭐. (부끄러워하면)

종렬   해이랑 사연 알고 솔직히 놀랐는데, 치열인 아우… 상상도 못했어요 진짜. 근데 그때 경찰서에서 보니까 참 잘 만났구나… 싶더라구요. 치열이가 예전 대학 때 모습을 다시 찾은 거 같아서. 진짜 인정 많은 놈이었거든요.

행선   네. (그랬을 것 같다… 흐뭇하게 웃는데)

수아모(E)   (확성기 목소리로) 우림고는 반성하고! 문제학생 쫓아내라!

학부모들(E)   (후창하는) 쫓아내라! 쫓아내라!

종렬   ?!! (놀라 일어나 창밖 보고)

행선   !! (역시 놀라 보는)

S#45.   우림고 앞 (N)

수아모 앞에서 확성기 들고 주도하고 있고.
단지모를 비롯한 열댓 명(엄마들이 대부분이고 아빠도 두세 명 보이는)
의 학부모들 '문제학생 강력처벌하라' '철저한 진상규명 약속하라'
피켓과 촛불 들고 있는.

수아모   (확성기 대고) 여러분, 이런 중차대한 범죄행위가 밝혀졌음에도 불구하고! 학교는 해당 학생에 솜방망이 처벌을 하려고 하고 있습니다. 이게 말이 됩니까~?

학부모들   (동조하는 분위기. 끄덕이거나, "옳소!" 하는 외침도 있고)

수아모   그럼 정직하게 밤잠 줄여가며 공부한 우리 애들은 무슨 죄며! 그런 애들 눈치 봐가며 밤낮으로 서포트한 우리 학부모들은 또 뭐가 됩니까~?

학부모들   ("맞습니다!" 외치는)

수아모	일벌백계란 말이 있습니다. 이렇게 어물~쩡 넘어가면 어 저봐라? 이 거 시험지 대충 유출하고 우리 애는 몰랐어요 하면 되겠네? 이런 경우가 또 생길지 누가 압니까? 자 같이 외칩시다. 학교는 범죄학생의 퇴학처분을 약속하라! 약속하라!
학부모들	(후창하는) 약속하라! 약속하라!
수아모	학교는 범죄학생을 일벌백계하고 학교 기강을 정비하라! (하는데)
행선(E)	범죄학생이라뇨…?

일동 보면, 행선이 냉담한 표정으로 보며 서 있다.

단지모	(놀라) 어머, 해이 엄마….
행선	범죄를 저지른 건 선재 엄마지, 선재가 아니잖아요.
수아모	그럼 그 집 해이처럼 백지를 내던지 했어야지, 결국 시험 다 풀고 전교 일등까지 했잖아요. 그건 범죄에 동조를 한 거나 마찬가지 아닌가? 안 그래요?? (학부모들 보는)
학부모들	(그런 것도 같고, 아닌 것도 같고… 술렁술렁하는)
행선	물론, 그 순간 정직해지지 못한 선재에게도 잘못은 있지만… 엄마가 벌인 일이잖아요. 얼마나 당황했겠어요? 결국 아이들을 벼랑 끝으로 모는 건 항상… 우리 어른들 아닌가요?
학부모들	(일부, 행선의 말에 동의하듯 당혹스런 표정 짓는)
행선	그래도 선재는 자백했잖아요. 그러지 않았으면 그냥 묻히고 넘어갔을 일인데. 그런 아이한테 용기 내줘 고맙다, 괜찮다, 감싸고 보듬어주진 못할망정 퇴학이라뇨, 건 너무 잔인한… (하는데)
수아모	(얼른/o.l) 아니 그렇게 치면, 뭐든 잘못해놓고 자수만 하면 다 용서해야 된다는 건가 그럼 해이 엄만? 그건 너무 공익에 위배되는 처사 같은데, 안 그래요?
행선	(보며) 공익이요? 진짜 공익을 위해 이러시는 거라구요? 내신 경쟁자

한 명 제낄 찬스다 싶어서 이러는 건 아니구요?

수아모   (뜨끔하다) 뭐, 뭐라구요…?!!

행선   전 여깄는 분들보다 열정적으로 애 뒷바라지도 못했고, 많이 배운 사람도 못 되지만… 그래도 이건 아닌 거 같아요. 주제넘었다면 죄송합니다. (하곤 가는)

수아모   뭐래 대체. 모르면 가만히나 있던지 진짜… 하…. (손부채질 하는데)

단지모   (슬쩍 맘이 기운다) 아니, 해이 엄마 말도 일리는 있지. 선재가 자백 안 했으면 우리가 알 도리가 있어? 아우 나도 모르겠다, 뭐가 맞는 건지. 안 그래도 우리 단지 알면 나 안 볼라 그럴 거 같아서 조마조마했는데… 오늘은 여기까지만 하죠 언니?

수아모   (학부모들 분위기를 살핀다. 다들 비슷한 생각인 듯… 난감한데)

교문 앞. 속상한 듯 굳은 표정의 행선 병원 쪽 방향으로 걸어가고.
교문 앞으로 다가서는 발. 틸트업하면 선재다.
행선과 수아모가 나눈 대화 들은 듯 복잡한 표정.
손에 들고 있던 '자퇴신청서'를 내려다보다 이내 교문으로 들어서는.

S#46. 국가대표 반찬가게 (N)

고른 반찬팩 포장하며 남자 손님 응대하는 영주.
재우는 살짝 삐뚤어진 반찬팩들 다시 각 잡아 정리 중이다.

영주   (포장하며) 근데 요즘 운동하시나봐요. 몸이 엄청 좋아지신 거 같애.

남손님   (좋아하는) 아 티 나요? 프로필 좀 찍어보려고 벌크업 중인데.

영주   어머, 그랬구나. 역시~ 호호.

재우   (반찬팩 정리하다 말고 힐끗, 본다. 두 사람의 단란한 분위기가 신경 쓰이는)

영주   (두부 넣으며) 두부는 서비스니까 단백질 보충하세요. 화이팅하시고. (손 올리면)

남손님	(하이파이브 하고) 감사합니다, 수고하세요~ (나가는)
재우	(나가는 손님 힐끗대며 혼자 중얼) 몸 별로 좋은 거 같지도 않은데. 어깨도 라운드 숄더고, 목도 거북목이고. 거북아거북아 머리를 내밀어라 내밀지 않으면 구워 먹으…
영주	(보며) 뭘 그렇게 혼자 쭝얼거려?
재우	아니 왜 남행선 누나도 아니면서 맘대로 막 서비스 주냐고.
영주	야. 내가 이사 재량으로 두부 하나 서비스 못 주냐? 왜 안 하던 텃세를 부리고 그래?
재우	텃세 아니고. 그게 아니고…. (적당한 말 못 찾아 헤매는데)
영주	(휴대폰 벨 울린다. 받는) 어 엄마, 왜. 내일? 없긴 한데 왜. (듣고) 아니 왜 나한테 물어보지도 않고 그런 약속을 잡아? 난 자만추라 그랬지. 선 같은 거 딱 싫다고.
재우	(선?? 신경 쓰이는 듯 또 영주 힐끗 보는)
영주	(목소리 높은 게 의식되는 듯) 아 잠깐잠깐. 잠깐만. (주방으로 들어가는)

S#47. 국가대표 반찬가게 주방 (N)

영주	(목소리 낮춰 통화하는) 아 내 스타일 아니라니까 선은~ 난 뭘 하면서 성격으로 어필해야 된다고 엄마~ 아 혹시가 어딨어 혹시가. (짜증나지만) 아 알았어 알았어. 맘에 안 들기만 해 그냥, 바로 깽판치고 나와 버릴 거니까. 아 간다고. 어떡해 그럼 당장 내일인데. (하다) 근데 진짜 훈남이래? 진짜? (진지하게 통화하면)

주방 입구에 바짝 붙어 통화 엿듣는 재우. 신경 쓰이는 표정에서.

S#48. 대학병원 VIP 병실 (N)

해이 침대 위에 앉아 영어교재 보고 있고, 행선 가습기 물 갈고 있다.
행자는 보호자 침대에 어지러이 흐트러진 제 물건(알록달록한 빽들,

화장품, 모자 등) 사이에 드러누워 이어폰 끼고 휴대폰 동영상 보며 웃고 있는.

행자	어머. 어머어머 세상에. (뭐가 재밌는지 깔깔대는)
해이/행선	(그런 행자 힐끗 보곤 어이없는 표정) / (해이와 눈 마주치고 어깨 으쓱하는데)

똑똑, 노크 소리와 함께 문 열고 치열 들어오는.

해이/행선	쌤. (반기고) / (역시 반가운데)
행자	(벌떡 일어나며) 어머, 오셨어요~? 안 그래도 오늘은 왜 안 오시나 궁금했는데.
치열	(머쓱하게 인사하곤 해이 보며) 몸은 좀 어때? 벌써 공부하는 거야?
해이	좋아요. 근데 진도가 밀려서 클났어요.
치열	걱정 마 수학은. 퇴원하면 내가 속성으로 특강 해줄 테니까. (하는데)
행자	(호기심 어린 표정으로 끼어드는) 아니 안 그래도 궁금했는데, 일타강사 그게 뭐 거의 준재벌급이라면서요? 인터넷 보니까 별명이 1조원의 사나이라 그러던데, 걸 다 뭘루 갖구 있어요? 부동산? 금괴? 아님 뭐 스위스 은행 같은 데나 넣어놓나?
치열	아뇨. 진짜 1조원이 있는 게 아니라 제 경제적 가치가 그렇다는….
행자	(실망한 듯) 아… 있는 게 아니에요? 난 또. (하다) 그래도 부자는 부자잖아요, 그쵸?
행선/해이	(민망해) 언니. 쫌…. / (쪽팔려 죽겠다. 행자 쏘아보는)
행자	아 왜. 솔직한 말로 이딴 게 얼마나 중요한데. (해이에게) 해이야, 너도 앞으로 남자 만날 때 말야… 그 남자의 경제상황을 파악하는 게 진짜 필수거든? 고정수입은 얼만지, 빚이 있는지, 집은 있는지, 있다면 대출이 얼만지, 또 집안은…
해이	(o.l/시크하게) 근데 아빠 되는 사람 경제상황은 파악을 못 했었나봐?

| 행자 | 어? (당황) 어, 뭐 그땐…. (머쓱해 얼버무리는데) |

이때, 간호사가 처치도구 들고 들어온다.

간호사	(보며) 저기, 환자분 상처 처치할 거라… 보호자 한 분만 남아주시겠어요?
행자	(손 올리며) 저요! 제가 엄마예요!
행선/치열	! (어이없어 보고) / (역시 당황해 보는)
해이	(역시 어이없다는 표정으로 본다. 이 사람은 어쩜 이렇게 시종일관 뻔뻔할까…)

S#49. 대학병원 VIP 병실 앞 복도 (N)
병실에서 나와 벽 쪽에 기대서는 행선.
치열 그 옆에 서며 힐끗 행선 본다.

행선	(느끼고) 왜요. 왜 자꾸 힐끗거리는데.
치열	그냥. 눈칫 보게 되네.
행선	(애써 담담하게) 각오했던 일이에요. 평생 우리 앞에 안 나타날 것도 아니고. 워낙 타고나길 뻔뻔한 캐릭터라서. (하면서도 씁쓸한 표정인)
치열	(보며) 휴게실 가서 좀 쉴래요? 침대 차지해서 제대로 못 잤을 거 같은데.
행선	와 본 것처럼 맞추네. (웃다가 복도 쪽에서 오는 누군가 보고) 어! (놀라는 표정에서)

S#50. 대학병원 VIP 병실 (N)
간호사 나가고. 행자, 처치 위해 걷었던 해이 환자복 소매 내려주려는데.

해이	(살짝 뿌리치며) 내가 해.
행자	(물러서지 않고) 아 엄마가 해주께 좀. 보호자 노릇 좀 해보자 나도.
해이	(시크, 원망 섞인) 이제 와서? (하곤 제 손으로 소매 내리는)
행자	(머쓱) 암튼 쌀쌀맞기는. (하며 그런 해이 째려보는데)

이때 문 열리고 행선이 들어온다.

해이	(보며) 치열 쌤은. 가셨어?
행선	아니, 아직 안 갔는데… 근데 더 반가운 사람이 온 거 같은데? (문 쪽 보면)
선재	(조심스럽게 병실 안으로 들어선다)
해이	(보며) 선재야.
선재	(눈 마주친다. 막상 멀쩡한 해이를 보니 울컥하는)
행자	(호기심 어린 표정으로) 어머, 넌 또 누구니? 첨 보는 친구 같은데. 세상에, 훤칠한 게 아주 잘~생겼다? 키 큰 거 좀 봐. 키가 몇이야? 89? 90?
행선	(눈치껏 행자 끌고 나가는) 언니. 내가 음료수 뽑아주께. 나가자, 응?
행자	야 무슨 음료수는. 어머어머, 애가 왜 이래~ (하며 행선에게 끌려 나가고)
선재	……. (해이에게 다가서는)
해이	……. (선재 마음이 어떨지 다 안다. 미소 지어 보이는)
선재	…너 진짜 안 닮았다. 니네 엄마랑.
해이	…쫌 그렇지? 근데 너 뭐냐? 이제 오기 있어? 단지랑 건훈 벌써 왔다 갔는데.
선재	미안. 바로 오고 싶었는데… 그럴 수가 없었어. 몸은 괜찮아?
해이	어. 시험기간 동안 못 잔 잠 아주 확 다 몰아 잔 기분. 너무 개운해.
선재	살아났네 남해이. (웃곤 이내 진지해지며) 해이야. 나 오늘… 자퇴서 냈다.

해이	! (놀란 듯 보는)
선재	그게 맞는 거 같아서. 머리 좀 식히고, 그러고 검정고시 볼려고.
해이	(힘들게 한 결정이겠구나…) 너 없음 나 뭔 재미로 학교 다니냐? 갈굴 친구도 없고.
선재	심심할 때마다 연락해. 긴장 딱 하고 대기하고 있을 테니깐. (웃는)
해이	(그런 선재 보며 웃어주고)

그렇게 편한 마음으로 마주 보며 웃는 선재와 해이 모습 부감으로.

S#51. 다음 날/ 거리 전경 (D)

어느새 아침 바람이 꽤 찬 듯, 출근길 사람들 옷깃 여미며 지나는 모습에.

수아모(E)	어쨌든 다들 고생했어~

S#52. 레스토랑 건물 로비 (D)

수아모, 단지모와 올케어반 엄마들 두 명 데리고 들어오는.

수아모	밤늦게까지 촛불 들고 소리 지르고. 덕분에 원하던 바도 이뤘고, 내가 오늘 제대로 한턱 쏠게. 전에 수아 아빠랑 왔는데 좋더라구 스테이크가.
단지모	(심드렁) 글쎄, 우리 덕이라기보단 그냥 선재가 스스로 자퇴서 낸 거 아닌가?
수아모	뭐든, 결과가 중요한 거지. 도찐개찐, 아니아니 도긴개긴 아니겠어?
엄마1/2	(마지못해) 그렇긴 하죠. / 흐흥.
단지모	아 몰라요. 나 시위 나간 거 단지한테 딱 걸려서, 어떻게 지 친구한테 그럴 수가 있냐구 삐져가지구 나랑 말도 안 섞어 지금. 짜증나 죽겠

어 아주.

수아모   뭐 그렇게 절절매 딸내미한테. 시간 지나면 알아서 풀리겠지. (레스토
랑 들어가고)

단지모/엄마들   (쩰 절절매는 게 누군데? 어이없단 듯 엄마들과 눈 마주치며 들어가는)

S#53. 레스토랑 안 (D)

수아모 앞장서고, 단지모와 엄마1, 2 뒤따라 들어온다.

수아모   (안내 직원에게) 수아임당으로 예약했는데, 네 명이요.

직원   아 네. 이쪽으로. (안내하는)

일동 직원 따라 테이블로 가는데
단지모 무심코 보면 중간 테이블쯤에 수아부와 내연녀가 나란히 앉
아 식사 중이다. 마침 내연녀가 냅킨으로 수아부 입 닦아주고 있는,
누가 봐도 내연의 관계인.

단지모   !!! (놀라, 수아모 어깨 치며) 언니… 언니언니!! 저, 저기….

수아모   왜, 뭐. (고개 돌리다 역시 수아부와 내연녀를 본다. 얼음 되는)

단지모   마, 맞지… 수아 아빠 맞지? 응?! (하는데)

수아부   (내연녀 볼 튕기며 장난치다가 수아모와 눈 딱 마주친다) !!! (놀라 눈 똥그
래지고)

수아모   야, 너… 너어…. (수아부 쪽으로 돌진해 가는)

수아부   (벌떡 일어나며) 여, 여보….

내연녀   (수아모 보고 놀라) 어맛~~ (발딱 따라 일어서는)

수아부   (수아모 보며) 저기 여보, 그게 아니라…

수아모   (바로 수아부 머리카락 움켜쥐며) 뭐가 아냐… 뭐가 아닌데 이 쓰레기야
~~!!!

단지모/엄마들	(놀라 입 막는)
수아부	아~ 아아아~~~ (소리 지르고)
내연녀	아 언니 말루 해요 제발, 머리숱도 없는데에~~ (떼어내려 애쓰고)
수아부	(그 틈에 얼른 수아모 손에서 빠져나와 내연녀 뒤에 숨는)
수아모	(씩씩) 어딜 숨어, 일루 와! 일루 오라구~~~!! (수아부 향해 발차기하고)

테이블과 함께 수아부 엎어지고, 수아모 같이 넘어지고, 내연녀 말리고, 수아모 그런 내연녀 밀쳐내고, 수아부 위로 올라타고 아수라장인 모습 위로.

영주(E)	야 말도 마. 온 동네 여자들이 수아 엄마 얘기뿐이라니까~

S#54. 대학병원 VIP 병실 (D)

바리바리 싸온 반찬을 내려놓으며 수아모 사건 선하는 영주.
행선은 빈 반찬통을 정리해 싸고 있고, 행자는 새로 온 반찬을 죄다 열어보며 맛보는.

영주	훤한 대낮에 레스토랑에서 남편 머리채 잡고 난투극을 벌였으니, 소문이 퍼질 만도 하지. 누가 찍었는지 동영상까지 퍼졌나보던데 인터넷에?
행자	(먹으며) 어어, 나 본 거 같애 인기동영상에서. 그게 이 동네 여자였어? 대박.
영주	개망신인 거지. 수아임당인지 뭔지 어깨뽕 이만해서 댕기더니만.
행선	그래두 심했다 야… 무슨 동영상까지.
영주	심하긴. 그 여자가 너한테 한 짓을 생각해봐. 다 인과응보 자업자득이지.
행자	(또 끼어드는) 왜왜왜. 그 여자가 행선이한테 뭘 어쨌는데?

행선	(알면 또 골치 아파진다. 얼른 말 돌리는) 그래서 오늘, 진짜 선 보러 나간다구? 너 자만추라며. 선은 승률도 낮구, 면접 보는 거 같아 싫다더니.
영주	걍 로또 사는 셈 치고 가보는 거지 뭐. (하다) 참 해이는, 누구랑 나갔다고?

S#55. 병원 정원 (D)

무릎에 담요 덮고 휠체어에 타고 있는 해이.
줌아웃하면 휠체어 오른쪽 손잡이는 선재가,
왼쪽은 건후가 잡고 산책 중인.

건후	(선재 보며) 야, 넌 맨날 해이 병원 올려고 학교 자퇴했냐? 아예 타임을 정해놓고 오던지 해야지 진짜, 아주 휠체어 미는 스킬이 만렙이다?
선재	(피식 웃으며) 억울하면 너도 자퇴하든가.
건후	(진지하게) 아 씨… 그럴까…?
해이	시끄럽고. 조용히 산책하지. 공기도 좋은데.
선재	어.
건후	넵. (조용히 휠체어 미는)
해이	(미소 지으며) 서건후, 공부는 혼자 할 만해? 스승님 없이?
건후	아니 전혀. 그래서 이참에, 나도 학원이란 델 한번 끊어볼까 고민 중이야.
해이	어 진짜? 생각 잘했네. 니가 공부 경험이 없어서 그렇지, 기초만 잘 닦으면 (고개 끄덕이며) 가능할 거야. 머리가 아주 나쁜 건 아니더라구.
건후	오 쳐주는 거야 내 머리?
선재	보통은 된단 소리잖아. 오바하지 마 좀.
건후	(선재 보며 눈 부라리고, 또 티격태격하는 분위긴데)
해이	(잔기침한다)
건후	(보며 걱정되는 듯) 잠깐만. 물 좀 사와 볼게. (후다닥 뛰어가는)

선재	(휠체어를 멈추고 해이 담요를 더 올려주는)
해이	됐어, 괜찮아… 시원하고 좋아. (하며 바람에 날리는 머리 쓸어 올리면)
선재	(잠시 망설이다, 주머니에서 해이 주려고 샀던 머리끈을 꺼낸다 –12부 57신. 조심스럽게 해이 머리 잡아 묶어주려는)
해이	! (살짝 놀랐다, 이내 가만히 선재 하는 대로 내버려두려는데)
선재	(처음 묶어보는 머리라 영 어설프다. 어쩔 줄 몰라 하며 헤매는)
해이	(시간이 오래 걸리자 괜히 어색해) 야 줘, 내가 할게. (끈 뺏고는 능숙하게 입에 물고 머리 하나로 그러모아 빠르게 묶는)
선재	(그런 해이 모습 가만히 보는데)
해이	근데 넌 무슨 남자애가 머리끈을 갖고 다니냐? 묶을 머리도 없으면서.
선재	(보며) 너 거야 이거.
해이	응? (보면)
선재	너 줄려고 산 거야… 그때, 니가 아끼던 머리끈 끊어졌다고 해서.
해이	(생각지도 못했다) 아…. (분위기 묘해지는)

이때, 물 갖고 오던 건후… 둘의 미묘한 분위기에 멈칫 서는.

선재	(잠시 망설이다) 남해이. 사실 나, 너랑 친구 그만하고 싶어.
해이	뭐? (보면)
선재	(해이 앞으로 와 앉는다. 눈 맞추며) 좋아했어. 오래전부터… 나랑 사귈래?
해이	(당황하는 표정에)
건후(E)	푸하하하~~

S#56. 병원 근처 거리 (D)

병원에서 돌아가는 길.
선재, 넋이 나가 터덜터덜 걷고 건후는 몸까지 휘청거리며 웃는.

건후	…아 이선재, 너무 웃겨. 몇 년을 찐따같이 말도 못하다가 거기서 고백하고 까이냐. 프흐흐흐… 야 힘내. 넌 한 번이지만 난 한 열 번은 까인 거 같거든?
선재	(발끈) 야, 난 까인 게 아니라 보류라고. 수능 끝나고 생각해보겠다니까?
건후	그게 그거지 자식아, 어쨌든 까였잖아. 야. 코노 가서 이별노래나 몇 곡 때리자. 너 오늘 울어도 내가 무덤까지 비밀 지켜줄게.
선재	아 너랑 엮지 좀 말라고. 난 다르다고. (앞서 가면)
건후	(쫓아가며 어깨에 손 두르는) 가자, 내가 쏠게. 해이한테 까인 선배로서!
선재	아 동급으로 엮지 말라니까~ (티격대며 가는 모습에)

S#57. 도로 일각 (D)

주차할 만한 위치도 아닌 곳에 생뚱맞게 정차해 있는 수아모 차가 보이고.

S#58. 수아모 차 안 (D)

머리 헝클어진 채 멍…하니 운전석에 앉아 있는 수아모.
잠시 그렇게 있다가 애써 마음을 다잡고 핸들 잡는데,
윽~ 손 통증이 느껴진 듯 표정 일그러진다.
아무래도 몸싸움 중에 손목을 삔 듯.

S#59. 대학병원 앞 (D)

빈 그릇 든 가방 들고 택시 문 여는 영주. 배웅 나온 행선 보며.

영주	야 들어가 얼른. 쌀쌀해.
행선	알았어. 선 잘 보구. 맘에 안 든다고 또 들입다 술 퍼마시지 말구.
영주	알았어 안 그래. (하곤 타려다) 느이 언니 말야… 언제까지 있는데?

하는 걸루 봐선 꽤 오래 눌러 있을 분위기던데. 너한테 빌붙는 거 아냐 또?

행선   못 그러게 해야지. 아 걱정 말고 가. 가 얼른.

영주   그래, 가긴 가는데… (하다) 아우 난 몰라. 니가 알아서 해. 간다. (타는)

행선   (출발하는 택시 보고 손 흔들며) 가 영주야~ 행운을 빈다 오늘 밤~~ (웃는)

S#60. 대학병원 원무과 앞 로비 (D)

키오스크에서 수납 중인 수아모.

다친 손목 때문에 지갑에서 얇은 카드를 꺼내는 게 쉽지 않아 낑낑거리는데, 지갑을 뺏는 손.

수아모, 놀라서 보면 행선이 지갑에서 카드를 빼내고 있다.

수아모   (당황, 무안, 짜증… 복합적인 감정으로 행선을 보면)

행선   (묵묵히 카드 빼내 수아모에게 주는)

수아모   (받은 지갑과 카드 들고 잠시 있다가… 이내 행선 보며) 왜 이래… 나한테…?

행선   …뭐가요…?

수아모   얘기 들었을 거 아냐. 온 동네가 하루 종일 내 얘긴 거 같던데. 아냐? (하곤 격앙된 목소리로) 차라리 다른 사람들처럼 비웃어. 어쭙잖은 동정으로 자존심 상하게 하지 말고. 무슨 악취미야? 해이 엄마, 나 안 미워??

행선   …좀 밉긴… 하죠.

수아모   (그런데? 인상 쓰며 보면)

행선   그래도… 우리 가게 VIP시잖아요. (하곤 까딱, 인사하고 가는)

한참을 그 자리에 가만히 서 있는 수아모.

행선에 대한 미안함과 오늘 상황에 대한 서러움, 복합적인 감정이 북받치며 참았던 울음이 터져 나온다. 흐르는 눈물을 손등으로 닦아내며 어깨 들썩이며 우는.

셔터 내리는 퇴근복 차림의 영주. 힘겹게 낑낑, 셔터 내리고 두리번거리며.

영주	아, 재우 앤 어딜 간 거야… 약속 있다고 마무리 좀 해달라니까. (손 터는데 휴대폰 벨 울린다. 보면 '재우'다. 받는) 야. 너 어디야?
재우(F)	누나, 빨리 거기로 좀 와. 저번에 우리 갔던 포차. 빨리. (하곤 툭, 끊는)
영주	야 남재우, 야… (하는데 이미 끊긴) 아씨, 늦었는데. 뭔 일이야 진짜. (난감한)

영주 포장마차 안으로 들어오면
재우가 비장한 표정으로 산낙지 탕탕이 한 접시를 앞에 두고 앉아있다.

영주	(와 앉으며) 야! 나 약속 있다니까? 뭔데, 빨리빨리. 용건만 말해. 빨리.
재우	(침 꼴깍 삼키며 영주를 본다. 긴장+비장)
영주	아 뭐냐고. 나 가야 된다고 지금~
재우	(o.l) 가지 마.
영주	뭐?
재우	가지 마 누나. (보며 진지하게) 생각해봤는데… 나 누나 좋아. 남행선 누나처럼 좋은 건지 그거랑 다르게 좋은 건지 아직 좀 헷갈리지만… 누나가 선보는 건 싫어.

영주	!! (훅 들어온 고백에 놀란, 재우 보는)
재우	(그런 영주 보다 꿈틀거리는 산낙지 보며) 이거 먹으면 누나랑… 사귀는 거 맞지? (하곤 젓가락으로 산낙지 하나 집는다)
영주	야… 야, 너….
재우	(산낙지 들어 후우… 심호흡하곤 입 쪽으로 가져가는)
영주	(진짜 먹으려고? 눈 똥그래져 보는)
재우	(입 바로 앞에서 멈칫, 그러다 다시 눈 질끈 감으며 산낙지 막 입에 넣으려는데)
영주	(벌떡 일어나 테이블 위로 몸 숙이며 재우 볼 잡고 뽀뽀 쪽)
재우	(놀라 눈 번쩍, 보는)
영주	(볼 발그레한 채 미소로) 옆으로… 올래?
재우	(역시 볼 발그레한 채 끄덕끄덕. 고대로 일어나 영주 옆으로 가 앉으면)
영주	(그런 재우 확 안는다)
재우	(안긴 채 점차 행복한 미소, 손에 들려 꾸물대는 산낙지 c.u 되며)

S#63. 며칠 후/ 도로 전경 (D)

바쁘게 차들이 오가는 도로-그 사이로 치열의 차 보이고.

S#64. 치열 차 안 (D)

치열 운전하고 옆에 행선, 뒷자리에 행자와 해이 타고 있는-퇴원길이다.

행자	(쿠션 확인) 어머 푹신해라. 얼마나 하나 요런 찬. 엄청 비쌀 거 같은데. (고개 들이밀며) 쌤 근데 이거 말고 차 더 있죠? 몇 대예요? 기분 따라 막 골라 타고 그러나?
치열	예 뭐… 그때그때 필요에 따라…
행자	(o.l) 그럴 줄 알았어요. 아 우리 행선이도 차 한 대 있음 장사하기 편

할 텐데. 아니 그렇다고 사내라 뭐 그런 얘긴 아니구. 강요 아니에요, 권장이에요 권장.

행선/해이 　언니! / (또 시작이다… 미간 찌푸리며 행자 쏘아보는)

치열 　안 그래도 장도 봐야 되고 그러고 싶은데, 행선씨가 말도 못 꺼내게 해서요.

행자 　어머 왜? 그럼 나 뽑아줄래요? 필요할 때 행선이가 쓰구 평소엔 내가 쓰구.

행선 　아 쫌. 제발 말이 되는 소릴 해 언니.

행자 　말이 안 될 건 또 뭐야. 암튼 이상한 자존심 내세워 앤, 가만 보면. 너무 그러는 것도 정 없어 기지배야. 안 그래요 최쌤?

치열 　(곤란해) 아 예… (하다 이상) 아니 아뇨… 뭐 노코멘트.

행선/해이 　(치열 보기 민망하고) / (아예 외면하며 창밖 본다. 이런 엄마가 너무 싫은)

S#65.　국가대표 반찬가게 앞 (D)

치열의 차 국가대표 반찬가게 앞으로 서행해 들어오는데

가게 앞, 영주와 재우가 '웰컴홈 남해이' 쓴 작은 현수막 들고 마중 나와 서 있다.

현수막 뒤로 두 사람 손잡고 있고, 치열과 행선, 행자, 해이 차에서 내리는.

영주/재우 　해이야 웰컴~~ / 퇴원 축하해 해이야~~ (현수막 흔들며 반기는)

해이 　(웃으며) 고마워 영주 이모. 고마워 삼촌.

행자 　아우 촌스럽게 진짜. 니들은 참 전반적으로 유난이다.

치열 　(트렁크 열고 가방이며 짐 내려주면)

행선 　(받으며) 고마워요 쌤. 가봐요 얼른. 수업 늦겠어요.

치열 　오케이. 끝나고 바로 올 테니까 나 빼고 파티 시작하면 안 돼요. 나 삐져.

재우	무슨 파티?
행선	해이 퇴원 기념 파티하려고. 이따 가게 끝나고 조촐하게 우리끼리.
행자	아니 왜 조촐하게 해? 하려면 주변 사람 죄다 불러서 크게크게 하지 그 냥. 최쌤 재력이면 호텔 이런 데 통째로 빌릴 수도 있지 않… (하는데)
해이	(o.l) 쌤 얼른 가세요. 데려다주셔서 감사합니다. (하며 행자 말 막는)

S#66. 행선집 현관, 거실 (D)

가방 들고 신나서 들어오는 재우. 뒤이어 행자, 행선, 해이 들어오는.

행자	(둘러보며) 안엔 첨이네. 이렇게들 사는구나…? (실망한 듯한 표정인데)
재우	(해이 퇴원에 마냥 신남) 해이야 해이야. 삼촌이 니 방 어제 하루 종일 청소했다? 이불이랑 베개두 다 빨았어. 잘했지?
해이	어. 역시 삼촌 최고다. 고마워. (하는데)
행자	방이 세 갠 거 같은데, 난 어느 방 써?
행선	언닌 내 방 같이 써야지 뭐. 해인 늦게까지 공부도 해야 되고.
행자	아 야아~ 나 방 같이 못 써 잠귀 밝아서. 병실에서도 얼마나 불편했 는데.
행선	그럼 어쩌라구. 내가 재우랑 같이 쓸 순 없잖아.
행자	그러게 좀 넓은 데서 살지. 코딱지만 한 데서 옹기종기, 이게 뭐니? 1조원 남친 됐다 엇다 써. 펜트하우스 하나 그냥 딱 해달라 그래.
행선	하아…. (말을 말자…) 알았으니까 그냥 내 방 써. 난 거실 소파에서 잘 테니까.
해이	어떻게 소파에서 자. 불편하게.
재우	그럼 내가 소파에서 잘까? 큰누나 내 방 써, 그럼 되잖아.
행자	야 싫어. 살짝 봤는데 거의 창고던데 뭐 거긴.
행선	그냥 내 방 써. 시트 갈아줄 테니까. (하며 안방으로 들어가고)
재우	(역시 행자가 불편한 듯 제 방으로 슬쩍 들어가는)

해이   (화난, 행자 쏘아보며) 엄만 뭐가 그렇게 당당해?

행자   (뭔 소리난 듯) 뭐?

해이   이해할래야 이해할 수가 없어. 어떻게… (하는데)

행자   (휴대폰 벨 울린다. 발신자 보고) 얘, 잠깐만. (하곤 받으며 나가는) 여보세
       요? 어…

S#67. 행선집 마당 (D)

계단 내려오며 통화하는 행자.

행자   …안 그래도 연락할라 그랬는데 그새 못 참구…. (은밀하게) 나 찾은
       거 같애 돈 나올 데. 아니, 동생한테 푹 빠진 남자가 하나 있는데… 아
       니아니, 남동생 말고 여동생. 암튼 쫌만 더 기다려봐 보채지 좀 말구.
       어, 전화할게. (전화 끊곤 잠시 생각하다) 오케이. 쇠뿔도 단김에 빼랬으
       니까. 큼. ('1조원' 찾아 전화 거는)

S#68. 치열 차 안 (D)

운전 중인 치열. 휴대폰 벨 울려 보면 모르는 번호다.

치열   (갸웃하며 블루투스로 받는) 네, 최치열입니다.

S#69. 행선집 마당 (D)

구석에 서서 은밀하게 통화 중인 행자.

행자   아 최쌤. 저 해이 엄마요, 행선이 언니. 네 선이 폰에서 번호 따뒀었거
       든요. 곧 가족이 될지도 모르는데, 괜찮죠? 호호…. (하곤) 아뇨 아까
       쌤이랑 얘길 좀 하고 팠는데 틈이 안 나가지구. 실은 제가 개인적인
       부탁을 좀 할 게 있어가지구요… 이거 행선이한텐 절대, 절대 비밀로

해주셔야 돼요. 제가 워낙 돌려 말하는 건 잘 못하는 성격이라서…
큼. 혹시 여유 되시면, 뭐 되시겠죠 당연히. 저한테 한… (하는데)

누군가 수화기 확 낚아챈다. 보면 해이다. 전화 꾹 눌러 꺼버리는.

행자   (놀라) 너, 뭐하는 거야 지금?
해이   (화난) 미쳤어 엄마? 지금 쌤한테 돈 얘기 할라 그런 거잖아! 좀 아까
        통화 다 들었어! (하…) 어떻게 엄만… 딴사람도 아니고 이모 남친한
        테… 엄만 최소한의 양심, 뭐 그런 것도 없는 사람이야? 그래?!
행자   야! 엄마도… 어렵게 얘기 꺼내는 거야. 내가 오죽 급하면…
해이   (o.l) 아무리 급해도 그렇지이~~ 엄마가 이럼 이모 입장이 뭐가 돼?
        엄만 이모한테 미안하지도 않아? 나랑 삼촌 땜에 운동도 연애도 못
        하고 새벽부터 장 보고 반찬 만들고 장사하고, 십몇 년을 그렇게 살
        았어 이모. 근데 이제야 나타나서 어떻게, 어떻게 이런 민폐를 끼쳐?
        왜 날 이렇게 비참하게 만들어 왜에~?!!!
행자   (할 말이 없다. 당황해) 왜 악을 써 애가… 아직 안 빌렸잖아~
해이   (싸늘하고 단호한 톤으로) 돈 얘기 꺼내기만 해. 그땐 진짜… 확 죽어버
        릴 테니까. (하곤 휴대폰 행자 손에 쥐어주고 안으로 들어가는)
행자   (그런 해이 멍하니 보다가) 독한 기지배… 말하는 거 좀 봐. 아우 무서
        워 아우. (살짝 무안도 하고 덥다. 손부채질 마구 하는)

S#70. 행선집 해이방 (D)

        방으로 들어온 해이. 행여 행선이 눈치챌까 문 얼른 닫고 기대선다.
        화가 나 미칠 것만 같다. 왜 저런 사람이 내 엄마일까… 눈물이 뚝뚝
        떨어지는데 휴대폰 벨 울린다. 보면 '선재'다. 눈물 쓱 닦고 받는.

해이   …어, 나야….

선재(F)   (…) 목소리가 왜 그래? …울었어?

S#71. 놀이터 (D)

그네에 나란히 앉아 있는 해이와 선재.

해이   …엄마가 내 앞에 나타나는 상상, 나 정말 몇천 번도 더 했었거든? 복수해줘야지, 신경질이란 신경질은 다 내줘야지, 그리곤 못 이기는 척… 받아줘야지. 그래도 울 엄마니까. 내내 밉고, 또 그리웠으니까.

선재   (보는)

해이   근데 막상 보니까… 너무 속상해. 날 버렸어도… 그래도 조금은 더 괜찮은 사람이었음 했는데… (고개 저으며) 아냐. 난 왜 그런 사람한테서 나왔을까?

선재   부모를 선택해서 태어날 순 없잖아. 내가 좀 더, 괜찮은 사람이 될 수밖에.

해이   (선재 보며) 그래야겠지?

선재   (보며) 그래야지.

해이   ……. (다시 앞쪽 보며 생각에 잠기는)

S#72. 국가대표 반찬가게 외경 (N)

셔터가 3분의 1쯤 내려간 가게.

S#73. 국가대표 반찬가게 앞 (N)

터덜터덜 걸어와 가게 앞에 멈칫, 서는 해이.
환하게 불 켜진 가게 안으로 부지런히 움직이며 해이 파티 준비를 하는 행선, 치열, 재우, 영주와 대조적으로 다리 꼬고 앉아 폰만 보고 있는 행자가 눈에 들어온다.
행자는 계속 저런 식이겠구나… 방법은 하나밖에 없겠구나…

마음 굳히는 해이. 결심한 듯 가게 문 열고 들어서는.

S#74. 국가대표 반찬가게 (N)

치열과 재우 풍선 등 파티용품 달고, 영주와 행선 상 차리는데
문 열리고 해이 들어선다.

치열/재우   (보며) 오 오늘의 주인공~ / 해이야. 이거 우리가 다 불었다? 나 어지러.

행선/영주   얼른 와. 다 됐어. / 일루 앉아 일루.

해이   어. (와 의자에 앉고)

행자   큼. (좀 전의 일도 있고, 해이 힐끗거리며 눈치 보는)

행선   (손뼉 치며) 자 그럼 이제 다 모였으니까 시작해볼까? 남해이 퇴원 기
념 파티?

(컷)   생일상처럼 잘 차려진 상차림에, 해이 앞엔 초를 켠 케이크 놓여 있는.

일동   퇴원 축하합니다~ 퇴원 축하합니다~ 사랑하는 남해이~ 퇴원 축하
합니다~

재우   해이야, 얼른 소원 빌고 촛불 꺼. 촛농 떨어져.

해이   생일도 아닌데 무슨. (하면서도 눈 감고 소원 빌고, 이내 눈 뜨고 촛불 끄는)

일동   와~~ (박수 치며) 고생했어 해이야~ / 앞으로 절대 아프지 마~ / 남
해이 웰컴~~

해이   고마워요. (하는데 표정이 마냥 밝지만은 않다)

영주   근데 아까 소원을 꽤 오래 비는 거 같던데… 물어봐도 되나? 뭐 빌었
어 해이?

재우   아 그거 말하면 안 되는데. 소원 안 이뤄지는데.

행선   그래. 해이 소원은 해이만 아는 걸루…

해이   (o.l/작심한 듯 훅) 이모랑 삼촌… 나 없이도 계속 행복하게 잘 살게

해달라고.

행선   (무슨 얘긴가 해서 보며) 뭐?

재우   (역시 이해 안 돼) 니가 왜 없어 해이야. 너 어디 가?

치열/영주/행자   ? (역시 이해 안 되는)

해이   어. 나 없을 거야 삼촌. (후우… 한숨 쉬곤 선포하듯) 나 이제, 엄마랑 살려구.

일동   ?? (보면)

해이   나 엄마 따라 일본 갈 거야. 거기서 둘이 살아볼래.

놀라 얼음 된 채 해이 보는 행선과
그런 행선 똑바로 쳐다보는 해이.
두 사람 시선이 강하게 부딪히며… 15부 엔딩.

너와 나,
두 우주의 합집합

S#1.   국가대표 반찬가게 (N)

일동	퇴원 축하합니다~ 퇴원 축하합니다~ 사랑하는 남해이~ 퇴원 축하합니다~
재우	해이야, 얼른 소원 빌고 촛불 꺼. 촛농 떨어져.
해이	생일도 아닌데 무슨. (하면서도 눈 감고 소원 빌고, 이내 눈 뜨고 촛불 끄는)
일동	와~~ (박수 치며) 고생했어 해이야~ / 앞으로 절대 아프지 마~ / 남해이 웰컴~~
해이	고마워요. (하는데 표정이 마냥 밝지만은 않다)
영주	근데 아까 소원을 꽤 오래 비는 거 같던데… 물어봐도 되나? 뭐 빌었어 해이?
재우	아 그거 말하면 안 되는데. 소원 안 이뤄지는데.
행선	그래. 해이 소원은 해이만 아는 걸루…
해이	(o.l/작심한 듯 훅) 이모랑 삼촌… 나 없이도 계속 행복하게 잘 살게 해달라고.
행선	(무슨 얘긴가 해서 보며) 뭐?
재우	(역시 이해 안 돼) 니가 왜 없어 해이야. 너 어디 가?
치열/영주/행자	? (역시 이해 안 되는)
해이	어. 나 없을 거야 삼촌. (후우… 한숨 쉬곤 선포하듯) 나 이제, 엄마랑 살려구.
일동	?? (보면)
해이	나 엄마 따라 일본 갈 거야. 거기서 둘이 살아볼래. (단호한 표정으로 행선 보면)
행선	(놀라 얼음 된 채 해이 보고)
행자	(이해 못하고 보다) 엄마…? 나…? (그제야 이해하고 얼핏 듯 킥킥대는)

재우, 해이의 말에 충격받은 듯 멍해 있고…
치열과 영주는 행선 눈치 보는데.

행선	…언제…? 언제… 간다는 건데…?
해이	당장. 준비되는 대로 최대한 빨리. 인터넷으로 알아봤는데 재학증명서랑 성적증명서 떼 가면 거기 2학년으로 편입 가능하대. 맘먹은 김에 되도록 빨리 떠날려구. 가서 적응도 해야 되니까. 낼모레 학교 가면 쌤한텐 내가 말할게.
치열	수능도 안 보고 간다고?
해이	네. 일부러 유학도 가는데요 뭐.
행자	(벙찐 채 해이 보고)
행선	(너무 거침없이 말하는 해이 태도에 말문 막혀 보기만 하는)

S#2. 행선집 마당 (N)

당황한 듯 해이 손목을 잡고 끌고 들어오는 행자.

해이	(끌려 들어와) 놔~ 아파. (손 빼는)
행자	(보며) 너 무슨 소리야? 나랑 무슨 일본을 간다 그래에~?
해이	왜, 가면 안 돼? (쏘아보면)
행자	아니 안 되는 건 아니지만… 어쨌든 이건 아니지. 나랑 상의도 없이…
해이	(o.l) 상의를 왜 해야 되는데? 나 엄마 딸이야, 이모 딸 아니구. 딸이 엄마 따라가 같이 살겠다는데 왜 상의가 필요해? 이게 정상인 거잖아. 아냐??
행자	(당황) 아니, 지금 맞고 틀리고가 중요한 게 아니라… 아우, 무슨 애가 이렇게 한마딜 안 지고 따박따박, 내가 낳았지만 진짜 너두 에지간하다 응? 아우 진짜, 너무 놀라서 땀이 다 나네 그냥. (손으로 콧잔등 땀 닦는데)
해이	(그런 행자 보며) 난 갈 거야. 그렇게 결심했으니까, 비행기 티켓부터 끊어. 절대 이모한테 손 벌리지 말구. 가서 그지같이 살든 일을 해서

돈을 벌든, 거기서 나랑 해결해. 그게 이제껏 나 키워준 이모에 대한
최소한의 도리야. (들어가는)

행자   야 남해이!!

해이   (멈칫, 돌아보며) 내 말 안 듣고 버티면… 나 정말 다신 엄마 안 봐. (나
         가는)

행자   (쟤가 진짜 독하게 마음먹었구나… 말문 막혀 본다. 난감한)

S#3.   **국가대표 반찬가게 (N)**

묵묵히 케이크 다시 상자에 넣고 테이블 위 치우는 행선.
영주와 치열은 그런 행선 눈치 보며 같이 치우고,
재우는 이 상황이 납득이 안 되는 듯 행선 옆에 붙어 집요하게 묻는다.

재우   남행선 누나. 그럼 해이 이제 우리랑 안 사는 거야? 어?

행선   ……. (치우기만)

치열   (행선 마음을 알 것 같다. 힐끗 보고)

재우   왜? 왜 같이 안 살아? 왜 큰누나 따라가는데 해이? 이때까지 우리랑
         잘 살았잖아. 근데 왜 큰누나 따라가서 산다는 건데? 왜왜.

영주   (그만하라는 듯 재우 툭, 치는데)

행선   (치우던 손 탁, 멈추고 밖으로 휙 나간다)

재우   (흥분해) 해이 너무 나빠. 완전 배신이야. 진짜 나빠 남해이.

영주/치열 (재우 한 번 보고, 나간 행선 쪽 본다. 걱정되는 표정에)

S#4.   **국가대표 반찬가게 앞 (N)**

행선 가게에서 나오는데 해이 다시 들어오려고 오고 있다가 멈칫한다.

행선   (해이 보며) 남해이. 너 진심이야?

해이   (맘 아프지만) 뭐, 엄마랑 가겠다는 거? 어 진심이야.

행선	너 대체 왜… (하다 말문 막혀 잠시 멈칫하곤) 너 왜 그러는데? 나 이해가 안 돼서 그래. 막상 엄말 보니까 미움이 싹 가시니? 막 좋아 죽겠어? 그래서 퇴원하자마자 폭탄 투척부터 하는 거야? 그래?
해이	몰라. 그런가부지.
행선	너 입시 얼마 안 남았어. 의대 가고 싶다며? 지금 거기 가서 뭘 어쩌겠다구… 니네 엄마 알잖아. 쌩고생 할 거 불 보듯 뻔한데…
해이	(o.l) 우리가 알아서 할게. 그러니까… 더 이상 암말 마. (가게로 들어가려다) 파틴 끝난 거 같네. (다시 방향 틀어 집으로 들어가는)
행선	해이야!
해이	(무시한 채 집으로 들어가 버리고)
행선	……. (단호한 해이의 태도에 서운하고 안타깝고 속상한)

S#5. 대형마트 (N)

반깁스 한 채 한 팔로 카트 밀며 장 보는 수아모.
과일 고르는데 옆쪽에서 과일 보고 있던 여자 둘, 수아모를 보곤 쑥덕쑥덕 귓속말하는.
문득 주변을 둘러보면, 몇몇 여자들 수아모를 알아보는 듯 힐끗거리고.
수아모, 과일 대충 담고 도망치듯 계산대 쪽으로 카트 끌고 가는.

S#6. 수아집 거실 (N)

수아모, 참담한 표정으로 장 본 거 들고 들어오는데 거실 쪽에서 TV 소리가 난다.
찡그린 채 들어가 보면 수아부가 아무 일 없었다는 듯 태연하게 소파에서 야구 경기를 보고 있는.

수아모	(분노로 목소리 떨리며) 왜 여깄어? 여기가 어디라고 들어와 니가~!!
수아부	(되려 뻔뻔) 그럼 어디루 가. 여기가 내 집인데.

수아모	뭐? 진짜 뻔뻔하다. 어쩜 그렇게 낯짝이 두껍니? 이제 여기 니 집 아니냐. 그러니까 나가. (쿠션 들어 때리며) 나가라구! 꼴도 보기 싫으니까 나가! 나가!!
수아부	(피하며) 아 왜 이래~? 말루 해라 좀. 뻑하면 손부터 나오구 사람이 무식하게 그냥.
수아모	(기막혀) 뭐?
수아부	사람이 은근 폭력적이야 보면. 아니 솔직히 내가 잘못한 건 맞는데… 야, 나도 오죽 맘 둘 데가 없으면 그랬겠냐? (울컥) 외로워서 그랬다 외로워서. 집구석에 들어와봤자 내가 진짜 인간대접두 못 받구 진짜.
수아모	(황당해 말이 안 나온다. 보면)
수아부	아 맞잖아~ 집에 오면 밥 한 끼 먹는 건 고사하고 맨날 설명회니 학원모임이니 여자들이랑 몰려다니고 스카이닷컴인지 뭔지 그거 써대느라 정신없고.
수아모	그게 나 좋자고 그런 거야? 다 우리 수아 미랠 위해서…
수아부	(o.l) 수아 미래 좋아하시네. 결국 니 만족이잖아. 니 인생 꼭대기까지 못 올라간 거, 그저 그런 대학 나와 그저 그런 남편 만나 그저 그렇게 사는 거, 의사 딸 만드는 걸로 한 풀려는 거 아니냐고! 다 니 허영이잖아, 내 말이 틀려?!
수아모	(부들) 그래, 난 허영이라 쳐. 그러는 넌? 자그마치 불륜이야. 것도 가게 직원이랑. 그거 동영상까지 찍혀서 SNS 돌아다니는 건 아니? 이 똥통에 빠져 죽을 새끼야?!
수아부	뭐, 새끼… 와 막 나가자는 거야 이제? 어?
수아모	어차피 막장이잖아. 우리한테 뭐, 더 남은 게 있니?! 내가 진짜 맘 같아선 지금 당장 이혼도장 찍고 싶지만, 수아 대학 들어갈 때까지만… 그때까지만 참을 거야. 그러니까 조용히 살아 너. 그년도 조용히 만나고, 최대한 멀~리서. 행여 또 눈에 띄기라도 하면… 그땐 진짜 확 찢어 죽여버릴 거니까.

수아집 현관 앞 (N)

얼음 된 채 현관에 서서 듣고 있는 수아.

수아부(E) 와… 또 대학이냐? 아주 징하다 징해! 눈물 난다 고마워서.

수아모(E) 닥쳐. 다시 한번 경고하는데, 수아 지금 극도로 예민한 상태야. 애 신경 건드리는 일 만들기만 해. 그땐 진짜 막장의 끝을 보여줄 테니까.

수아부(E) 그래서… 수아 대학 위해 참고 살자고? 아무 일 없는 척 연극하면서?

수아모(E) 어 해! 연극이든 뮤지컬이든 뭐든 하라고!!

수아 (표정 일그러진 채 입 앙다물며 듣고 서 있는)

S#8. **수아집 현관, 거실 (N)**

수아부 그럼 대학 가고 나면, 그땐… (하는데)

수아 (아무것도 모르는 척 표정 관리하고 들어오는) 다녀왔습니다.

수아부 (멈칫하고)

수아모 (얼른 미소 지으며) 어 우리 수아, 왔어? (하곤 수아부에게 눈짓하는)

수아부 (언제 싸웠냐 듯) 공부하느라 힘들었지? 애썼다 우리 딸.

수아 나 배고파.

수아모 배고파? 알았어. 엄마가 너 좋아하는 치즈스틱 사왔어. 얼른 귀줄게.

수아부 어 그래그래. 얼른 귀줘. 굽는 김에 몇 개 더 굽든지, 나도 좀 거줘.

수아모 (저 뻔뻔한 인간…! 수아부 한 번 째려보곤 주방으로 가고)

수아 (모르는 척 제 방으로 들어가는)

S#9. **수아집 수아방 (N)**

들어와 침대에 털썩 주저앉는 수아.

그렇게 잠시 멍하니 앉았다가, 폰을 꺼내 SNS에서 '인기동영상'을 검색한다.

'불륜남 현장발각'이라는 제목으로, 15부 수아부와 수아모의 몸싸움이 고스란히 녹화된(얼굴은 모자이크 된?) 영상이다.

이미 알게 된 사실이지만 영상으로 직접 보니 더 충격적이다.

휴대폰을 내려놓는 수아.

지금 엄마의 심정이 어떨까… 울컥하는 마음으로 바깥쪽 보는.

S#10. 국가대표 반찬가게 앞 (N)

쓰레기봉투 들고 나오는 행선, 한편에 세우곤 꽉꽉 묶고 또 묶는데
치열이 따라 나온다.

치열   (보며) 그만하지. 그러다 찢어지겠다.

행선   (멈칫하고) 하아…. (한숨 내쉰다. 더 이상은 마음을 못 누르겠다)

치열   (보며 다정하게) 걸을래요? 열 좀 식혀야 될 거 같은데.

행선   (치열 보면)

치열   산책하자. 응? (손 내민다, 잡으라는)

S#11. 동네 거리 (N)

손잡고 천천히 산책하는 행선과 치열.

치열   (행선 힐끗 보며) 해이랑 얘기해봤어요? 뭐래…?

행선   …모르겠어요. 걔 맘이 뭔질 모르겠어.

치열   아… 진짜 싱숭생숭해 죽겠네. 나도 이런데. (행선 보면)

행선   (걸으며) 해이 키우면서 이런 날이 올 수도 있겠다… 생각은 했었지
       만… 지네 엄마 본 지 얼마나 됐다고. 상식적인 사람이기나 해요? 봤
       잖아. 지금 언닐 따라가서 그 낯선 땅에서 뭘 어쩌겠다고.

치열   걱정이 먼저야 이 순간에도? 서운한 게 먼저가 아니고?

행선   (멈칫한다. 욱해) 서운해요. 너무 서운해. 지가 어떻게 우리한테 이럴
       수가 있나 싶고. 대체 왜 저러나, 엄마가 좋아 죽겠어서 저러는 건 아

닌 거 같은데 이율 모르겠고.

치열   (들어주는)

행선   근데 토 달지 말래 더 이상. 지 결심은 확고하대요.

치열   그래요? 해이가?

행선   어찌나 단호한지. 것다 대고 내가 뭐라고 해요. 할 자격이 없더라고. 난 이모잖아. 지 엄마 따라가겠다는 거잖아 애가.

치열   (위로하듯 손 더 꽉 잡곤 편의점 앞 의자 보며) 잠깐 앉을래요?

행선   (보고 앉는다. 마음 가라앉히려 애쓰는)

치열   (보며) 야무진 애니까⋯ 나름 생각이 있겠지. 일단 받아들여요.

행선   ⋯그래야죠 뭐.

치열   해이 가고 나면 한동안은 엄청 허전할 거 같은데⋯ 뭘 좀 배워보면 어때요? 피아노라던가, 아님 골프? 아는 친구 중에 골프 가르치는 애 있는데.

행선   (잠시 멍하다가) ⋯원랜 해이 대학 보내고 가게 재우 영주한테 맡기고, 공부나 한번 해볼까 했었는데.

치열   (뜻밖이다) 무슨 공부?

행선   스포츠 지도자 자격증 시험이요. 옛날부터 한번 해보고 싶었어서.

치열   아 좋네. 멋진데? 역시, 남행선은 계획이 다 있었구나. 해봐요 한번.

행선   모르겠어요. 지금 기분 같아선⋯ 잘 해낼 자신도 없고. 공부엔 젬병 이라.

치열   (풀어주려 부러 농담) 건 내가 봐도 그런데, 가능은 해요. 내가 가르쳐 봐서 알잖아. 도저히 노답이다 싶은 애들두 7등급에서 1등급 되고 막 그런다니까?

행선   (피식) 위로가 되네요.

치열   와 공부하는 남행선. 완전 새로운데? 음 신선해. (웃으며 끄덕거리면)

행선   (그런 치열 보며 다시 피식. 속상한 와중에 치열이 있어 그래도 다행이다)

S#12. 다음 날/ 행선집 외경 (D)

행자(E)　　(통화 중인) …아 몰라, 짜증나 죽겠어….

S#13. 행선집 행선방 (D)

행자　　(퍼져 누운 채 통화 중이다) 내가 알아? 쟤가 뭔 생각으로 나랑 살겠다
　　　　그러는 건지? 몰라, 말루는 지 이모한테 면목이 없다나 민폐 되기 싫
　　　　대나… 아 나랑은 다르다니까 기지배가? 지 하자는 대로 안 하면 나
　　　　다신 안 본대. 돈 얘기 꺼내면 죽어버리겠다고 협박까지 했다니까?
　　　　(한숨 내쉬고) 아 몰라. 지금 잘못 건드리면 안 될 거 같애. 짬을 좀 봐
　　　　야지 뭐. 일단 기다려봐. 어… 어….

S#14. 행선집 거실 (D)

　　　　행선 빨래할 옷들 들고 욕실에서 수건 걷어 나오고.
　　　　해이 유산균 음료 들고 주방 쪽에서 나오는데 재우 제 방에서 나온다.

해이　　(재우 보고) 삼촌, 줄까? (음료 내미는데)

재우　　(해이한테 삐졌다. 입 꾹 다문 채 주방으로 가는)

해이　　(보면)

재우　　(냉장고 문 열고 똑같은 유산균 음료 꺼내 나와 행선 보며) 남행선 누나. 나
　　　　산책 갔다가 바로 가게로 간다. (하곤 해이에겐 시선도 안 주고 나가는)

해이　　(그런 재우 보기만… 왜 그러는지 알아 더 맘이 안 좋은데)

행선　　(그런 해이 보며, 애써 밝게) 이해해라. 딴엔 서운해서 저러는 거니까.

해이　　(아무렇지 않은 척 표정 관리하며) 알아.

행선　　(아는구나) 빨래 돌리고, 죽 하나 쒀주고 갈게. 아직 맵고 짠 거 먹으면
　　　　안 돼 너.

해이　　아냐. 죽집에서 그냥 시켜 먹을게. 엄마랑 나랑.

행선　　(엄마랑 나랑?) 뭘 시켜 먹어, 금방 해.

해이	아나 됐어. 시켜 먹을게 그냥 나가. 아 그리구 빨래도 우리 껀 놔둬. 엄마랑 내 껀 내가 알아서 돌리고 할게.
행선	(또 엄마랑 나? 굳이 이렇게 강조할 거까지야…) …알았어. 그럼 그러든 지. (서운한 표정 감추지 못하며 빨래거리 들고 세탁실 쪽으로 가는)
해이	(그런 행선 보며 저도 모르게 한숨 쉰다. 정 떼기 위함이지만… 마음이 아픈)

S#15. 수아모 차 안 (D)

수아모 운전하고, 수아 뒷자리에서 단어장 보며 가고 있는.
룸미러로 수아 눈치 보는 수아모. 학원 앞에 차 세우곤.

수아모	다 왔네. 오늘도 파이팅 우리 딸.
수아	(단어장 가방에 집어넣는)
수아모	이따가 시간 맞춰 올게. 오늘 연강이라 배고플 텐데, 쉬는 시간에 편의점 가서 뭐 하나 사서 먹구, 응? 알았지?
수아	(대답도 없이 내린다. 문 닫으려 보며) 엄마.
수아모	어. 왜. (보면)
수아	(무심하게 툭) 이혼하고 싶으면 이혼해. 난 괜찮으니까.
수아모	(놀라) 뭐?
수아	(담담하게) 아빠랑 이혼하라구. 난 상관없다구. 그리구 이따 데리러 올 필요 없어 그냥 걸어갈래. 살쪘어 요새. (하곤 문 탁 닫고 가는)
수아모	(충격으로 멍…한 채 가는 수아를 본다)
수아	(학원으로 들어가고)
수아모	(알고 있었구나… 무심한 척 던진 엄마를 위한 말에 울컥해서 보는)

S#16. 더프라이드 학원 엘리베이터 앞 (D)

덤덤하게 엘리베이터 오르는 수아. 문 막 닫히려다가 다시 열리며.

건후	스톱, 스톱! 스토옵. (타다가 수아 보고) 어!
수아	! (니가 여긴 왜? 보는)
건후	빵수아. 여기서 보니까 되게 반갑네? (하곤 닫힘 버튼 누른다. 문 닫히고)
수아	(대답 없이 앞만 보면)
건후	(그런 수아 보며 묻지도 않는 얘기하는) 혼자 할래니까 영 힘들어서, 학원을 한번 다녀보려고. 등록하는 데 4층 맞지? (하곤 4층 버튼 누르는)
수아	(4층 버튼 취소하고 6층 누르곤) 4층 아냐. 6층이야.
건후	(보며) 착하네 빵수아? (하곤 씩 웃는다)
수아	(그런 건후를 본다. 오랜만에 들어보는 착하다는 칭찬에 마음이 몽글해지는)

S#17. 국가대표 반찬가게 (D)

행선 뭔가 생각에 골몰한 채 비닐장갑 낀 손으로 양푼 속 오이무침 팩에 담고.
영주 팩 받아 비닐 랩으로 싸며 연신 행선 눈치 본다.

영주	(무슨 말이라도 해야 할 거 같아) 아니 재우 앤 대체 오늘, 산책을 몇 번을 나가는 거야 들어올 생각을 안 하네 아주.
행선	…….
영주	하긴, 화나면 원래 계속 걷지 재우. 내가 깜빡했다 그걸. 흐흥.
행선	…….
영주	(획 보며) 아 차라리 말을 해 기지배야. 나한테 속풀이라도 하라고. 아니면 재우처럼 막 나가서 쳐 싸돌아 댕기든가. 내가 아주 숨을 못 쉬겠다 숨을. 응? (하는데)
행선	(비닐장갑 벗는다)
영주	왜, 너도 나가게?
행선	(보며) 가게 좀 볼래? 몇 시간만. 저녁 전까지는 올게.
영주	어어 그래. 나가나가. 치열 쌤이랑 드라이브라도 해. 치열 쌤 안 바쁜

가?

행선   (대답 않고 폰 꺼내 전화 건다) 어 언니. 나랑 어디 좀 가자. 준비해서 나와.

영주   (언니? 치열 쌤이 아니고?? 의아한 표정인데)

이때 재우 들어온다. 화가 좀 가신 듯한 표정인데.

영주   (전화 끊는 행선 보며) 언닌 왜. 어디 가게?

행선   쇼핑. (앞치마 푸는)

영주   쇼핑은 왜, 뭐 사주게? 미운 놈 떡 하나 더 준다, 뭐 그런 거야 너 지금??

재우   ! (눈 커지곤 다시 눈썹 올라간다. 이내 훅 문 열고 또 나가는)

S#18.   **쇼핑몰 (D)**

앞장선 행선 뒤를 쫓아오며 물 만난 물고기마냥 신이 난 행자.

행자   어머~ 내가 너무 좋아하는 쇼핑~~ 공기가 달라 역시. 어머어머, 저
        신상들 좀 봐.

행선   (앞장서 걷기만)

행자   (보고, 바짝 붙으며) 근데 진짜 웬일이야? 쇼핑을 다 하자 그러구? 나
        뭐 사줄 건데? 구두가 너무 낡았지 그치? 아니면 옷? 가방? 응? 응??

행선   (화장품 코너로 간다)

행자   어 그래. 나 아이크림 떨어졌는데, 아이크림 하나 보자. (다가서는데)

행선   (점원에게) 기초라인 보는데요. 최대한 자극 없고, 진정성분 많이 함
        유된 걸루요.

직원   네 잠시만요. (제품 고르는)

행자   (실망한 듯) 뭐야. 내 꺼 보는 거 아냐?

행선   (그 질문엔 대꾸 않고) 해이는 민감한 피부라 화장품 암거나 썼다간 얼
        굴 뒤집어져. 트러블 한번 생기면 가라앉는 데 한참 걸리고. 많이 사

가면 좋겠지만 화장품도 유효기간이 있으니까… 미리 알아두라고.

행자   (어쩐지… 입 삐죽거리며 김 샌 표정이고)

행선   참, 클렌저도 좀 보여주세요. 젤 타입으로 순한 거 뭐뭐 있어요?

S#19. 더프라이드 학원 외경 (N)

치열(E)   안녕 애들아~

S#20. 더프라이드 학원 강의실 (N)

고3 대형 강의다.

치열, 강단에 서 학생들 둘러보는데… 다크서클 한가득인 아이들, 엎드렸다 막 일어난 아이들, 손톱 물어뜯는 아이… 오늘따라 유난히 지쳐 보인다.

치열   (보며) 기운들이 없네? 많이 피곤해?

학생들   네….

치열   그래, 그럴 때지. 몸도 지치고, 수능 가까워오니까 심적으로도 막 쫄리고.

학생들   맞아요….

치열   이제부터가 진짜 시작이다. 멘탈 관리는 내가 못해줘 본인이 해야지. 그것만 너희들이 해. 나머진 내가 다 해줄 테니까. 오케이?

학생들   네….

치열   자, 그럼 가보자고! 오늘은… (하는데)

여전히 불안하고 지쳐 보이는 아이들. 엎드려 있거나, 초조해 손톱을 뜯거나, 잠을 깨려 제 볼을 탁탁 두드리는 등등….

치열   (애써 목소리 힘줘) 와, 이렇게 텐션 안 맞춰준다고? 수능 코앞인데?

학생들	으~~ (수능 얘기에 예민하게 반응하는)
치열	근데! 그 얘기는 곧 뭐다? 이 지긋지긋한 입시지옥도 끝난단 얘기지! (웃는데)

쿵! 하는 소리와 함께 한 여학생이 의자와 함께 옆쪽으로 쓰러진다.

학생들	아악~ (소리 지르고)
치열	!! (놀라 쓰러진 여학생한테 뛰어가는 모습에)
효원(E)	약 부작용 같대요.

S#21. 치열 차 안 (N)

효원, 치열 차 운전하고, 치열 뒷자리에 앉아 효원에게 듣고.

치열	약? 무슨 약?
효원	애들이 집중력 높이려고 먹는 약이 있는데, 원래 ADHD 치료제거든 요. ADHD 증상 없는 사람이 먹으면 부작용이 좀 있나봐요.
치열	아… 왜 그렇게까지…. (안타까운 표정 지으면)
효원	그러니까요. 막상 집중력에는 별 효과 없나보던데… 그냥 플라시보 일 확률이 높대요. 근데도 너무 불안하니까 지푸라기라도 잡는 심정 으로.
치열	하… 참…. (마음 안 좋은데… 휴대폰 벨 울린다. '전종렬'이다. 받는) 어 종 렬아.

S#22. 삼겹살집 (N)

치열과 종렬, 마주 앉아 불판에 삼겹살 올려놓고 소주 마시는.

종렬	…맞아. 애들이 별걸 다 먹더라고. 에너지드링크에 고카페인 음료

에 그런 치료제까지. 학교에서 자제해달라 공문도 몇 차례 보냈는데 참…. (술 마시는)

치열 　근데 한편으론 이해가 돼. 밥 먹고 공부밖에 안 하는 애들인데, 시험 한 번에 인생이 왔다 갔다 하잖아. 얼마나 쫄리겠냐. 그런 치킨게임 같은 입시 시스템에 결국 나도 일조를 하는 거고. 결로 돈 벌어먹고 살잖아 내가. (쓸쓸하게 술 마시는)

종렬 　(보며) 별일이다? 뭘 새삼스럽게.

치열 　그러니까. 참 새삼스럽게.

종렬 　(잔 채워주며) 오바하지 마, 자의식 과잉이야 인마. 교육계나 부모들 인식 전반의 문젠데 일개 일타강사가 자각한다고 그게 뭐 해결이 되냐?

치열 　아… 일개 일타강사. 갑자기 현타 온다.

종렬 　억울해할 거 없어. 일개 교사도 여기 있으니까. (짠 하고 한 모금 또 마시는)

치열 　(피식, 웃고 마시는)

종렬 　입시 시스템까진 모르겠고, 당장 내 고민은 수업 레벨을 엇다 맞춰야 되나 이런 거야. 애들 편차가 워낙 심하니까. 최상위권만 끌고 가기도 그렇고 평균에 맞추자니 중딩 때 마스터했네 이미 풀어봤네 이딴 소리나 하고.

치열 　분반을 해보지 상중하로. 우열반 어쩌고 부작용이 있긴 하겠지만 수업 레벨 조정하는 덴 그 방법이 젤 낫지 않아?

종렬 　한번 얘기 나온 적은 있는데, 애들 성적으로 나누는 거 같아 별루더라고 난.

치열 　그렇게 생각할 것만도 아냐. 뒤늦게 공부해보겠다고 맘먹는 애들도 있잖아. 걔들은 기초부터 다져야 되는데, 걔들까진 끌고 가줘야 될 거 아냐. 그럼 훨 낫지 그게.

종렬 　(그런가? 싶다. 골똘히 생각하는)

치열 　(피식) 그래도 좋은 선생님이네. 그런 고민도 하고.

종렬	어쭈. 또 잘난 척. 너너, 학교 때도 그랬어 너. 뻑하면 잘난 척하고 사람 꿰뚫어보는 척 조언하고. 너 재수 없어 하는 애들 은근 있었던 거 모르지.
치열	진짜? 그때부터 그랬냐? 아 난 어쩔 수 없는 일타 체질인가봐.

종렬 웃으며 좋겠다 잘나서, 잔 부딪히고. 치열 웃으며 마시고.
오랜만에 친구와의 술자리가 즐겁다. 잘 익은 삼겹살 종렬 접시에 놔주는.

S#23. 행선집 거실 (N)

화장품이며 속옷, 생리대, 약 등 사온 물건들 늘어져 있고.
행선, 캐리어에 차곡차곡 챙겨 담고 있다. 행자는 옆에서 시큰둥하게 보고 있는.

행선	……. (조용히 꼼꼼하게 물건들 싸면)
행자	아 대충 해. 어디 무인도 가니? 왜 유난이야 애가….
행선	……. (대꾸 없이 약 챙기다) …해이 편두통 자주 와. 이 약 저 약 먹여봤는데 이게 젤 나. 그리고 해이가 위가 좀 약해서 일반 와이어 있는 브라보다는 면으로 된… (하다 말 멈춘다. 생각이 복잡한 듯 긴 한숨 내쉬면)
행자	내가 물어볼게. 물어본다고. 물어보고 사면 될 거 아냐 해이한테.
행선	…….
행자	응? (짜증난다는 듯 보면)
행선	…걘… 괜찮다 그런단 말야….
행자	뭐?
행선	비싼 거 살까봐 괜찮다 그런다고. (…) 그니까 알고 있으라고 언니도. (다시 챙기면)

행자	(행선 말에 멈칫한다. 얘… 진심이었구나 해이 키우는 데…. 살짝 당황하는데)

이때 방에서 나오던 해이, 늘어져 있는 물건들 보고 멈칫한다.

해이	이게 다… 뭐야?
행선	(담담하게) 너 주로 쓰는 것들. 일단 생각나는 대로 챙겨봤는데… 더 필요한 거 있으면 얘기해. 한 번 더 나가서…
해이	(o.l/행선이 마음 쓴 게 속상해 날카롭게) 이걸 뭐하러 사 쓸데없이?!
행선	(보며) 왜 쓸데가 없어. 가서 사더라도 일단 적응하는 동안엔 이거부터…
해이	(캐리어에서 물건들 도로 빼며) 됐어, 필요 없으니까 가서 환불해.
행선	…야 무슨 환불… 그냥 가져가, 이왕 산 거. (다시 넣는데)
해이	됐다고! 필요 없다고!! (다시 빼내 거칠게 놓는)
행선	!! (본다. 해이의 행동에 마음 상해) 해이 너 왜 그래? 이모가 너 필요한 거 선물로 사줄 수도 있지, 왜 이렇게 예민하게 구는데? 사준 사람 마음은 생각 안 해?!
해이	그러는 이몬, 왜 받는 사람 마음은 생각 안 하는데? 받는 사람이 필요 없다잖아, 받는 사람이 싫다고! 싫다는데 왜 오바냐고 대체?!
행선	(!!!) 너 진짜… 너무 심한 거 아냐? 어떻게 이모 마음을 이렇게… 어? 그래도 우리가 십몇 년을 한 식구로 살았는데, (섭섭했던 마음이 폭발하는) 그래. 엄마 따라가는 거 그거 니 맘이야. 안 말려. 그렇다고 무 자르는 거처럼 그동안 같이 산 정을 그냥 싹둑, 어? 말끝마다 엄마랑 난, 엄마랑 난 그래가면서… 꼭 그래야겠니 이 싸가지야?!!!
재우	(큰 소리에 놀라서 방에서 나오고)
해이	그래, 나 싸가지야. 이렇게 생겨먹은 걸 어쩌라고. 그러게 좀 착하게 나 키우지!!
행선	뭐? 씨… (보며 눈물 그렁그렁) 나쁜 기지배. (곧 눈물 나올 것 같아 휙 방

으로 가는)

해이   (마음 아프다. 역시 눈물 그렁그렁해선 방으로 들어간다)

재우   (놀란 채 행선과 해이 번갈아 보고)

행자   (마음이 안 좋다. 얘넨… 생각보다 더 끈끈한 가족이 되어 있구나…)

S#24. 행선집 행선방 (N)

방으로 들어온 행선, 울컥한 마음을 가눌 길이 없다.

털썩 주저앉아 마음 가라앉히려는데

화장대 위, 해이가 선물이라며 줬던 손목쿠션이 보인다.

쿠션 집어 만지작거리는 행선.

서운함과 슬픔이 더 큰 파도로 밀려온다.

삐져나오는 눈물을 손등으로 쓱 닦곤 다시 벌떡 일어서는.

S#25. 행선집 욕실 (N)

행선 막대 솔로 벅벅 욕실 바닥 청소 중이고, 문 열고 들어오는 행자.

행자   (눈치 보며) …나, 손 좀….

행선   (말도 없이 비켜주곤 욕조 벅벅 닦는)

행자   (계속 눈치 보며 손 씻고… 손 탈탈 털고 나가며 또 힐끗 본다)

행선   (입 꾹 다문 채 벅벅 닦기만)

행자   (상한 맘을 어쩔 줄 몰라 저러고 있는 게 너무 보인다… 뭔가 계속 맘이 불
        편한)

S#26. 행선집 해이방 (N)

책상 앞에 앉아 있는 해이. 맘이 아프긴 행선보다 더하다.

애써 아픈 마음을 누르며 책을 펴는데, 책 위로 눈물이 뚝뚝 떨어진다.

자꾸만 흐르는 눈물에 일어나 침대로 퍽 엎어지는 해이.

이불 뒤집어쓰곤 들썩들썩 흐느끼고.

해이 상태 확인하려 빼꼼 문 열고 보던 행자.

그런 해이 모습 보며, 행선 때문에 마음이 괴롭구나… 이래저래 생각이 많아지는.

S#27. 다음 날/ 국가대표 반찬가게 외경 (D)

해이(E) 나 학교 가.

S#28. 행선집 현관 (D)

교복 입은 해이, 현관에서 신발 신는다.

재우 욕실에서 나와 수건으로 얼굴 닦으며 제 방으로 들어가려면.

해이 (보고) 삼촌. 잘 갔다 오라고 안 해? 나 퇴원하고 첫 등굔데?

재우 (영혼 없이) 잘 갔다 와. (방으로 들어가 버리고)

해이 (보다가 작은 한숨 내쉬며) 다녀오겠습니다. (현관문 열고 나가는데)

베란다 쪽에서 빨래 걷어 나오던 행선, 그런 해이 뒷모습 본다.

쟤가 아침도 안 먹고… 얼른 주방으로 가 잘라놓은 사과 비닐봉지에 넣으며 나와 따라 나가려다 멈칫하곤.

행선 (안방에 대고) 언니. 언니~~

행자 (나오는) 어 왜.

행선 (사과 든 비닐 내밀며) 이거 얼른 따라 나가 해이 줘. 해이 아침에 빈속이면 속 쓰려해. 가면서 먹으라고.

행자 (보며) 니가 주지 왜?

행선 아 그냥 언니가 줘. 빨리빨리. 벌써 나갔단 말야, 빨리. (재촉하면)

행자 (등 떠밀려 나가며 복잡한 표정)

국가대표 반찬가게 앞 (D)

집에서 나온 해이, 터덜터덜 학교 쪽을 향해 걸어가는데.

행자(E)	해이야!!
해이	(돌아보면)
행자	(다가선다. 사과 든 비닐 건네며) 야. 행선이가 너 주래.
해이	(본다. 행선의 이 마음도 가슴이 아프다…)
행자	(그런 해이 마음 다 읽힌다. 보며) 안 받아? 빈속이면 속 쓰리다며 너.
해이	(가만히 받아 드는)
행자	가. 학교 늦겠다.
해이	(잠시 머뭇하다) 이따 수업 끝나구 쌤한테 얘기할 거야. 그렇게 알아.
	(돌아서는데)
행자	(얼른) 저기 해이야!

해이 다시 돌아보면
행자 얼른 주머니에서 휴대폰 꺼내 '찰칵' 해이 사진 찍는.

해이	(찡그리며) 뭐야 갑자기?
행자	그냥. 우리 딸 학교 가는 거 첨 보잖아. 너무 이뻐서. (사진 보며) 와 진짜 이쁘다. 나 닮아 그런가 얼굴두 이쁘구. 교복두 너무 잘 어울리구.
해이	(뭐야… 하는 표정 짓곤 다시 시크하게 돌아서 가는)
행자	(그렇게 가는 해이 모습을 애틋한 얼굴로 한참을 보고 서 있는)

S#30. **법정 (D)**

피고인석에 나란히 선 선재모와 선재부. 재판장의 판결 선고를 듣는.

판사	…이같이 피고인의 시험지 유출행위로 공교육의 공정성을 훼손하고

정직하게 노력하는 다른 학생들에게 피해를 준 사실이 인정되나, 피고인인 자녀의 자백으로 즉시 그 피해를 복구하였고 피고인이나 피고인의 자녀가 이 사건으로 직접적 이익을 얻지 않은 점, 피고인이 이후 죄를 자백하고 진심으로 뉘우치고 있는 점 등을 고려하여 피고인에게 벌금 1천만 원을 선고한다.

선재모   (선고 듣고 가만히 눈 감고)

선재부   (다행이다… 하는 느낌으로 선재모 어깨를 잡는)

S#31. 법정 앞 (D)

판결 선고 받고 나오는 선재모와 선재부. 서로 쳐다보지는 않고.

선재부   다신 변호할 일 만들지 마. 나 형사 전문 아닌 거 알지?

선재모   그래도 최선의 결과 받아냈잖아.

선재부   당신이 잘 뉘우치고 수사에 협조한 덕이지. 내가 뭐 한 게 있나.

선재모   옆에 있어줬잖아.

선재부   (선재모를 본다. 이런 살가운 멘트를 한 게 얼마만인가…)

선재모   왜.

선재부   아니. (다시 시선 앞으로 던지는데)

선재모   (선재부 보며) 밥 먹고 갈래 집에서… 애들이랑?

S#32. 선재집 주방 (D)

식사하는 선재부, 선재모, 희재, 선재.
오랜만에 하는 가족 식사자리에 수저 달그락거리는 소리만 들리는.

선재모   급하게 하느라… 찬이 없네. 담엔 해이네서 좀 사와볼게.

선재부   (피식) 당신답네. 하는 게 아니라 사온다니 참.

선재모   할 수 있는 걸 하겠다고 해야지. 공수표 날리면 안 되지. (하며 희재 힐

	끗 보곤, 계란말이를 희재 밥그릇에 놔주는)
희재	(멈칫, 하다 이내 선재모가 놔준 계란말이 먹는)
선재	(아직 걱정되는 듯 선재모 보며) 그럼 엄마 감옥엔… 안 가도 되는 거 맞죠?
선재부	(대신 답하는) 응. 근데 변호사 일은 당분간 못할 거야 징계를 받아서. (선재모 보며) 이참에 좀 쉬어. 그동안 너무 앞만 보고 달렸어.
선재모	그래야지. (하곤 희재 보며) 희재야.
희재	(보면)
선재모	엄마랑 둘이… 여행 갈래?
희재/선재/선재부	(뜻밖의 말에 놀라서 보는)
단지(E)	해이야~!!

s#33. 우림고 2-1 교실 (D)

교실로 들어서는 해이를 와락 껴안는 단지.

단지	잘 왔다 내 베프. 진짜 반가워~ 아 나 너무 감격스럽다 진짜.
해이	(웃으며) 야 아퍼. 나 아직 완쾌 아니거든?
단지	(얼른 놔주며) 어 미안. 미안미안.
건후	(반색하며) 헤이 남해이! 웰컴~ (다가와 손 올리는)
해이	(웃으며 하이파이브 하고)
건후	어때. 오랜만에 학교에 다시 컴백한 소감이?
해이	좋아. 예전엔 몰랐는데, 오늘 오면서 보니까 우리 학교 교정이 참 이쁘더라? 알았으면 진작에 사진도 많이 찍어두고 그럴걸.
단지	지금부터라도 찍으면 되지. 아직 우리 일 년은 더 남았거든 여기 올 날?
해이	……. (쓸쓸하게 웃는데)

이때 등교하던 수아, 해이 보고 멈칫한다. 이내 해이한테로 와.

수아	왔네 남해이?
해이	빵수아 오랜만이다? 잘 지냈어?
수아	뭐 딱히. 너 없으니까 지루해서. (하곤 가방에서 노트를 꺼내 툭 던지듯 건네는) 그동안 너 수업 빠진 거 필기. 심심할 때 보라고. (하곤 시크하 게 가는)
단지/건후	오 빵수아, 저게 웬일이래? / 은근 착하다니까 빵수아?
해이	(수아 식의 환영에 피식, 웃고 교실 둘러본다. 여기도 이제 얼마 안 남은 건 가…)

S#34. 행선집 행선방 (D)

홀로 생각에 잠겨 있는 행자.
폰을 꺼내 아침에 찍은 해이 사진을 들여다본다.

행자	…진짜 이쁘네… 잘 컸다….

해이 얼굴을 확대해 손으로 쓰다듬으며 한참을 보다가
이내 결심한 듯 일어나 구석에 있던 본인 캐리어를 열고 짐 챙기기
시작하는.
(E) 수업 시작을 알리는 종소리

S#35. 우림고 2-1 교실 (D)

아이들 막 자리에 앉고. 옆자리의 건후, 해이 쪽으로 훅 얼굴 들이밀며.

건후	나 어제 학원 등록했다? 기초과정이긴 한데… 한번 들어나볼려구.
해이	잘했네. 그럼 이제 나 필요 없지?
건후	아닌데. 필요한데. 학원 수업 쫓아가려면 더 필요하지. 나 버릴 생각 마라 너.

해이	(대답은 않고 피식, 웃기만 하는데)
종렬	(들어온다. 자리에 서곤 해이 보고) 어 반장. 반갑네?
해이	안녕하세요. (웃는)
종렬	자~ 빈자리 땜에 좀 허전했는데 해이도 오고, 오늘은 꽉 찬 마음으로 수업할 수 있겠지? 기말까지 진도 급하다. 175페이지.
아이들	(막 교재 펴고 어수선한데)
해이	(징~ 문자벨이 울린다. 얼른 휴대폰 열어 문자 확인하면)

#. 문자 인서트

"해이야 미안해. 고맙고. 또 보자 – 엄마"

잠시 멍… 문자를 보던 해이.
이게 무슨 뜻이지? 생각하다가 이내 그 뜻을 알아차린다.

해이	!! (저도 모르게 자리에서 벌떡 일어서고)

S#36. 우림고 교문 앞 (D)

멀리 해이가 있을 교실 쪽을 바라보고 서 있는 행자.
화려한 옷차림에 모자, 한 손엔 선글라스 다른 손엔 캐리어를 든 모습이다.
눈물이 맺힌 채 한참을 바라보다, 이내 정색하고 다시 선글라스를 끼는 행자.
다시 돌아서 캐리어를 끌고 또각또각, 걸어가는 모습에.

행자(E)	행선아. 잘난 동생아. 뻔뻔한 언닌 또 이렇게 간다.

S#37. 행선집 거실 (D)

잠시 짬을 내 집으로 들어오는 행선.
어질러진 수건이며 옷, 과자봉지 등 행자가 어질러놓은 걸 손 닿는 대로 치우는.

행선   아으. 아으. (고개 저으며 치우다가 멈칫, 테이블 위에 놓인 편지를 본다. 이 게 뭐지? 집어서 펴보는)

행자(E)   너랑 해이 보면서, 내가 살면서 첨으로 쪽팔림이란 걸 느꼈다. 그래, 나 쪽팔려서 가. 행여 걱정할까봐 미리 얘기하는데 이번엔 아무것도 안 훔쳤어. 그러니까 부랴부랴 통장, 귀금속 그런 거 확인할 필요 없어.

행선   ! (놀라 편지 든 채 얼른 안방으로 들어가 보는)

S#38. 행선집 행선방 (D)

행선 들어와 보면 싹 정리되어 있는 안방.
행자의 캐리어도 진짜 없다. 다시 편지 보는.

행자(E)   대신 추억 몇 개 훔쳐간다.

행선   ! (보면, 화장대 서랍장 하나 삐죽 튀어나와 있고)

행자(E)   니 화장대 서랍에 있던 앨범, 거기서 해이 사진 몇 장 뺐다. 자라는 거 옆에서 지켜봐주지도 못했는데 기억은 하고 싶어서. 젤 못 나온 사진 들로 뺐으니까 너무 원망은 말고. 어차피 니가 갖고 있어봤자 해이 흑역사밖에 안 돼. 내가 잘 꿍쳐둘게.

행선   (피식… 어이없어 웃지만… 눈엔 눈물 그렁그렁해지는)

행자(E)   해이는 내 딸이지만… 이번에 보니 니 딸이더라. 그냥 우리 딸인 걸 로 하자. 배 아파 낳은 걸로 치면 내가 손해긴 하지만.

S#39. 버스정류장 (D)

서 있는 행자 앞으로 공항버스 와 서고, 올라타는 모습에.

행자(E) 해이 입시 끝나면, 일본 놀러와. 최쌤도 같이. 일등석 타고 와라. 괜히 자존심 챙긴다고 객기 부리지 말고. 솔직히 남들이 보면 니가 대박난 거 같지만, 따져보면 대박난 건 최 선생이다. 너 같은 여자를 어디서 만나니. 언니가 버리고 간 조카를 이렇게 야무지게 길러낸, 그러고도 뻔뻔하게 돌아온 언니를 내쫓지도 않고 못 이기는 척 받아주는 바다 같은 아량을 지닌 품 넓은 여자를. 이건 아부 아니다. 진심이야 기지 배야. 혹시라도 최 선생이 너 울리면 나한테 일러. 그땐 제대로 언니 노릇 해볼라니까.

창가석에 앉는 행자.
미련이 남는 듯 행선네 집이 있는 쪽을 다시 돌아본다.
버스 출발하고. 그렇게 멀어져가는 행자 모습에서.

행자(E) 그럼 또 볼 때까지… 사요나라.

S#40. 몇 주 후/ 동네 전경 (D)
학생들 저마다 걸어와서, 또는 차에서 내려 학원으로 들어가고.
여느 때와 다름없는 평일 학원가 풍경 보이며.

S#41. 카페 (D)
아이스커피 한 잔씩 앞에 두고 마주 앉아 있는 치열과 종렬.
종렬, 치열에게 프린트물 건네며.

종렬 야 대충 봤어. 학교 선생한테 지 교재 검수 부탁하는 강사가 어딨냐 세상에?

치열 야 그럴 수도 있지. 학교 땐 니가 과톱도 더 많이 했잖아 자식아. 몇 개 되지도 않는 거 좀 풀어봐 줬다고 유세는.

종렬	술이나 사 나중에 자식아.
치열	안 그래도 살라 그랬어 자식아. (웃는데)
혜연(E)	최치열 선생님?
치열	?? (말 멈추고 보면)

혜연(7부 47신의 소개팅녀)이 반갑다는 얼굴로 치열 보며 서 있다.

(컷)	종렬은 가고 혜연과 마주 앉은 치열. 이 상황이 영 어색하다.

혜연	(커피잔 내려놓으며) 잘 지내셨어요?
치열	네 저야 뭐. 아 혜정씨는…
혜연	(o.l) 혜연이요.
치열	(바로) 아 네. 혜연씨는… 잘 지내셨죠?
혜연	아뇨, 못 지냈어요. 인터넷 여기저기 최 선생님 기사 뜨고, 그거 잠잠해지니까 또 광고 뜨고, 전광판에 버스에 얼굴 막 붙어 있고. 잊을래야 잊을 수가 있어야죠.
치열	아… 학원에서 홍보활동을 좀 가열차게 해서…
혜연	(o.l) 그 여자 예뻐요? 아니다. 됐어요. 나보다 예뻐도 짜증나고, 안 예뻐도 열 받아.
치열	(멋쩍게 웃는)
혜연	저 유학 가요. 그쪽 때문은 아니구, 음악 더 제대로 하고 싶어서요.
치열	아 멋지네요. 잘되시길 응원할게요. 좋은 사람도 꼭 만나실 거예요.
혜연	치… 멋지면 본인이 만나주든가. 어이없어. (하곤 피식 웃는)
치열	(같이 피식 웃는데)

구석 테이블, 치열을 알아본 여자 손님. 제 폰으로 슬쩍 그 모습 찍는.

S#42. 국가대표 반찬가게 주방 (D)

재우 손목 잡고 들어와 바깥 기척 살피곤 산삼 한 뿌리를 내미는 영주.

재우	이게, 뭐야 누나…?
영주	장뇌삼. 자그마치 6년근이랜다. 엄마한테 선물 들어온 건데 내가 한 뿌리 슬쩍 해왔어. 너 요새 기운 없는 거 같아서.
재우	아… 그거 되게 쓴 거지. 나 옛날에 먹어봤는데.
영주	원래 몸에 좋은 게 입에 쓴 거야. 얼른. 행선이 오기 전에 얼른. (재우 입에 넣으면)
재우	(영주가 주는 거니 꾹 참고 질겅질겅 씹어 먹는)
영주	(웃으며) 으구 착하다. 으구으구. (재우 엉덩이 토닥토닥 해주는데)
행선(E)	스토옵! 스톱스톱, 동작 그마안~~
재우/영주	(삼 입에 문 채 얼음) / (역시 얼음 되어 돌아보면)
행선	(딱 걸렸다는 표정으로 팔짱 낀 채 입구에서 두 사람 보고 있는)

S#43. 국가대표 반찬가게 (D)

행선 눈치 보며 나란히 앉아 있는 재우와 영주. 행선 취조하듯 보며.

행선	…언제부터야? 둘이?
영주	얼마… 안 됐어. 해이 퇴원하기 한 주 전쯤인가?
재우	한 주 아니구 3일.
영주	어, 3일이래. (하고 다시 눈치 보는)
행선	하 참… 등불 밑이 어둡다더니 내가 진짜 어이가 없어서.
재우	남행선 누나. 등불 밑이 아니라 등잔 밑.
행선	아 잔이나 불이나 이 의뭉스런 놈아, 애니웨이. (영주 보며) 니가 더 나빠 기지배야. 어뜨케 그런 걸 비밀로 하고, 아니 것보다 너 대체 무슨 마음이야? 진지한 감정이긴 한 거야 우리 재우에 대해서?

영주	(발끈해) 그럼 내가 장난으로 이런다구? 너 당황스런 건 알겠는데, 그 딴 식으로 우리 감정을 매도하진 마라, 듣는 우리 기분 나쁘니까.
행선	진짜? 진심이라구? 재우 너두?
영주/재우	(동시에 고개 끄덕끄덕하는)
행선	(그런 둘 미심쩍게 보다가, 그렇다면… 하고 슬쩍 미소 짓는데)

이때, 문 열리고 단지모가 들어선다.

행선/영주/재우	(일어서며) 아 왔어요? / 안녕하세요?
단지모	네… 저기 삼색나물이랑 두부조림 좀 살려구.
영주	삼색나물이랑 두부조림이요. 잠깐만요. (팩 찾아 비닐에 넣는데)
단지모	(행선 눈치 보며) 저기 해이 엄마. (은밀하게) 혹시… 최쌤이랑 헤어졌어?
행선	에? 아뇨. 근데… 왜요?
단지모	아니 왜냐마냐… 아 나 이거 제보를 해야 돼 말아야 돼. (눈치 보는 표정에서)

(컷)	휴대폰 들여다보고 있는 행선과 영주, 그리고 재우.

#. 화면 인서트
웃고 있는 치열과 혜연 사진에 '최치열 새여친'이라 쓰인.

재우	…와 이쁘다~
영주	(행선 눈치 보곤) 야 이쁘긴. 딱 봐도 성형미인이잖아. 눈도 손대고 코도 손대고 응? 야, 그새 턱도 손댄 거 같지 않냐 응? 행선아?
행선	…….
영주	야 신경 쓰지 마. 어디 어두운 바 같은 데도 아니고 까페다 까페. 아는 사이에 까페에서 커피 한잔 할 수 있지. 촌스럽게 이런 거 가지구 무

승 호들갑을 참.

재우   근데 새여친이라는데, 치열이 매형? 댓글도 봐봐. '최치열 정신 차렸
       네. 반찬집 이모 버림?' '새여친 명품족인 듯' '이제야 치열 쌤과 여
       친 레베루가 맞는듯ㅋㅋ' '새여친 인정. 행복해라 최철'

영주   (고만해라 툭, 치며) 아니 지들이 뭘 안다고 남 연애사에 이러쿵저러쿵
       참. 할 일 없는 것들. (행선 보며) 야, 그냥 유명세라고 생각해 응? 스타
       랑 연애하려면 이 정도 루머는 감수해야지 뭐. 너 최쌤 믿잖아. 믿지?
       응? (하다 뻘쭘해) …안 믿나? 난 믿는데. 나만 믿나? 큼. (계속 눈치 보
       는데)

행선   (생각에 잠겨 있다가… 결심한 듯 앞치마 벗)

영주   (보며) 야 어디 가게? 설마 너, 최쌤한테 가는 거야? 진짜?

행선   좀 나갔다 올게. (나가는)

영주   야, 자초지종부터 들어보구~ 응? 경솔하게 화부터 내지 말구! 너 설
       마 폭력 쓸 건 아니지? 때리더라도 왼손으로 때려 너 오른손잡이니
       까~~ (하는데)

이미 문 닫힌.

영주   아 저거거 뭔 사달 날 거 같은데. 딱 핸드볼 그만둘 때 표정인데 저거.

재우   그럼 헤어지는 거야 치열이 매형이랑?

영주   글쎄, 최악의 경우엔? (하다 떠보듯) 근데… 진짜 이쁘냐 그 여자? 니
       눈에도?

재우   (당연하다는 듯) 응. 보통 그런 얼굴은 내 눈뿐 아니라 누구 눈에도 다
       이쁘지.

영주   나보다?

재우   그럼. 당연히 누나보다… (하다가 영주 레이저에 아차해) 아… 그니까
       사전적 의미로 예쁘다는 건 생긴 모양이 아름답다는 뜻인데, 그건 객

관적인 관점이고 내 관점에서 보자면 그래도 귀엽고 매력적인 건 누
나같이 생긴 사람인데… 음… (말 막히면)

영주   (보며) 해결이 안 되지? 점점 수렁에 빠지고 있지?

재우   (정직하게 끄덕끄덕)

영주   (손으로 재우 얼굴 앞면 쓸어 뭉개는)

S#44.   치열 연구소 내 사무실 (D)

치열, 초조하게 행선에게 전화 걸고 있고.
그 옆에서 효원 휴대폰으로 게시글과 댓글 계속 살펴보고 있는.

효원   (읊는다) '여자 개이쁨' '그래도 생각보단 반찬집 이모랑 오래 간 듯'
'이제야 끝이 맞는 느낌적인 느낌? ㅋㅋ' '최철 입 찢어지는 거 봐라.
겁나 좋은가봉가' (보며) 와 댓글 수위 장난 아닌데요? 보면 진짜 열
받으시겠어요.

치열   (전화 끊으며 깊은 한숨) 하아….

효원   계속 꺼져 있어요?

치열   어. 아무래도 일부러 꺼놓은 거 같애. (초조해 죽겠다. 끊고) 아~ 어쩌
지? 어쩌지 어쩌지? 나 어떡하지 이제? 어떡해야 될까, 어? 효원아.

효원   아 참. (생각하다 치열 보며) 쌤. 그분이랑 끝까지 가실 거죠?

치열   어.

효원   그 맘 변하지 않을 자신 있죠?

치열   그럼 있지. 아 뭔데. 빨리 얘기해~ 나 어지럽단 말야.

S#45.   주얼리 매장 (D)

프러포즈 반지 고르는 치열과 효원.

효원   장난 없는데요? 이쁜 게 너무 많아요 쌤.

치열	아 나 프러포즈는 수능 끝나고 할 생각이었는데.
효원	비상상황이잖아요. 일단 급한 불부터 꺼야 되는데, 전 이 방법이 유일하다고 봅니다.
치열	혹시 더 화를 돋운다거나 긁어 부스럼 만들진 않겠지? 워낙 독특한 여자라.
효원	아 쌤~ 강의하실 때 쓰는 카리스마 좀 끌고 오세요. 이런 상황에선 딱 남자답게! 응? 난 너밖에 없다, 너한테만 직진한다, 이게 내 마음이다!
치열	(외우듯) 난 너밖에 없다… 너한테만 직진한다… 이게 내 마음이다….
효원	부담은 갖지 마라! 프러포즈한다고 당장 결혼하자는 거 아니다! 너를 향한 이, 불타는 마음을 보여주고 싶은데 이 방법 말곤 생각이 안 났다!
치열	야씨… 너무 길잖아. 줄여줄여….
효원	(하… 한심하단 듯) 일단 반지부터 고르세요. 금이요 아님 다이아.
치열	(잠시 생각하다) 금에 다이아 박힌 거.

S#46. 국가대표 반찬가게 외경 (N)

S#47. 국가대표 반찬가게 (N)

깔끔한 슈트에 넥타이까지 매고 긴장한 표정으로 서 있는 치열.
손에는 반지케이스 들려 있고.
해이와 재우도 걱정스러운 표정으로 옆에 서 있다.
영주는 계속 행선에게 전화 걸어보고 있는.

| 영주 | (끊으며) 꺼져 있어요. 아니 얜 그러구 뛰어나가서 어딜 돌아댕기는 거야. (치열 보며 핀잔주듯) 그러게, 왜 그랬어요? 조심 좀 하시지. |

치열	(변명하듯) 아니 난 그냥 커피 한잔 하자 그래서.
해이	그 커피 한잔이 결국 이 사달을 만든 거네요. 경솔하셨어요 이번엔 쌤이. (하는데)
재우	근데 난 아닌 거 같은데.
해이/영주	? (보면)
재우	치열이 매형은 대략 십오 분? 커피 한잔 마신 거뿐인데. 잘못한 건 그 거 찍어 올리고 맘대로 댓글 달고 그런 사람들이잖아. 근데 왜 치열 이 매형이 혼나야 돼?
치열	(다시 어깨 펴지며) 그러…치. 죽을 죄 진 건 아니지 내가.
재우	(고개 끄덕끄덕하는데)
해이	그렇긴 하지만, 남녀 사이에선 사소한 오해가 갈등을 키우는 경우가 많잖아. 근데 그럴 여지가 있는 일을 왜 만들어? 그냥 선 그으면 끝날 일을.
영주	내 말이. 행선이 말에 의하면 선 긋는 게 특기신 거 같던데, 아니 왜 갑 자기 선을 직선으로 안 긋고 곡선으로 그셨냐고. 둥글게 둥글게, 어?
치열	(다시 깨갱) 맞아요. 다 내 죄야. 내가 행동을 잘못했어 내가. (한숨 쉬 는데)

이때 스쿠터 도착하는 소리 나고. 일동 바깥쪽으로 고개 돌리는.

영주	(보며) 왔어. 왔어왔어.
치열	! (긴장하고)
해이/영주/재우	(딴청하는) / (궁금하단 듯 눈 똥그랗게 뜨고 문 쪽 보고)
행선	(문 열고 들어온다. 치열 보며) 쌤. 여기서 뭐 하세요…?
치열	기다렸어요… 행선씨 전화가 안 돼서.
행선	아. (휴대폰 꺼내며) 급하게 나가느라 밧데리가 얼마 안 남은 걸 몰라 가지구.

해이	(눈치 보며) 저기 난 먼저 들어갈게. 공부할 게 좀 밀려서. (얼른 나가고)
영주	나도. 편의점에 잠깐 좀. (재우 툭툭, 치고 나가는)
재우	(못 알아듣고 두 사람 보고 있으면)
영주	(다시 재우 보며) 재우야, 너도 편의점 간다며. (재우 포박해 끌고 나가는)

행선과 치열, 둘 사이에 어색한 침묵 흐르다

행선/치열	(동시에) 저기… / 저기…
치열	(보며) 먼저… 해요.
행선	아니에요. 쌤 먼저… 해봐요.
치열	(기회다, 얼른) 진짜 우연히 만난 거예요, 종렬이랑 있다가. 아니 너무 쿨하게 커피 한잔하자고, 딱 십 분만 달라 그러는데 뿌리치기가 그래서. 딱 십오 분 마셨어요 커피. 오 분 더 마신 건 그분이 유학 간다고 얘기하는 바람에 끊을 수가 없어서….

S#48. 국가대표 반찬가게 앞 (N)

영주, 재우, 해이 딱 붙어 통창 너머 행선과 치열 보고 있는.

영주	(중계하듯) 치열 쌤이 열심히 항변하고 있는 거 같지? 행선이는 돌아서 있어서 표정이 잘 안 보이는데? 아 걱정되네 진짜….
해이	그러게. 아까 표정은 그렇게 화나 보이진 않았는데.
재우	남행선 누난 원래 진짜 화나면 차분해져.
영주	맞아. 그런 경향이 없지 않아 있지. 아 프러포즈가 통해야 될 텐데. (초조하게 보는)

S#49. 국가대표 반찬가게 (N)

치열	…사진이 찍힐 수도 있는데, 한두 번 겪은 일도 아니면서… 내가 너무

행선	너무 방심했어요. 내 잘못이에요. 앞으로는 절대 이런 일… (하는데)
행선	(o.l) 결혼합시다 우리.
치열	맞아요, 결혼… (하다 멈칫) 뭐요?
행선	(주머니에서 반지케이스 꺼낸다. 열면 18K 커플링이다) 결혼해요. 바로는 안 되겠지만, 일단 찜은 해놔야겠다 싶더라고요 오늘 보니까. 맞다, 이 남잔 여자들이 시도 때도 없이 노리는 인기남이지. 내가 방심했구나, 여유 부릴 때가 아니구나….
치열	(놀라) 남행선씨….
행선	맞아요. 나 지금 프러포즈 하는 거예요. 반지는 그냥 18K 골랐어요.
치열	(그런 행선 멍한 채 보며) 아 이건 아닌데….
행선	아니라니. 거절하는 거예요 지금?
치열	아니, 그게 아니라… 내가 먼저 하려고 했는데. (반지케이스 꺼내 열어 보이면)
행선	!! (커플링 보고 놀라 아무 말 못하는)
치열	진짜 상상을 초월하네 남행선. 어떻게 이 상황에서 프러포즈할 생각을 하냐…. (웃으며 행선이 준비한 반지와 제 반지를 행선 손에 나란히 껴주고 저도 끼는)
행선	(행복한 미소. 반지 보며) 와 완전 비교된다. 이거 엄청 비싼 거 같은데.
치열	뭐면 어때. (보며) 오케이, 결혼합시다 우리. 해이 수능 끝나면.
행선	(고개 젓는) 아니. 해이 수능 끝나고. 나 스포츠 지도자 자격증 따면.
치열	(고개 끄덕) 알았어. 내가 도와줄게. (행선 꽉 안아주는데)

이때 문 확 열리고 영주, 재우, 해이 뛰어 들어오는.

영주	야 뭐가 어케 된 거야? 웬 쌍가락지야, 어?
해이	맞잖아. 이모도 프러포즈한 거. 맞죠 쌤? 축하해요~~
재우	(신났다) 와~ 추카해요 치열이 매형. 추카해 남행선 누나~~ (박수 치는)

치열/행선 (재우와 하이파이브 하고) / (쑥스럽지만 행복하게 웃는 모습에)

S#50. 시간 경과 몽타주

#. 학원 앞
추워진 날씨에 종종걸음으로 학원 들어가는 검정 롱패딩의 학생들 모습 위로

행선(Na) 여기는 여전히 대한민국 사교육의 메카, 모 학원가.

#. 거리
치열 얼굴 박힌 버스 획 지나가고, 건물 전광판 뉴스에 수능 자료화면 보이며

앵커(F) 2024년 대입 수학능력시험이 한 달 앞으로 다가왔습니다. 한 달 후면 수능 시험을 위해 준비하고 노력했던 모든 과정을 마무리하게 되는데요…

행선(Na) 떠날 사람은 떠나고

#. 학원 대강의실
치열 수업 듣는 해이, 단지, 건후, 수아.
해이 징~ 진동벨에 휴대폰 보면, 환히 웃고 있는 행자 사진 보이며.

행선(Na) 남은 사람은 이별의 후유증으로 가슴앓이를 해도

#. 선재집 선재방
역시 공부 중인 선재. 책상 앞쪽에 '검정고시 합격증'이 붙어 있고.
문제풀이에 집중하고 있는데 띵~ 문자벨 울린다.

보면, 선재모와 희재가 산행 중 바위에 앉아 찍은 사진이다.

선재, 사진 보며 미소 짓는.

행선(Na)　시간은 또 흐르고

#. 수능 고사장 앞

수능 고사장인 학교 교문 앞 - '2024 대학수학능력시험' 플래카드 걸려 있고.

행선(Na)　오지 않을 것만 같던 그날은 온다.

#. 수능 고사장 교실

1교시 수험생들 긴장 속에 수능 시험 보고 있다.

앞쪽에 앉아 있는 해이, 집중해서 열심히 문제 풀어 내려가는 모습에.

S#51.　국가대표 반찬가게 (D)

태연하게 반찬팩을 진열하고 있는 행선.

그러나 자세히 보면 행선, 반찬팩 집은 손이 덜덜덜~ 떨리고 있다.

행선　(돌아보며) 지금 몇 시지…?

영주　세 시 반. 야 이럴 거면 고사장을 같이 가든지. 너 오늘 백 번은 더 물어봤거든?

재우　백이십 두 번.

영주　둘 다 쎈 척하고 올 거 없네 나도 갈 생각 없네 쿨한 척 하더니, 그냥 같이 가면 좀 좋아 다른 집처럼? 암튼 환상의 짝꿍이야 아주 모녀가. (하는데)

행선　(도저히 안 되겠다. 시간 확인하곤 급하게 앞치마 푸는)

행선(Na)   그리고… 어김없이

(E) 수능 시험 끝종 소리 들리고

S#52. 수능 고사장 앞 (D)
학생들 우르르 고사장에서 나오면
우산 쓴 엄마들 다가서고, 고생했다 등 토닥거려주는 풍경.
그 사이로 가방 멘 해이가 걸어 나오는데.

행선(E)   해이야!!!
해이   ?? (두리번 보면)
행선   (해이를 향해 손 흔들며 걸어오는)
해이   (표정 환해지며) 엄마아~~!!! (행선에게 달려가는)
행선(Na)   햇살 같던 그 아이가 또, 나를 향해 달려온다.

그렇게 다가서는 두 사람의 모습이
2부 16신의 행선, 어린 해이의 모습과 디졸브… 화이트 아웃 되며.

S#53. ACC 컨벤션 센터 외경 (D/ 2년 후)
'수포자를 위한 기초 특강, 최치열이 간다!!' 플래카드 걸린 외경에.
자막 - 2년 후

치열(E)   자~ 이해됐지? 다음, 12번으로 한번 가볼까?

S#54. ACC 컨벤션 센터 소강당 (D)
지원 학생들 대상으로 소강당에서 기초 특강 중인 치열.

치열   (판서하며) 등차수열 a_n의 공차를 d라 하면, $a_{10}-a_7=3d$이니까, $3d=6$, $d=2$가 되겠지? 그럼 우리가 구해야 하는 a_5는 $a_5=a_1+4d=6+8=14$로 바로 나오지? 생각보다 쉽지?

학생들   아뇨~

치열   아, 이게 어려우면 어쩌니 얘들아. 나 울고 싶다 진짜.

학생들   (웃고)

치열   오케이. 그럼 등차수열과 등비수열의 차이는 알지? 모른다고? 응 알려줄게.

S#55. 국가대표 반찬가게 (D)

각자 네 번째 손가락에 반지 낀 영주와 재우, 반찬 포장 중이고.
그 앞엔 단지모 서 있다. 몇몇 손님들 반찬 고르고.

단지모   그래서, 둘인 혼인신고만 한 거야? 식은 안 올리구?

영주   배가 살짝 나와서 드레스 입기 싫어요. 애 낳고, 살 뺀 담에… (하다 입덧이 올라오는 듯 표정 변하고, 손으로 입 막으며 주방으로 뛰어 들어가는)

재우   (놀라) 아… 또야? 어제도 저래서 밥 한 끼도 못 먹었는데….

단지모   어머, 입덧이 심한가보네. 쯧쯔… (하다 쩡긋) 근데 해이 삼촌, 재주는 좋다.

재우   (못 알아듣고) 예? 무슨 재주요?

단지모   아니 그러니까 내 말은, 해이 삼촌이 그… 아… (하다 포기하고 말 돌리는) 그나저나 해이 엄만 웬케 안 보여 요새? 가겐 아예 손을 놓은 건가?

영주   네, 좀 바빠요 행선이. 열공 하느라.

단지모   자격증인가 뭔가, 그거 아직 못 붙은 거야? 아니 뭔 고시도 아니고 몇 번을 떨어져?

S#56. 독서실 (D)

교복 입은 아이들 틈에 껴 앉아 열공 중인 행선.
책상 앞에는 '하면 된다!' '포기는 배추 셀 때나 쓰는 것' '스포츠 일
타 남행선 가즈아!!' 등 야심찬 문구들이 쓰인 포스트잇 붙어 있고.
운동생리학, 스포츠사회학, 운동역학, 스포츠교육학, 스포츠윤리, 한
국체육사 등등의 책이 꽂혀 있다.
열심히 암기하다 '꼬르륵~' 배꼽시계 울리자 보던 책 챙겨 들고 벌
떡 일어나는.

S#57. 편의점 (D)

행선, 교복 입은 여학생 두 명과 앉아 컵라면 놓고 삼각김밥 먹고 있는.

행선   (먹으며) 난, 편의점에서 라면에 삼각김밥 먹는 니들이 진짜 짠하고
그랬거든. 따뜻한 집밥을 먹어야지, 저러면 건강 해칠 텐데…. 근데,
이게 또 그런 게 아니드라구. 공부하려면 MSG가 들어가줘야, 머랄
까… 아밀라아제도 좀 나오고 말야….

학생   (보며) 아드레날린 아니에요?

행선   아 아드레날린인가? 애니웨이! 내 얘긴, 한 살이라도 더 어릴 때 공부
해야지, 머리 굳고 공부하면 나처럼 고생한다고. (하며 후루룩 컵라면
먹고)

S#58. 대학 캠퍼스 (D)

백팩 메고 두꺼운 의학 전공책을 든 해이, 선재와 나란히 걷는.

해이   오늘 건후 수능 응원 파티, 알지? 요 앞에서.

선재   어, 엿 사놨어. 이번엔 꼭 붙어야 될 텐데. 안 그럼 내년에 이 짓을 또
해야잖아.

해이   그러게. 올해는 건후도, 우리 남행선씨도 붙었음 좋겠다. 제발.

선재	아 건후, 차 뽑았다고 가져온다던데?
해이	수능 앞두고 차를 뽑았다고? 헐~
선재	늦게까지 공부하고 집에 가려면 필요하다는데 영… (하다) 어, 빵수아다. 빵수아!

책 보면서 가다 해이와 선재 보고 다가오는 수아. 예전보다 표정이 밝다.

해이	빵수아. 너무 열심인 거 아냐? 좀 놀면서 하지.
수아	내년에 본과 들어가면, 내가 관심 있던 주제를 볼 틈이 없을 거 같아서.
선재	역시. 더프라이드 학원 최고의 아웃풋답네.
수아	(미간 찌푸리며) 아씨… 나 좀 팔아먹지 말래니까 울 엄만 진짜. (짜증 난 표정에)

S#59. 더프라이드 학원 상담실 (D)

학부모 상담 중인 수아모. 이름표엔 '상담실장 조수희'라 쓰여 있고. 벽면 현수막엔 '○○의대 우림고 방수아, ○○공대 명상고 정의주…' 적혀 있는.

수아모	(안경 올리며) 엄마가 너무하셨다. 쫌만 밀어주면, 의대도 너끈히 들어갈 애를.
엄마	(솔깃해) 어머~ 의대요?
수아모	(현수막 '우림고 방수아' 가리키며) 여기, 얘가 내 딸이거든요. 한국대 의대. 여기 학원 올케어반 커리 타고 의대까지 쭉 간, 아주 모범적인 케이스죠. 제가 직접 뒷바라지해본 경험이 있으니까, 저만 믿고 따라오시면 될 거 같은데.
엄마	아 근데 전… 사실 우리 딸 판사 시키고 싶은데.

| 수아모 | 아 그러시구나. 그쪽도 제가 빠삭하죠. 저랑 가깝게 지내는 엄마가 또 변호사거든요? 아무래도 같은 워킹맘끼리 통하는 게 또 많다보니까. (하며 휴대폰 여는) |

S#60. 선재모 법률사무소 (D)

선재모 책상 하나와 비서용 책상 하나, 미니 소파가 있는 아담한 법률사무소.
막 재판 다녀온 듯, 정장 입고 서류케이스 든 선재모 통화하며 들어서는.

선재모	⋯요즘 로스쿨은 나도 잘 모른다니까? (통화하며 비서에게 인사하고) 선잰 로스쿨 갈 생각 없대요. 본인이 싫다면 나도 싫고. 상담할 때 나 좀 그만 팔아먹읍시다 조 실장님. 네 바쁩니다 끊어요. (끊고) 참, 내가 자기 친군 줄 아나. (웃는데)
비서	재판 잘 끝나셨어요 변호사님?
선재모	어. 근데 증인 추가 신청 해야할 것 같애요. 증거목록 좀 찾아줄래요? (하며 앉는데)

똑똑, 노크 소리와 함께 문 열리며 군복 입은 희재 들어선다.

희재	충! 성! (경례하면)
선재모	희재야!! (반색하고 일어서며) 휴가 나온 거야? 미리 전활 하지~
희재	그럼 서프라이즈가 아니잖아요. (웃는 모습에)

S#61. 호프집 외경 (N)

(E) 맥주잔 부딪히는 소리

호프집 (N)

해이, 단지, 선재는 맥주잔 들고 건후는 콜라잔 들고 건배하는.

해/단/선	합격해라 서건후! / 제발! / 내년엔 안 해준다 진짜, 이딴 파티도.
건후	알았어, 하면 될 거 아냐. 안 그래도 슬슬 지겨워서 이제 합격할려구.
해이	언젠 청춘의 특권이라더니… (웃고) 제발 이번엔 좀 가자, 응?
건후	(장난) 어, 설마 너… 아직 나 기다리냐? 아 어쩌지. 애가 대학 가서도 연애 한번 안 하고 버티더라니. 이제 놔줄게 해이야. 이럼 안 될 거 같다 내가 너한테.
해이	까불지 또. 그러다 한 대 맞는다.
단지	와 진짜 추억 돋는다. 옛날에 졸업이 시간에 얘가, 대학 가면 사겨달라고 공개고백 했을 때 진짜 갑분싸였는데.
건후	너무 어렸지 그땐. 세상은 넓고 예쁜 여잔 많은데. (하다) 그러고 보니까 단지 너, 부쩍 예뻐졌다? 혹시 남친 생긴 거 아냐? (장난치면)
선재/해이	뭐래. 애 콜라 먹고 취했다. / 야 가자가자. 쟤 공부해야지. (왁자왁자한)

S#63. **버스정류장 앞 (N)**

버스 기다리고 있는 수아 앞으로 건후 차가 천천히 와 서고.

건후	(창문 내리고) 빵수아!
수아	(보곤, 알아보고) 어… 서건후? 너 웬일이야?
건후	답사. 니네 학교 올 거거든. (하곤) 탈래? 엄칸데, 안전은 보장 못해.
수아	(보다가 피식) 그럼 목숨 한번 걸어봐? (하곤 차 문 열고 보조석에 오르고)

S#64. **거리 (N)**

기분 좋게 걸어가는 해이와 그런 해이 보폭 맞춰 걸어가는 선재.

해이	진짜 안 들어가도 돼 학교? 마무리할 과제 있다며.
선재	집에 가서 하지 뭐. (힐끗 보고) 과제보다 이 타이밍이 더 중요하니까 나한텐.
해이	? (보면)
선재	이제 좀 대답을 주지. 수능 끝나고 생각해본다며. 끝난 지가 언젠데.
해이	(아…) 계속 생각 중이야. (다시 앞 보며 걷는)
선재	언제까지 생각만 할 건데. 너 본과 시작하면 더 바쁠 거고… 난 곧 군대도 가야 되고. 니가 결론을 내줘야 나도… (하는데)

쪽 하고 선재 볼에 기습뽀뽀를 하는 해이.
놀란 선재, 그대로 얼음 되고.

해이	(저지르곤 당황해 훅 앞으로 걸어가는)
선재	(잠시 멍…하다 쫓아가며) 뭐야 방금. 무슨 의미야?
해이	(쳐다보지도 않고) 바보냐? 걸 묻게?
선재	오케이야? 오케이라구? 진짜?? 와 남해이… 와…. (하고 해이 팔 잡으면)
해이	(쑥스러워 그 팔 뿌리치고)
선재	(쫓아가며 이번엔 손잡고, 얼굴에 함박웃음 띤 채 행복한 모습에)

S#65. 독서실 앞 (N)

행선 나오자, 차에서 얼른 내려 다가서는 치열. 행선 가방부터 받으며

치열	공부 열심히 했어?
행선	어, 너무 열심히 해서 어지러. 토할 거 같애.

S#66. 치열 차 안 (N)

치열 운전하고, 행선 옆자리에서 간식으로 소시지 까먹고 있는.

치열	시험이 벌써 낼모레네. 컨디션 어때?
행선	좋아. 이번엔 진짜 꼭 붙을 거 같애. 확실해.
치열	확실한 거 확실해?
행선	어 확실해. 외우는 족족 다 암기가 돼, 이러고 합격 안 할 수가 없어.
치열	지난번에도 똑같이 말한 거 같은데. 혹시 나랑 결혼하기 싫어서 자꾸 떨어지는 건 아니지?
행선	……. (대답 못한다. 자존심 상한다는 듯 치열 째려보면)
치열	알았어 미안. 조심할게. 근데 너무 이해가 안 돼서… (하다 또 눈치 보며) 오케이, 쏘리쏘리. (힐끗, 눈치 보며) 우리 집으로 갈까 오늘은?
행선	안 돼. 시험도 얼마 안 남았는데 쓸데없는 데 기운 빼면 클나.
치열	그냥 손만 잡고 잘 건데, 사람을 뭘루 보구 참.
행선	손만 잡고 잘 거 확실해? 확실한 거 확실하냐고.
치열	…집에 델다 줄게. (속력 올리고)

S#67.   몇 주 후/ 더프라이드 학원 외경 (D)

S#68.   더프라이드 학원 강의실 (D)

강의 중인 치열. 평소와 달리 무지하게 초조한 표정이다.

치열	…그럼, 방정식이 $t^2 - 7t + 8 = 0$(티제곱 마이너스 7티 플러스 8은 0)이 될 거니깐 두 근의 합은??? 근과 계수의 관계 쓰면! 7… (하다 아차해) 이 아니지…? 이게 y, 아니아니 x에 대한 방정식이니깐 근에 대한 합을 구하려면 치환한 방정식에서는 두 근의 곱… 아니 합, 아니 곱!! (하곤 후… 한숨 내쉬고 솔직하게) 미안하다 얘들아. 쌤이 오늘 인생에서 너무너무 중요한 일이 있어서 자꾸 말이 꼬이네. 자 다시.

S#69.   국가대표 반찬가게 (D)

잔뜩 긴장한 표정으로 기도하듯 폰 쥐고 있는 행선.
영주, 해이, 재우도 그 옆에서 잔뜩 긴장한 표정으로 행선을 보고 있다.

영주	시간 됐어. 확인해 이제, 행선아.
해이	(가슴에 손 얹고) 아 나 대학 발표 때보다 더 떨려.
재우	(간절한 마음으로) 제발제발제발.
행선	(침 꼴깍 삼키곤, 후우… 심호흡하고 떨리는 손으로 합격조회 버튼 클릭하는)

S#70. 더프라이드 학원 강의실 (D)

강의 마무리하는 치열. 시간 얼른 확인하곤.

치열	(맘 급해 말 빠른) 극한 마무리하고, 담 시간부터 도함수 진도 나갈 거야. 고생했고 질문은 조교 쌤들한테 하자. 이상, 지금까지 최치열이었습니다아~ (뛰어나가고)

S#71. 더프라이드 학원 복도 (D)

강의실 나오자마자 행선에게 바로 전화 거는 치열.

치열	어 나야. 어떻게 됐어? (듣는) 어. 어? (심각해지는) 진짜? 진짜?? 으아아아~ 합격이다~~~!! (기쁨에 포효하면)
학생들	(지나가다 왜 저래? 쳐다보는)
치열	(다짜고짜 하이파이브 하며) 합격이라구 애들아! 합격 합격억~~~~ (좋아 죽는)

S#72. 번화가 (D)

사람들로 붐비는 번화가 - 행복하게 손잡고 걷는 치열과 행선.

치열   아 흐뭇하다. 올핸 위약금 안 날려도 되겠어.

행선   무슨 위약금?

치열   예식장 예약 해놨었거든 혹시 몰라서. 올해도 해약을 해야 되나, 했는데… 너무 잘했어. 장해 아주. (행선 손 꽉 잡고 흔들어주는)

행선   그러게. 나도 내가 신기해. 어쩐지 답이 막 보이드라구 시험 보는데. (웃는)

지나가는 사람들, 힐끔거리며 "최치열 아냐?" "맞는 거 같은데?" 수군대는데.

치열   (행선 볼에 쪽, 뽀뽀해주는)

행선   (놀라) 미쳤어. 사람들 보는데.

치열   어때. 스캔들 또 나라 그래. 어차피 결혼할 건데 뭐.

행선   아 그러네. 이제 스캔들 나도 괜찮네. (하곤 치열 입에 쪽, 뽀뽀해주는)

치열   (마주 보며 다시 입맞춘다)

오가는 사람들 속에서 두 사람만 있는 듯 입맞춤하는 행선과 치열.
치열, 행선을 번쩍 안아 올리고, 행복해하는 두 사람 모습 부감으로… 16부 엔딩.

「일타 스캔들」 마침

「일타 스캔들」은 양희승 작가님과의 세 번째 작업이었습니다.

한 번 하기도 힘든 작가님과 세 번이라니! 행운이었습니다. 동시에, 좋은 글인 만큼 영상화하는 데 부담이 되는 일이기도 했습니다. 걱정과 설렘이 매번 공존했지만 결국 다 지나고 나니 좋은 기억만 남는 것 같습니다.

거기에는 양희승 작가님의 공이 큽니다. 항상 열린 마음으로 소통하려 하고, 현장을 이해하려고 노력해주시던 모습이 정말 좋았습니다.

그래서 그런지 양희승 작가님과의 작업은 결국 드라마는 같이 만들어가는 것이고, 대본과 연출과 연기의 삼박자가 퍼즐처럼 잘 맞춰져야 좋은 결과를 볼 수 있으며, 그것의 가장 기본은 같이 가는 파트너에 대한 믿음이라는 깨달음을 얻게 해줍니다.

양희승 작가님에 대해 이야기할 때 제가 늘 하는 말이 있습니다.

'방송 일 하면서 만난 가장 좋은 선배.'

저에게는 단지 작가로서가 아니라 이 업을 이어나가는 데 큰 힘이 되어주고 본이 되어주는 사람입니다. 작가님의 따뜻한 결이 담긴 드라마를 앞으로도 계속 볼 수 있기를 희망해봅니다.

경의를 표하며, 「일타 스캔들」 대본집 발간을 진심으로 축하드립니다.

2023년 3월
유제원

제게는 예쁠 땐 분신 같고 미울 땐 웬수 같은 아들이 하나 있습니다. 벌써 4년 전쯤이네요. 고2 겨울방학을 앞두고 참전 선포라도 하듯 비장한 얼굴로 "엄마, 나 겨울방학 동안 ○○동(대한민국 사교육 1번지) ○○학원 윈터 프로그램 한번 해볼까 싶어."라더군요. 일하는 엄마라 입시정보에 빠삭하지 못했던 저는, 열혈맘은 못 되지만 본인이 하겠다는데 요 정도 서포트는 해줘야 하지 않겠나 하는 마음으로 그곳으로 향했습니다.

그곳은 말 그대로 별세계였습니다. 거짓말 좀 보태 두 건물 중 하나가 학원인 사교육의 메카. 학원이 끝나는 밤 10시면 대로변을 꽉 채운 엄카(엄마 차)들의 비상등이 사이키 조명 같기도 반딧불이 축제 같기도 하던… 그 강렬했던 그림을 잊을 수가 없습니다.

그때의 기억이 「일타 스캔들」의 모티브가 되었고, 첫 화 프롤로그에 그 장면 그대로 이어졌습니다.

처음엔 공교육과 사교육의 현실을 고발하는 주제를 생각했습니다. 그러나 이내 역부족이라는 걸 깨닫게 됐죠. 공교육의 가치를 강조하자니 현실과 동떨어지고, 현실을 리얼하게 보여주자니 사교육을 미화하거나 조장하는 역효과가 날 수도 있겠다 싶었습니다.

그래, 송충이는 솔잎을 먹어야지. 내가 늘 해오던 것, 내가 잘할 수 있는 걸 하자. 고심 끝에 선택한 키워드는 결국 '사람'이었습니다. 사교육의 바람이 거센 이 동네에서 가진 건 없어도 똘똘 뭉쳐 호롱불같이 사는 가족을 중심으로 '사람'이 '사람'에게 영향을 주고 '사람'이 '사람'에게 스며드는 이야기를 하자.

그렇게 탄생한 주인공이 '최치열'과 '남행선'입니다.
'최치열'은 수강생들에게 BTS나 다름없는 스타 강사이고, '남행선'은 어찌 보면 그 동네와는 어울리지 않는 지극히 평범한, 그러나 건강한, 반찬가게 여사장이 좋겠다 라고.
큰 설정이나 사건이 있는 드라마가 아닌, 현실적이고 소소한 일상이 담겨 있는 드라마이기에 캐스팅이 진짜진짜 중요했습니다. 공감을 얻기 위한 리얼한 언기와 재미를 공략할 수 있는 유연한 코미디가 가능한 배우로 말이죠.

강남 모처에서 전도연 배우님을 만났습니다.
첫마디가 "이 대본을 왜 저한테 주셨어요?"였습니다. "저보다 ○○○나 ○○○ 같은 배우가 해야 되지 않나? 이런 밝은 캐릭터는? 그게 너무 궁금해서 작가 님 만나보고 싶었어요."라고.
솔직하게 대답했습니다. "그분들도 좋은 배우들이시지만, 원래 시트콤을 했던 작가이고 제 대본이 코미디가 많아서, 조금 톤을 눌러줄 수 있는 배우분 이었으면 해요. 입시 얘기가 바탕이라, 드라마가 너무 날라다니기만 하면 안 되고 감정의 진정성이 살아야 되니까."
나중에 전도연 배우님 이야기를 들으니 제 그 말에 그럼 내가 해봐도 되겠 다, 마음을 먹으셨다구요.

그리고 일사천리로 정경호 배우님이 최치열 역을 오케이 해주셨습니다.

역할 제안이 가면 보통은 고민하는 척이라도 하기 마련인데, 정경호 배우님은 진짜 허세라고는 손톱만큼도 없이 저요~~ 하고 바로 손을 들어주셨어요. (작가를 믿고, 라고 말하고 싶지만 '전도연' 세 글자에 주저 없는 결정을 한 것이 팩트일지도^^)

이 두 분과 함께하면서 정말 롱런하는 배우에겐 이유가 있구나, 프로페셔널이란 이런 거구나, 제대로 느꼈습니다. '일타강사' 역을 하는데 가짜처럼 보이면 되겠냐며 강사들의 판서, 수업 영상을 보고 또 보며 연구하고, 자문하시는 선생님께 또 사사받고, 대본 연습도 최대한 많이 하자 난 시간 많다~ 노래를 부른 정경호 배우님은 물론, 다른 누구도 아니고 칸의 여왕인데, 대본 리딩을 할 때나 제작발표회 때나 어찌나 떨려하고 긴장을 하는지… 이게 바로 전도연이라는 배우가 일을 대하는 기본 태도구나, 자만하지 않고 늘 긴장하는구나, 그래서 전도연이구나…를 절실히 느꼈더랬죠.

비단 두 분뿐일까요.

찰떡같이 아스퍼거 캐릭터를 소화해준 오의식 배우님(일반 자폐보다 표현하기 어려운 면이 있는지라 관련 기관에 출근하다시피 하며 캐릭터를 연구함. 진짜 노력하는 배우). 행선 절친 영주를 연기하신 이봉련 배우님(이런 친구 나도 있었으면… 싶게 해주심. 연기의 신). 후반부 키를 쥐고 있었던 신재하 배우님(외모도 연기도 동희에 완벽했던). 정말 쥐어박고 싶게 수아임당을 연기해주신 김선

영 배우님(말해 뭐해…). 우리 드라마에서 유일하게 지적인 엄마 역할의 장영남 배우님(평소 나긋나긋 소녀소녀한 모습에서 큐~ 하면 돌변하는, 감탄밖에 안 나오는 연기력!). 그리고 해이 역의 노윤서 배우님(단 세 번째 연기, 무서울 정도로 급성장하는, 실제로도 너무나 매력적인). '청춘'과 '여심'을 담당했던 선재 역의 이채민, 건후 역의 이민재 배우님. 앞으로가 더욱 기대되는 수아 역의 강나언, 톡톡 튀는 단지 역의 유다인 배우님. 그녀의 엄만데 단지와의 투샷이 거의 없었던(여러모로 미안했던) 황보라 배우님. 대사 없이 눈빛으로만 연기해야 했던 희재 역의 김태정 배우님, 진짜 선생님 아니냐는 말이 나올 정도로 담임선생님 같았던 종렬 쌤 역의 김다흰 배우님까지… 저한텐 다 보배 같은 배우님들이었습니다. 정말 영광이었습니다.

그리고 빼놓을 수 없는 또 한 분, 유제원 감독님.
「고교처세왕」, 「오 나의 귀신님」에 이어 세 번째 파트너가 되어주신(선배 작가님들이, 아니 한 감독이랑 어떻게 세 작품을 같이 해? 원수 돼서 헤어지는 일이 다반산데. 이 정도면 소울메이트 아냐? 라며 놀라워하는). 이제는 일 파트너를 넘어 친구 같기도 남동생 같기도 한 감독님과의 '일타 여정'은 역시나 유쾌했습니다. 대본이 나오면 "아니 어떻게 이런 재밌는 대본을 써요? 완전 최고~~"라며 오바육바 해주신 거 감사해요. 격려인 거 알아요.

언급하지 않으면 서운할 분이 또 있네요. 드라마의 총괄적인 살림꾼인 조문주 CP님. 얼핏 뚱하지만 단단한 철갑 안에 소녀감성과 따뜻함을 감추고 있는 츤데레 매력녀. 이번에도 당신의 능력은 반짝반짝 빛을 발했어요. 고생했어요. 그리고 우리 제작사 스튜디오드래곤의 김영규 대표님. 한 일은 별로 없지만(이런 농담해도 될 사이^^) 정신적인 지주 비슷했어요. 오래 함께합시다.

아… 방송사 시상식 때 배우분들이 누구 감사하고 누구 감사하고 할 때, 뭘 저리 줄줄이 나열하시나, 같이한 모든 분들 감사합니다 하면 될 것을…이라고 생각했던 제 자신을 반성합니다. 왜 일일이 나열하게 되는지 알 것 같네요. 돌이켜보니 새록새록 진짜 감사하군요.

그리고 정말 마지막 감사.
작가교육원에서 스승과 제자로 만나 선후배가 되어 공동집필을 한 여은호 작가. 그리고 보조작가 이효원. (네, 맞습니다. 드라마에 나오는, 치열이 이름 헷갈려했던 그 조교 이름이에요^^)
너희들이 없었으면 이 드라마를 완주할 수 있었을까.
숱한 회의의 날들, 생각해봤는데 다시 구성해야 될 것 같아… 하면 반항 한 번 없이 성실히 따라와줘서 고맙고. 1년 넘게 집필하며 이탈하지 않고 맡은 롤 잘 해줘서 고맙고. 옛날 사람이라 예민하지 못한 부분들 꼼꼼하게 체크해줘서 또 고맙다. 더할 나위 없는 팀워크였다.

사실, 16부작을 끌고 가야 하다 보니 무리를 한 부분도 있었습니다. 로코에 청춘물에 스릴러까지 넘보다니요. 가랑이가 찢어졌죠.

어찌 보면 이 여정은 결국, 내 모자람을 확인하는 시간이기도 했습니다. 저는 스스로를 뛰어난 작가라 생각해본 적이 없고, 성적으로 치면 전교권은 못 되고 그저 중간 정도 하는? 가늘고 길게 가는 것이 목표라며 합리화하곤 하는? 그런 작가인데요. 다시금 부족함을 깨달았으니 그래도 유의미한 도전이었습니다. 앞으로는 피해 가든지, 할 거면 더 제대로 더 완벽하게, 더더 노력해야겠습니다.

「일타 스캔들」을 좋아해주신 모든 분들께 감사 인사를 전합니다. 정말 과분한 사랑을 받았어요.

앞으로도 드라마 하나가 보시는 분들에게 끼치는 정서적 영향, 작은 위안, 화제성… 이런 것들에 책임감을 느끼는 작가가 되겠습니다. 키보드는 가볍게, 마음은 무겁게 가지고 드라마를 만들어야겠어요. 드라마를 할수록 점점, 그게 맞다는 생각이 듭니다.

곧 봄입니다. 제가 제일 좋아하는 계절입니다.

2023년 3월
양희승

설정 자료

최치열

반존대 말투가 극락

치열이 형

야구는 숫자게임이라 좋아

작고 유치한 마음

수학은 최치열강

자존감 높음

승부욕

일타강사

운동 싫어

워커홀릭

병약미

철저한 수업준비, 연습

오른쪽 얼굴이 잘 나옴

열정에 비해 턱없이 약한 체력

지금 목표는 올해 수능!

물보다 커피

내년 목표는 내년 수능!

남행선

자기연민 NO

뒤늦게 사교육계 입문

남행열차

해이의 이모 엄마

생활력/체력/정신력 만렙

핸드볼 국대 출신

엄마의 손맛 이어받음

호남선

여장부 스타일

한국인은 밥심

녹은로에서 젤 행복지수 높은 가족

남 원망 NO

가장의 무게

주당

남해이

철이 일찍 든 아이

똑 부러짐

야무짐

이모를 엄마라 부르는 아이

사교육 없이 전교권

자존심 세고 현실적

좌선재 우건후

장래희망 의사

존경하는 사람 행선

남재우

우주 UFO 외계인

행선의 아픈 손가락

아스퍼거 증후군

측은지심

영주 누나

치열이 형

치킨데이

남자 대 남자

김영주

금사빠

행선 절친

핸드볼 국대 출신

연애지상주의자

의리파

동호회 콜렉터

행선과 해이는 어떤 모녀 관계?

행선은 일방적으로 모든 짐을 껴안고 혼자 끙끙거리는 캐릭터 아니고, 해이와 재정상태, 재우 케어 등을 공유하고 역할 분담하는 관계. 재우한테도 재우가 할 수 있는 선에서의 경제적 활동을 하게 함. 점심 저녁 세 시간씩 가게 일 돕기 등.

해이는 살짝 시크, 그러나 주어진 임무를 성실하게 수행하는 캐릭터. 학원 문제는 정말 학원이 안 맞아서 혼자 하겠다고 한 건데 최근 한계에 부딪힘. 그런데 너 학원 안 맞는 게 나한텐 천만다행이다, 최소한 사교육비는 더 안 들잖냐… 하는 행선에게 차마 말 못함. 그러다 1부에서 폭발.

행선은 해이 말 듣고, 그러면 그렇다고 진작 말하지 왜 날 나쁜 엄마로 만드냐? 살벌하게 싸우고, 각자 반성하고, 다시 화해하고. 그런 모녀 사이.

선재의 비밀?

선재는 답답할 때면 밖에 나가서 오토바이를 탐. 용돈 모아서 중고로 산 오토바이로 선재모는 모름. 그러다 중반에 사고 나서 들킴? 선재모 난리난리.

수아모는 대체 왜 그러는 걸까?

평소 해이가 수아와 최상위권을 놓고 다퉜다면, 해이가 수아보다 잘한 적도 있다면, 해이나 행선에 대한 수아모의 감정에 시기질투가 없을 수 있을까? 본인은 엄청 서포트해서 수아를 이렇게 올려놓은 건데 행선은 별 노력도 안 하고 해이가 그 성적을 유지하는 거니까.

수아모는 행선 의식해서 사교육 없이 공부하는 해이를 칭찬하듯 은근 비꼬는데, 행선은 못 알아듣고 "그러게요. 제가 복이 많은지 우리 해이는 학원이 안 맞다네요." 이런 식? 그래서 수아가 모의고사 잘 봤다니까 일부러 더 반찬가게에 들러서 자랑해야 하지 않을까. "우리 수아보단 해이가 더 대단한 거지. 수아한테 든 사교육비 생각하면 어후…" 이러면서. 그래야 치열 행선 스캔들 때도 개거품 물고 엄마들 여론을 주도할 듯.

좌선재 우건후

선재는 해이 절친이자 남사친.

해이에겐 장난도 잘 치는. 뭐 좀 달라고 하면 줄 듯하다 잡으려면 뺏고, 이런 식으로 소프트한 짓궂음? 해이한테 하는 거 보면 구김 없는데 집으로 가면 어두워지는 캐릭터.

건후는 해이한테 훅 다가온 스타일.

"공부는 어떻게 하는 거냐?" 이후 해이 근처 계속 알짱거림. 뽀뽀라도 할 듯 훅 다가서서 놀라면, 해이 뒤 생수통 집는 식으로 설렘 포인트? 마성의 남자? 그런 건후에게 해이도 설렘을 느끼고 계속 신경 쓰이고. 이후 공부밖에 모르던 해이가 처음으로 머리를 올려 묶는다든지 예쁘게 보이기 위해 신경 쓰는? 그런 해이한테 새삼 반하면서도 그 이유가 건후인 듯하자 질투하는 선재.

그런 선재의 감정이 훤히 보여 재밌어하는 건후. 페어플레이 하자며 다가온다. 그리고… 선재가 몰래 오토바이를 즐기는 걸 건후가 제일 먼저 알게 되고. "샌님인 줄 알았는데… 처음으로 맘에 드네 이선재."

Q.   **실제 일타강사의 입지는 어느 정도인지?**

A.   - 걸어 다니는 기업이다. 아이돌급 인기, 아이돌급 수입, 아이돌급 자기 관리.

- 모든 학원 강사들의 꿈이다.

- 과거에는 지방 학원 → 지방의 큰 학원 → 서울권 입성 → 사교육 1번지 입성의 단계를 밟는 것이 보편적인 루트였으나, 요즘에는 유튜브 등 개인 콘텐츠로 다양하게 자기 어필이 가능하다.

- 스타 강사가 되기 위한 중간 과정인 인강 데뷔는 아무나 할 수 있는 게 아니다. 본사에서 선정하여 밀어줘야 가능. 교재 만들기가 8할, 강의법 완성, 수차례의 카메라 테스트를 거쳐야 데뷔할 수 있다.

- 실제 수업 인원 두 배로 대기가 붙는다. 세 번 이상 결석하면 데스크에서 전화함. 일타강사 수업은 한번 나가면 못 들어오니까 학생들이 더 힘들게 줄을 서고 대기함.

- 일타강사는 하루에 3~4시간도 못 잔다. 잠자는 시간 외에는 강의에 몰두하기 때문에. 노력만 한다고 되는 것도 아니다. 학생들이 무엇을 원하는지, 어떤 화법, 강의법으로 수업을 해야 할지 끊임없이 연구하고 노력한다. 거기에 타고난 재능과 책임감도 필요하다. 마치 운동선수와도 비슷하다고 볼 수 있다.

Q. **일타강사의 실장, 조교 역할은 무엇인지?**

A. – 연구진, 현장조교, 메인실장 등이 다 따로 있다. 메인실장은 스케줄 관리 등 강사가 수업에만 집중할 수 있도록 모든 걸 준비해주는 역할.

– 일타강사는 10분 안에 식사를 해결해야 하는데 실장이 강사의 식성을 파악하고 챙겨주는 역할까지 한다.

– 조교는 스타 강사를 동경하는 제자 출신도 있고(이른바 성덕), 강사가 되기 위한 준비생, 조교 일 자체를 직업으로 삼는 사람 등 다양하다.

Q. **일타강사의 일상은 어떠한지?**

A. – 대형 강의실을 혼자 쓴다. 식당에서 밥을 안 먹고 강의실에서 조교들이 준비해놓은 것으로 식사한다.

– 평일은 저녁만, 주말은 풀로 수업한다. 보통 월화수는 강의 준비하고, 목금토일 강의하는 스케줄.

– 일주일에 수십 개 수업을 하려면 운동은 필수.

– 매일 새벽 3~4시까지 연구하고, 집에 가서 4~5시간 자고 나와서 또 연구하고. 명절도 없이 365일 그렇게 산다.

Q. **일타강사로서의 고충은 무엇인지?**

A.
- 일타강사가 되면 다른 강사뿐 아니라 타 학원의 경계를 받는다. 끌어내리기 위한 뒷소문, 악성 댓글, 물밑 작업의 위험이 항상 존재하는 자리.
- 주변에 견제 세력이 많기 때문에 일타강사들은 학원 내에서도 보통 혼자 다닌다.
- 정상에서 한번 밀려나면 재입성은 어렵다. 학부모들에게 소문나면 끝이기 때문.
- 일타강사들은 보통 12월 초에 결혼을 한다. 수능 끝난 직후 말고는 결혼할 시간이 없기 때문.
- 자료 준비하는 시간이 짧다. 열 권이 넘는 책과 200개가 넘는 모의고사 문제지를 다 보고 준비해야 한다.
- 자료 문제 유출에 예민하고, 교수법이 저작권 보호를 받지 못하기 때문에 강의법을 모방당할 때도 있다.

불 꺼진 선재 집

방문 슥 열리고 검정 후드티 후드 쓴
희재 나오고. 돈 만 원 들고 슬쩍 나가고.

밤길 걸어가는 희재

편의점에 들어가 검정 비닐봉지에 뭔가 사들고 나오는.
(나중에 알고 보면 고양이 밥?) 다시 밤길 걸어가는 희재.
점점 으슥한 골목길로 들어가는데 '야옹~'
고양이 소리에 눈빛 번득이며 돌아보는 데서 컷!

편의점에서 나오는 영민

누군가 쫓아오는 느낌에 뒤돌아보면 아무도 없고.
(희재가 뒤에 오고 있었던?) 학원 앞에 와서 담배 생각나
학원 주차장 은밀한 쪽으로 이동. 담배 꺼내는데 쇠구슬 하나 앞으로
휙 날아와 놀라고. 이내 하나 더 날아와 영민 이마 스치고.
영민, 쇠구슬 들고 학원 건물 쪽 보고는 '어떤 새끼야?' 뛰어 들어가고.
학원 복도. (프롤로그 내용) 누군가에게 쫓기는 영민, 추락하는. (4부 엔딩)

 # 학원 앞. 경찰차 와 있고, 쇠구슬 줍는 희재

 # 사건 다음 날, 치열 조사

영민과 했던 수업에 관한 일상적인 이야기.

배 형사, 그럼 수업 끝나곤 바로 집에 가셨냐? 묻는데,

송 형사, 또 쓸데없는 소리 한다는 표정 된다.

 # 학원에서 나오는 형사 둘

송 형사, 제발 쓸데없는 것 좀 파고들지 마라,

딱 봐도 전형적인 투신자살이구만 하는데.

배 형사, 사건 현장 영민 사진과 영민 SNS 사진 비교하며,

잠깐 이거 이상하지 않냐? 그날 영민이 SNS에 올린 사진에는

이마 상처가 없는데 현장 사진에는 있다. 단순 찰과상이 아니다,

화상 자국과도 비슷하다… 꽂힌 듯 사진 뚫어져라 보는.

 # 영민 동선 관련 CCTV 화면 보는 배 형사

편의점→거리→학원 앞→담배 꺼내 두리번 학원 주차장 쪽으로.

학원 주차장 화면. "아… CCTV 몇 개 더 달아놓지,

한가운데가 안 보이네…" 하는데,

휙~ "잠깐, 앞에 이거 뭐지?" 화면 다시 돌려보고 스톱시키고.

"쇠구슬 같은데 이거?" 그때 단순 업무차 왔던 3부의 파출소 순경

"쇠구슬이요?" 아는 체하고.

다음 날, 국가대표 반찬가게 찾아온 배 형사

행선에게 지난번 쇠구슬 테러에 대해 묻고.
행선, 그게 언젠데 지금 수사를 하냐?
구시렁거리는데 반찬 사러 온 선재모 듣고.

경찰서로 돌아온 배 형사

송 형사, 위에서 이번 사건 자살로 종결하란다,
유족들도 부검 원치 않는단다, 대충 좀 살자 대충, 하고.
배 형사, 무슨 형사가 저렇게 대충을 좋아하냐 투덜거리면,
다른 선배 형사, "송 형사도 예전엔 불도저였어.
많이 삭아서 저렇게 된 거지."
한편 자리로 간 송 형사, 제 컴퓨터에서 예전 녹은로 친모살해사건
파일 자료 폴더 보곤 휴지통에 버리는.

진이상 후배들과 댓글 조작 정황

여기서 그동안 진이상이 최치열라짱나 이름으로
어떻게 댓글 조작을 했고, 후배들 시켜서 어떤 작업들을 했는지
자세히 드러나면 될 듯.

댓글로 인해 괴로운 치열

댓글 조작 보고 받는 진이상

댓글 알바 쓰는데 지워지고 직접 보여주는. (신 교차?)

한밤중, 탁탁 벽면에 쏟아지는 쇠구슬.

지나가던 고양이 깨갱~

할머니 쇠구슬 신고

배 형사, 그런 건 지구대나 파출소에 신고하셔라
여긴 강력범죄 다루는 곳이다 하는데,
'쇠구슬' 소리에 놀라는.

배 형사와 희재 대면

배 형사 혼자 현장 조사하다 희재 맞닥뜨리고 추격.
쫓기던 희재, 배 형사 피해서 건물로 들어가고.
데이트 끝나고 나오던 선재, 해이와 맞닥뜨리고.
희재, 지나쳐 가려는데 선재가 아는 체하고.
쫓아오던 배 형사, 건물에서 나오는 세 명 보고 아니라 생각해
돌아가며 놓치고. (희재 후드티 벗은 상태라 더 못 알아보는?)

선재모, 희재 방 책상서랍에서 쇠구슬 발견

놀이터에서 해이에게 희재에 대해 설명하는 선재

선재모와 희재의 실랑이

집에 돌아온 희재, 선재모가 쇠구슬 내밀며 이거 뭐냐?

대체 무슨 짓을 하고 돌아다니는 거냐? 다그치듯 몰아붙이는.

그 와중에 선재모는 손목을 삐고,

희재 쇠구슬 빼앗아 들고 다시 밖으로 나가버리는.

동물병원에 도착한 희재

집에서 나온 희재, 어디론가 하염없이 걸어가다 들어가는 곳 동물병원.

쇠구슬에 맞아 다친 고양이가 희재 덕분에 목숨은 구했다는 이야기 듣고.

동물병원에서 나온 희재, 편의점 들어가 고양이 밥 사고.

예의 골목으로 들어가 고양이 밥 줘주면, 고양이 다가오고,

희재 고양이 쓰다듬고. (희재가 밤마다 나와서 하는 일이 드러나는 순간?)

진이상 공격 1

치열 댓글 작업 계속하던 진이상.

쇠구슬 한번 맞을 뻔하고. 놀란 진이상, 그냥 미친놈 장난인가?

살짝 겁먹는데. 이번엔 경고 DM 날아오고.

(지금까지 댓글 조작 자수해라, 시간 많이 못 준다)

#진이상 공격 2

겁먹은 진이상, 학원에서 치열 마주치곤 화들짝 놀라는.

(치열이 시킨 거라 생각하는?) 경고 증명이라도 하듯

진이상 집 엉망진창 되어 있고.

진이상 공격 3

노이로제 상태가 된 진이상.

학원도 휴가 내고 두문불출하며 자수할까 말까 갈등하다

끝내 자수 못하는데… 결국 쇠구슬에 맞아서 죽는?

(하지만 이런 식으로 치열 댓글 조작을 하는 진이상에게 쇠구슬 경고를 하고,

DM으로 자수까지 하라고 하면 범인이 동희임이 너무 뻔해질 수 있음)

10부 이후 본색을 드러내는 동희

치열 행선 감정 확인 후에,

치열이 일적으로나 사적으로나

행선에게 영향을 많이 받자 못마땅해지는 동희.

결국 본색을 드러내고.

동희의 이중인격을 감지한 행선, 맞서고

동희, 쇠구슬로 행선을 처리하려 하나

해이가 목격, 납치당함

해이의 사고

감금되어 있다가 도망친 해이,

교통사고 당한 후 수술하고 혼수상태로 병원에 입원한다.

해이가 왜?

경찰은 성적 스트레스로 인한 극단적 선택으로 몰지만,

행선은 해이가 그럴 리 없다고 생각.

해이 몸에서 단서를 찾아내고 동희를 의심하기 시작.

치열도 동희의 석연찮은 면을 알게 되고 충격받는다.

결국 치열, 동희 뒤를 밟아 집을 알아내고는

몰래 들어가보고 경악하는데.

해이를 다시 공격하는 동희

해이가 호전되고 있다는 소식에

제 정체를 아는 해이를 없애려 병원으로 향하는 동희.

치열도 그 상황을 눈치채고 병원으로 달려가고,

쫓고 쫓기다 병원 옥상에서 대치하는 두 사람.

동희의 마지막

치열은 자수하라 설득하지만,

다 필요 없다 피곤하다…며 결국 투신하는 동희.

일타 스캔들 2 양희승·여은호 대본집

초판 1쇄 인쇄 2023년 4월 5일
초판 1쇄 발행 2023년 4월 12일

지은이 양희승·여은호
펴낸이 이승현

출판1 본부장 한수미
라이프 팀장 최유연
편집 최유연
디자인 송윤형

펴낸곳 ㈜위즈덤하우스 **출판등록** 2000년 5월 23일 제13-1071호
주소 서울특별시 마포구 양화로 19 합정오피스빌딩 17층
전화 02) 2179-5600 **홈페이지** www.wisdomhouse.co.kr

ⓒ 양희승·여은호, 2023

ISBN 979-11-6812-598-8 04680